本书为广东省重大科技专项：云计算若干关键技术及产业化与"粤教云"工程（项目编号 2012A080104021）阶段性成果

海外华文教育系列教材

总主编 贾益民

计算机辅助华文教学

JISUANJI FUZHU HUAWEN JIAOXUE

熊玉珍 编著

暨南大学出版社
JINAN UNIVERSITY PRESS

中国·广州

图书在版编目（CIP）数据

计算机辅助华文教学/熊玉珍编著 . —广州：暨南大学出版社，2013.6
（海外华文教育系列教材/贾益民总主编）
ISBN 978 - 7 - 5668 - 0506 - 5

Ⅰ. ①计⋯　Ⅱ. ①熊⋯　Ⅲ. ①对外汉语教学—计算机辅助教学—教学研究
Ⅳ. ①H195.1②G434

中国版本图书馆 CIP 数据核字（2013）第 044522 号

出版发行：暨南大学出版社

地　址：	中国广州暨南大学
电　话：	总编室（8620）85221601
	营销部（8620）85225284　85228291　85228292（邮购）
传　真：	（8620）85221583（办公室）　85223774（营销部）
邮　编：	510630
网　址：	http：//www. jnupress. com　http：//press. jnu. edu. cn

排　版：	弓设计
印　刷：	佛山市浩文彩色印刷有限公司

开　本：	787mm×960mm　1/16
印　张：	17. 125
字　数：	350 千
版　次：	2013 年 6 月第 1 版
印　次：	2013 年 6 月第 1 次

定　价：	36. 00 元

（暨大版图书如有印装质量问题，请与出版社总编室联系调换）

总　序

　　改革开放以来的 30 多年，是中华民族走向复兴的历史时期，也是汉语大步走向国际、海外华文教育复兴的历史机遇期。曾几何时，在东南亚某些国家，华文书籍与毒品、枪支一起被列入海关查禁的范围，华人传承本民族的语言和文化，要冒巨大的生命危险。直到 20 世纪 80 年代末 90 年代初，随着中国经济的发展，经贸往来带动了语言的需求，汉语的国际交往价值显著提升。中国和平崛起的事实以及和谐外交、睦邻外交政策，使得汉语更为快速和稳健地在东南亚乃至全球得以传播。东南亚国家与中国的经济往来密切，地缘政治和文化上的关系紧密相连，东南亚又是华侨华人最为集中的区域。落地生根的华人一方面积极地融入居住国的主流文化、投身所在国的经济文化建设，一方面也对保留和传承自身的民族性十分重视，他们对华文教育的复兴和发展充满了期待，也投入了巨大的热情。从某种程度上来说，30 多年来东南亚华文教育的复兴，在汉语的国际传播中是最为引人注目的。

　　海外华文教育的需求，极大地鼓舞了中国对外汉语教学院校、机构和专业人士的工作热情。仅在印度尼西亚，从 20 世纪 90 年代末暨南大学华文教育专家首度应邀进行大范围的师资培训，到如今已有全国众多高校，为印度尼西亚的汉语教学提供了多方面的支持，印度尼西亚的华文教育呈现出良好的发展势头。国际形势的不断发展，也对中国高校协助、支持有需要的国家开展华文教育和汉语教学提出了新要求，其中师资和教材的本土化是最为突出的问题。就师资而论，我们认为，要解决有关国家普遍存在的汉语师资紧缺问题，实现华文教育和汉语教学的可持续发展，本土化师资的培养是关键。海外华文教育和汉语国际教育对师资的需求是多方面的，在印度尼西亚和其他一些东南亚国家，华文教育被禁锢几十年之后的复苏时期，短期师资培训是解决师资燃眉之急最有效的方法。从长远看，开展各种学位层次的学历教育，则是师资培养专业化、规范化的必由之路。海外一部分有志于华文教育工作的华裔子弟，有条件到中国留学并接受全日制学历教育，而更多无法离开工作岗位的在职教师也迫切希望接受正规的华文教学、汉语国际教育的学历教育，希望中国高校能送教上门。正是在这样的背景下，我们提出了多层次、多类型培养海外华文教师的思路，并采取了一系列举措。

　　所谓多层次，就是学历教育与非学历教育并举。其中学历教育包括专科、本科、研究生等不同学历，学士、硕士、博士等不同学位层次的华文教育师资培养；非学历主要是时间长短不一的各种师资培训班教学。多类型是指既有科学学位又有专业学位教育，既有全日制又有业余兼读制办学，既有面授教学又有远程网络教学，多种形式结合的组织教学方式，师资培养既"请进来"也"走出去"。为此，暨南大学在2005年向中国教育部申请开设了大学招生目录外新专业——"华文教育"本科专业，并建立了全国首个华文教育系，每年招收一批海外华裔子弟，接受正规的四年本科师范性教育；在研究生教育层次，除了在语言学及应用语言学专业招收科学学位"对外汉语教学与华文教育"硕士研究生之外，又在全国首批招收了"汉语国际推广"方向科学学位硕士，并成为全国首批招收"汉语国际教育"专业学位硕士研究生的高校。在学士和硕士培养的基础上，目前正在筹划目录外自主设立"海外华语研究与华文教学"的二级学科博士生培养学位点。在走出去办学方面，除了开设孔子学院之外，暨南大学先后在新加坡、美国、印度尼西亚设立了研究生培养海外教学点，在印度尼西亚、泰国、菲律宾、德国、英国等国的20多个城市设立了华文教育本科教学点，在澳大利亚、德国、菲律宾等国建立了一批以推广教材教法为目的的海外实验学校。以这些海外教学点、实验学校为依托，暨南大学的海外华文教育工作在本世纪头十年得以在世界许多国家蓬勃开展。同时，我们也欣喜地看到，国内许多高校也纷纷与国外教育机构签署协议，在当地教育机构的协助下就地办学，为海外华文师资的培养提供了实实在在的支持，从而在一定程度上有效地缓解了世界上许多国家，特别是东南亚国家汉语教师不足的燃眉之急，并为海外华文教育的可持续发展打下了一定的基础。

海外办学的开展，对教材建设提出了新要求。由于教学对象、教学环境、学习方式具有特殊性，国内全日制办学使用的教材未必完全适合于海外教学点。我们除了组织编写像《中文》这样的学汉语教材、《海外华文师资培训教程》等短期师资培训教材之外，也迫切需要编写一套海外教学点适用的本科、研究生教材。暨南大学的海外教学点本科华文教育、对外汉语专业从2001年在印度尼西亚开始招生，到目前办学已有10年之久。10年前，为了满足教学需要，我们编写了相关专业的教学计划，并组织一批年轻教师编写了其中10多门核心课程和主干课程的讲义。这些讲义经过多年的试用，不断修订和完善，目前已基本达到出版要求，在暨南大学出版社的大力支持下，拟于近期以"海外华文教育系列教材"的形式陆续推出。首批出版的教材涵盖汉语言文字本体知识、华语运用、华语修辞、华语教学、华文教育学、语言心理学、计算机辅助华文教学等几个方面。考虑到海外华人，特别是东南亚华人的习惯，各册讲义原以"汉语"命名的均改称"华语"。

这套"海外华文教育系列教材"的适用对象是海外兼读制华文教育、对外汉语、汉语言文学、汉语言等专业的成人教育系列本科生。教材在内容上力求做到符合海外学习者的需要。海外学习者一方面需要学习汉语言及其教学的基础知识，需要掌握教育学、心理学、第二语言教学的基础理论和基本原理，更重要的是要能够学以致用。

为此，我们要求教材尽可能富有针对性和实用性。具体而言，在以下几个方面特别注意与国内全日制教材有所区别：第一，在教学内容上体现文化的包容性，尽可能避免政治文化、宗教文化、民俗文化等方面的冲突，淡化意识形态色彩。第二，在内容的深浅、难度把握上，在保证知识的完整性、常规性基础上，从海外教学对象的实际需要出发，做到难易适度。第三，强调教学内容的更新和创新。更新表现在及时吸收相关学科常规知识化了的新的研究成果，淘汰国内教材中陈旧过时了的内容，对尚属探索性、学界还未取得共识的内容，尽量不编入教材或者不作为教材传播的主体知识；创新主要表现在针对海外学习者的特殊性，编写一些适合他们需要的内容，以收到释疑解惑的效果。第四，在知识的表述方面，尽可能做到具体易懂。我们特别强调教材多用实例说明抽象的理论问题，多采用案例教学方式，使教学内容具体形象。第五，在教材语言上，尽可能避免晦涩难懂，同时在遵循现代汉语规范的基础上，适当吸收海外华语有生命力的语言成分，使学习者在学习学科专业知识的同时，也能受到标准汉语的熏陶，培养汉语语感。各册教材的编写者，经过多次讲授，在讲义的基础上修订完成这套教材，我们希望无论是教还是学，这套教材都能真正做到实用、合用，能尽可能符合海外华文教育师资培养的实际需要。

本套教材的出版，得到了暨南大学出版社的大力支持，责任编辑更是付出了许多辛勤的劳动，在此特致以由衷谢忱！我们也恳切希望教材的海内外使用者能及时反馈有关信息，多多给予批评指正，以便我们日后修订完善，不断提高。

是为序。

贾益民

2011 年 7 月 28 日

前　言

"计算机辅助华文教学"是一门应用型课程。课程主要有两个目标：一是让学习者对以计算机和网络技术为核心的现代信息技术及其在华文教学中的应用有一个基础的认识，培养学习者的信息媒体文化素养，为其掌握现代化华文教学方法打下良好基础；二是让学习者掌握华文教育信息资源的获取、设计、制作与应用的方法，培养学习者利用信息技术开展华文教学的能力。

《计算机辅助华文教学》一书是暨南大学海外华文教育系列教材之一，其适用对象为海外华文教育、对外汉语、汉语言、汉语言文学等专业的本科生和研究生，也可供数字媒体工作者、教育信息化从业人员参考使用。本书在内容选取上，遵循现代教育技术"理论—技术—应用"相结合的原则，以华文教育领域的特点、华文教学内容为主线，系统地介绍了现代信息技术在华文教育中的应用。

本书共五章。第一章为计算机辅助华文教学概述，主要介绍现代信息技术对华文教育的促进作用以及计算机辅助华文教学的现状和发展趋势；第二章为网上华文教育信息资源的获取与利用，主要介绍网上华文教育信息资源的类型和特点，以及资源的获取与利用方法；第三章为华文多媒体教学素材的设计与制作，主要介绍华文多媒体教学素材的组成、类型、特点及设计流程，列举了不同媒体素材的处理、加工方法，并结合字、词、句等华文知识要素介绍了华文教学素材的设计与制作；第四章为对象化华文资源的设计与制作，主要介绍了对象化华文资源制作的支撑理论和设计流程，并以《中文》作为范例，示范了如何制作汉字、词语、语法、课文以及各类华文练习等华文教学资源；第五章为计算机辅助华文测评，介绍了计算机辅助测评的发展阶段、优势和相关理论，然后从技术和应用两个层面阐述了计算机辅助华文测评的现状，以及计算机辅助华文测评的一般方法。

本书从学习者的学习特点和学习需求出发，以华文教学和现代信息技术一体化方案为主要依据，面向华文教学应用来介绍现代信息技术的基本原理，力求通俗易懂。根据华文教育领域的特点，选择并组织不同侧重面的教学内容，解决华文教育中教育技术应用的重点和难点问题，同时加强实践环节的教学与训练，其目的是培养学习者具备理论与实践相结合的复合型能力和素养。在知识层面上，重在让学习者理解原理，不详细介绍复杂的计算机网络、多媒体等方面的专业知识；在技能层面上，重在介绍华文教育信息资源的功能、特点和通用性的设计思想与制作方法。

本教材在教学设计和内容编排上做了精心的设计，力求突出以下四个特点：

（1）教材体例和版式设计简明，行文通俗易懂，避免纯技术式的介绍，突出实用性，符合本书学习对象的认知特点和学习需求。

（2）具有较强的导学功能和可读性。为了满足海外华文教师的需要，本书借鉴了国际上多媒体教材编写的特点，采用了与华文教学相结合的编写思路，在正文中嵌入了"单元导学"、"内容框架"、"学习目标"、"学习活动建议"等模块，力图实现教学内容和导学内容的有机衔接，引导学习者在阅读的同时对学习材料进行积极主动的加工，有目的、有针对性地提升学习者利用信息技术开展华文教学的能力。

（3）注重教学内容的横向整合和纵向衔接，使知识以螺旋上升的顺序呈现。本书对计算机辅助华文教学的现状和趋势进行了纵向梳理，结合华文教育从横向介绍了技术在教学中的具体应用。此外，综合考虑了学习者的需求和层次差异，既介绍了基础的知识内容，又提供了实际可用的操作方法，充分体现了知识的基础性和可操作性，融知识与实践于一体。

（4）提供可操作性强的学习活动建议，增强教材的实用性。本书旨在为海外华文教师等学习者介绍计算机技术在华文教学中的具体应用，使学习者可以将本教材的知识应用于实际的华文教学中。设计的学习活动以操作简单、实用为原则，让学习者学以致用。

本书由暨南大学华文学院熊玉珍副教授设计、编写与统稿，暨南大学华文学院2010级研究生彭德权、2011级研究生桑烨、温柔等人参与了本书的资料收集及整理工作，为本书的编写付出了辛勤的劳动。在编写本书的过程中，暨南大学彭小川教授、华南师范大学许骏教授、暨南大学网络与教育技术中心周红春副主任在教材内容和体例设计上提出了许多宝贵建议。此外，本书还得到了广东高校计算机网络与信息系统工程技术研究中心研究生高冠男、谢宾、王风菊等同学的支持，在此一并表示感谢。在写作过程中，我们参考并引用了大量的文献资料，绝大部分资料的来源已经列出，如有遗漏，敬请原谅。最后，我们向本书参考和征引的文献资料的作者致以深深的谢意。

尽管我们集思广益，但限于编者的水平和时间有限，书中难免存在不足之处，希望广大读者在使用本教材的过程中能给我们提出宝贵的意见。同时，恳请各界专家、学者给予批评指正。

编　者
于广州瘦狗岭
2013 年 4 月

目　录

第一章　计算机辅助华文教学概述

内容提要

　　计算机辅助华文教学已是信息化时代华文教学的有效方式。本章从资源建设、课堂应用、测评以及远程教育四个方面阐述了以计算机和网络技术为核心的现代信息技术对教育的促进作用；然后，结合相关的研究成果，介绍了计算机辅助华文教学的现状，并论述了技术对汉字教学、词汇教学及汉语测评所起的作用；同时对计算机辅助华文教学的发展趋势进行了展望，列举了课堂分析技术、基于测评的学习分析技术以及移动学习等典型的技术在未来华文教学中的发展与应用；最后，对"计算机辅助华文教学"这门课程的性质、目标、内容及要求进行大致的介绍。

　　通过本章的学习，学生可以对信息技术在教育中的作用有较为整体的把握，在此基础上，熟悉技术在华文教学中所起的支持作用，并结合相关技术的介绍了解计算机辅助华文教学的发展趋势。除此之外，对"计算机辅助华文教学"这一课程也有一定的了解。

内容框架

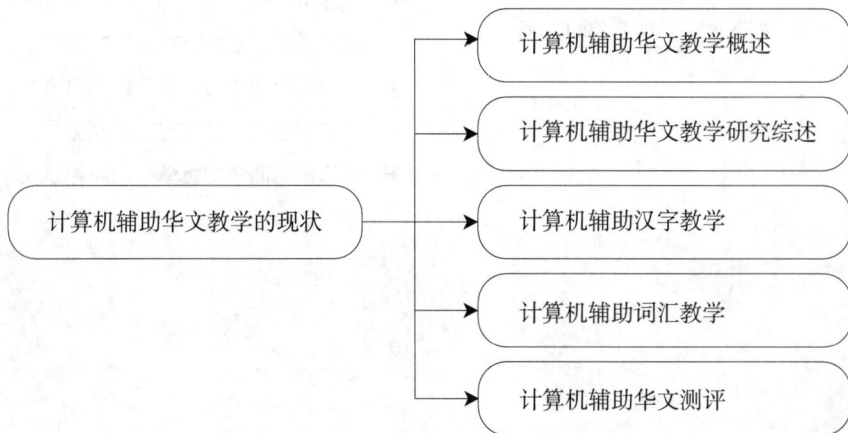

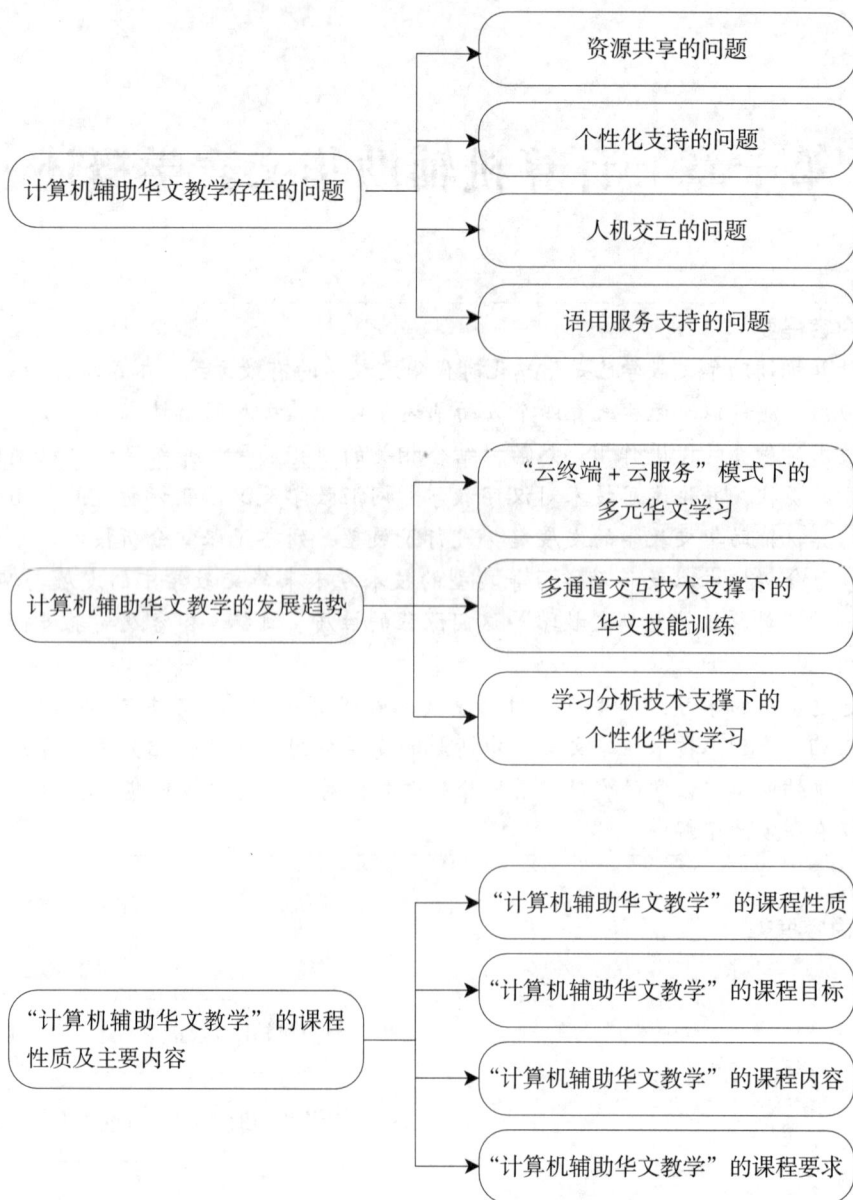

学习目标

学习内容	学习目标
1. 计算机促进教育发展的情况	了解信息技术在资源建设、课堂应用、测评和远程教育上对教育的促进作用
2. 计算机辅助华文教学的现状	①了解计算机辅助华文教学的研究概况以及存在的问题与不足 ②了解技术支持汉字教学、词汇教学及华文测评的现状
3. 计算机辅助华文教学的发展趋势	了解多通道交互技术、基于测评的学习分析技术以及移动学习的发展为华文教学带来的进步与变革
4. "计算机辅助华文教学"的课程性质及主要内容	了解"计算机辅助华文教学"这门课程的性质、目标、内容及要求

第一节　计算机辅助华文教学的现状

随着人类社会的进步和发展，造纸术、印刷术、广播电视技术、计算机互联网技术等每一次人类信息技术的重大变革，都会给汉语知识传播带来相应的变化。尤其是多媒体技术、中文信息处理技术和网络通信技术的发展，为华文知识传播开拓了新的思路和方法。信息化华文学习就是学生应用现代信息技术进行华文学习，华文学习信息化不仅体现在学习规模的扩大上，更重要的是考虑如何应用信息技术改善华文学习，实现有效华文学习，提高华文学习质量。课堂上的华文学习大多处于非真实的语言环境中，而课堂以外的非正式学习环境往往存在更多更好的学习和应用华文的机会。随着海外华文教育的不断发展，华文学习中信息技术和数字化学习资源的有效应用不仅能够辅助课堂的华文学习，还能够把学习延伸到课堂之外，解决传统华文教育不便或不能解决的问题。信息化的学习方式在华文教育领域中的应用，对华文教育产生了深刻的影响。计算机辅助华文教学的目的就是为了打破海外华文学习面临的主要瓶颈和制约困境，更好地为新形势下的华文学习者开拓广阔的发展空间，以便有效应用技术进一步促进华文教育的创新和发展。

一、计算机辅助华文教学概述

随着中国经济的迅猛发展，综合实力的不断增强，世界对中国的关注逐渐增多，海外华文教育也得到了很大的发展。据中国新闻网 2011 年 10 月 28 日报道，截至

2011 年，有 5 000 万外国人在学习华文，且根据统计，未来几年内学习华文的人数将增加 2 亿到 4 亿。华文学习人数的猛增，使新形势下的世界汉语教育面临着诸多挑战。

首先，华文教师存在着大量缺口。2010 年我国向 100 多个国家派出的汉语教师及志愿者总量达到了 6 000 人，创历史新高，但这样的教师队伍仍远不能满足当前的需求。华文教师不足的问题现已越发突出，并逐渐成为制约海外华文教育持续发展的主要瓶颈。其次，优秀的汉语资源难以共享，世界各地的华文教育形成"资源孤岛"，导致华文学习资源重复建设，资源严重浪费。最后，教学手段和方法有待改进。传统的课堂教学手段早已不能满足学习者在学习过程中的多元需求，教学呼吁更多的新鲜元素注入课堂，帮助学习者进行高效的自主学习。如何在新形势下满足学生华文学习的多层次和个性化需求，进一步推动华文教育的发展，是我们迫切需要解决的问题。

以计算机多媒体和网络通信技术为核心的现代信息技术不仅影响我们的工作、学习和生活，还跃升为教育中最具变革性的要素。教育活动是一种特殊的信息传递活动，教育的变革同信息技术的进步息息相关。在信息技术与教育的不断整合下催生出一种新型的学习方式——E - Learning，即信息化学习，它是教育信息化进程中，信息技术影响学习方式的必然结果。信息化学习既可以指广义范围内的采用各种信息技术和电子媒体进行的学习，还可以指狭义上的利用计算机网络进行的学习。信息化的学习方式不仅给传统的学习过程、学习环境、教师和学生之间的体系关系带来了巨大变革，还促进了学习活动中学习目标、环境、媒体和资源等要素的信息化（李芒，2008）。课堂不再是主要的学习场所，教师也不再是唯一的知识传授者，学生的学习可以通过网络技术、多媒体等认知工具，打破时空的限制，对学生的学习情境进行多维度拓展，在与他人的互动交流中有效地获取与处理知识信息，进行信息化下的自主性、合作性和体验性学习。

二、计算机辅助华文教学研究综述

1. 数字化华文教学资源

数字化华文教学资源指的是利用计算机网络通信、多媒体和中文信息处理等多种技术相互融合而形成的，可以将华文知识更加直观动态地呈现，以数字化的形式发布、存取、利用各种信息资源的总和。数字化华文教学资源可以有效地提高教师的教学效率，更好地满足学生的多元化学习需求。现有的华文教育网站、华文教学课件以及各种华文信息化学习工具都属于数字化华文教学资源。

随着计算机多媒体技术和网络技术在华文教学中的日益普及，近年来，网络上积累了丰富的数字化华文教学资源，功能多样，主要有以下三种分类：①从资源内容看，可以将信息化汉字教学资源分为多媒体素材类和华文工具类。多媒体素材类资源包括网络教材①、教学视频和课件②、笔顺动画③、字源动画④、写字帖⑤、汉字游戏⑥、儿歌童谣等；华文工具类资源主要用于辅助学生的华文学习，有拼音标注工具和字典工具等。②从媒体形式看，主要是文本类、图像类、音频类、动画类和视频类。例如，多种媒体的合成对华文学习帮助很大，如音频和笔顺动画对汉字的字音字形学习的帮助。③从教学目的看，信息化华文教学资源可以分为知识讲解类和技能训练类。知识讲解类资源主要有汉字教学视频和课件；技能训练类资源主要是针对汉语听、写技能的练习，且大多是以游戏形式出现，有数笔画、找部首、听音认字等。

随着多媒体技术和网络技术的深入应用，华文教育资源以文字内容为主转变为以集图、文、视频、音频于一体的教学资源，教学信息应由单向交流方式转变为双向或多向交流方式。数字化华文教学资源使华文教学组织形式和教学方法变得更加多样化。在教学资源内容呈现方面，传统的华文教育资源主要是以纸质为媒介，内容的呈现上以文字为主，少数资源兼有图片。而数字化的华文教学资源由于在其处理过程中运用了计算机网络通信、多媒体和中文信息处理等多种技术，对华文知识内容的呈现也具有其独特优势，可以根据华文不同知识的不同特点，选取声音、文本、图形、图像、动画、视频等多种媒体呈现，突出华文教学的重难点，将教学内容从平面的线性结构扩展到立体的网状结构。同时，结合图片、动画、视频等多媒体技术的使用，让枯燥的华文教学课堂变得生动有趣，从而提高教学效率，增强学习者华文学习的积极性。在知识组织方面，传统的华文教学资源的使用，只是师生之间或教学资源与学生之间的单向信息传递。而由于中文信息处理等相关技术的发展，学习者与数字化华文教学资源的交互方式多样，教学信息的传递也突破了单向交流的单一方式，逐步朝着双向或多向交流方式发展。现有的华文学习人机交互形式就有键盘输入、手写输入、语音输入等形式，而在不久的将来，多通道的人机交互形式将逐步普及，视觉、听觉和触觉的交互形式能有效地扩大华文教学信息交换的带宽，提高华文知识的交互效率。数字化资源在网络环境中的应用突破了传统资源的时空限制，在网络通信技术的支撑下，实现了华文虚拟学习环境的构建和华文教学资源的高效共享。学习者可以在任何时间、任何地点通过计算机网络获取自己所需要的各种华文学习资源，这种网络化的学习方式满足了华文学习者对时间和空间的需求。此外，网络上所提供的华文学习资源众多，资源的共享为华文学习者的自主学习创造了良好的条件。学习者不仅可以进行简单的知识学习，还可以通过虚拟环境与他人进行学习信息的交换，促进人与

---

① 华文教材．中国华文教育网．http：//www.hwjyw.com/textbook.shtml.
② 轻松学汉字．易校园．http：//www.myechinese.com/apps/lib/index.php? s =/Group/index/gid/29.
③ 汉字笔顺查询．百度应用．http：//app.baidu.com/app/enter? appid =154900.
④ 现龙系列网站．http：//www.dragonwise.hku.hk/dragonwise_main/index.html.
⑤ 写字帖．网络孔子学院．http：//cop.yes - chinese.com/hanban/tzg/.
⑥ 汉字游戏．少儿学汉语．网络孔子学院．http：//kid.chinese.cn/node_721.html.

人之间的交流与沟通。

2. 信息技术与华文课程整合

信息技术与华文课程整合，就是在先进教育思想和教学理论的指导下，将以计算机和网络为核心的信息技术与华文课程的结构、内容、资源以及课程实施等融为一体，提高华文学习者的交际能力，实现华文教育世界范围内的推广。信息技术与华文课程的整合过程必须符合语言习得和语言、文化教学规律，并根据华文教学实践（如汉字教学、语音教学等）及语言技能训练（如听力技能训练、口语技能训练等）的特点而进行。信息技术支撑下的典型的华文教学模式主要有以下几种：

①基于网上资源应用的语言情景创设模式。

在这种模式下，教师的任务在于要创设情景、设计问题、组织课堂交流和评价，学生则需要在特定的情境中应用网络资源完成任务。基于网上资源应用的语言情景创设模式的言语训练方式主要以课堂训练为主。

②应用网上资源进行主题探究模式。

在课堂内外，应用网络的资源创设情景。网络教学资源可以给学生提供丰富而真实的语言材料，为学生创造尽可能接近真实的交流环境。教师主要负责整合教学资源、设计问题、组织课堂以及结合网上资源交流和评价；学生需要在课前搜索与主题材相关的图片以及文本资源，应用指定的网上教学资源完成话题。这种模式下的言语训练方式是课前形成口述话题，在课堂上进行训练。

③应用网上资源进行任务协作模式。

网络支持课前、课中和课后的整个教学过程，网络环境不仅给学生提供了网络语言交流的环境，而且还很好地实现了教师与学生之间的交流从课内延伸到课外。网络是学生言语训练的工具。教师的主要职责在于整合教学资源、设计问题、组织课堂和课外交流与评价。在课前，学生要自主应用网上整合的资源，主要是视频和相关的图片以及文本资源，并根据剧情分配角色，协作完成话题；在课中，学生以小组的方式围绕主题进行交流，然后教师和学生进行点评；在课后，小组成员根据教师的评价，再利用网上资源进行矫正，学生和教师再进行评价。这种模式下的主要言语训练方式是在课外通过网络分配角色，协作完成话题，并形成口述话题，在课堂上进行训练。

3. 远程华文教学

在信息时代，教学过程包括教师、学生、教学媒体和教学资源四个要素。受建构主义的影响，在远程汉语教学中，教学活动是"以学习者为中心"，学生是知识的主体，是意义的建构者，教师起着组织、引导的作用。远程汉语教学模式能够不受时空限制，创设真实的情境，实现资源共享，灵活获取信息，多样化的交互方式实现了学习者之间的协作交流，有利于学生的自主学习和探索。

由于汉语学习者来源多样化，学习目的也各有不同，远程教学的形式可以很好地面向不同的学习者的需求，提供学历汉语教育和非学历汉语培训，通过相应课程的学习，满足学习者的学习需求。根据教师和学生登录网络的时间差异，远程汉语教学有同步教学和异步教学之分。同步教学的形式大致有两种：一种是通过平台支持，如日本早稻田大学开发的 TCDI（Tutorial Chinese Distance Instruction）教学模式；还有一种是通过 MSN、SKYPE 等网络通讯工具来实现的交互教学。异步教学以"网上北语"为代表，学生通过网站提供的课程进行学习，教师通过 BBS 等形式答疑解惑，组织学生讨论，实现了针对学历和非学历汉语学习者的远程教育。中国台湾地区的远程华文教学也发展得较为迅速，而网络平台的应用易受重视，如 Second Life，即"第二人生"是一个 3D 交互式平台，使用实时通讯软件、播放影片、开启网页和交互式 3D 情境等功能，为学生创造华文应用小环境，如机场、饭店等；又如 Moodle（Mldular Oriented Dynamic Learning Environment：模块化面向对象动态学习情境），则是台湾地区华文教学中使用率较高的一套平台，它几乎可以满足教师在线教学时的所有需求。

4. 信息技术支持华文教师专业发展

华文教师专业发展包含了两个层面：一是纵向发展上的专业提升，二是横向素质的全面提升。由于现代信息技术的发展和新的教育理论的出现，信息技术不仅丰富了知识表征、传授途径、知识的获取方法，还跃升为教育中最具变革性的要素。因此，在信息时代下如何应用技术迎接国际华文教学的挑战，加快信息技术应用于华文教师专业的发展显得尤为迫切。

在信息技术支持华文教师专业发展的研究方面，张和生论述了近十年学界针对对外华文教师素质、教师培训和专业人才培养的研究，同时指出了新形势下华文教师培养方式的转变（张和生，2006）。陈向明认为，实践性知识是教师专业发展的知识基础（陈向明，2003）。焦建利等认为，技术与教师专业发展之间的关系无非体现在两个方面：第一，技术是教师专业发展的内容之一；第二，技术构成了教师专业发展的手段、途径、方式、方法和环境（焦建利，2009）。教育信息化的进程表明了信息技术在促进教师专业素养提升、加快教师专业发展进程、推动教师专业发展方式变革、提高教师绩效、引发教育变革和促进教育观念转变等六个方面的作用。

但是目前的形势是绝大多数华文教育教学网络资源并没有充分发挥信息技术的优势，华文教师终身学习体系的构建也只是停留在观念层面，教师培训效率低下等问题还是没有得到很好的解决。把信息技术引入华文教师专业发展，应围绕教师专业发展的特点来进行，同时考虑华文教师的职业特点以及教师作为学习者的特点，实现信息技术为华文教师在实践过程中进行自我专业化发展提供有效的支持。

三、计算机辅助汉字教学

汉字作为历史悠久的文字，是中华民族用于传承文明、传播知识、记载历史的主要工具。随着人类社会的进步和发展，造纸术、印刷术、广播电视技术、计算机互联网技术等每一次人类信息技术的重大变革，都会给汉字知识传播带来相应的变化。尤其是多媒体技术、中文信息处理技术和网络通信技术的发展，更是为汉字知识传播开拓了新的思路和方法。

1. 多媒体技术与汉字知识表征

多媒体技术具有通过文本、图像、音频、动画、视频等形式展现知识内容的功能，通过作用于学习者的各种感官，促进学习者对知识信息的获取。将多媒体技术应用到汉字教学中，使得汉字知识的表征更加多元化，结合各种媒体类型特点，选用合适的媒体来表征汉字的读音、结构、部件、书写顺序等知识（如表1-1），可以更好地帮助学习者学习汉字，有效地进行汉字知识的建构。

表1-1　汉字知识多媒体表征

汉字知识	媒体形式
读音（拼音）	文本、音频
结构	文本、图像
偏旁部首	图像
笔画	图像、动画、音频
字源	文本、图像、动画

多媒体手段的运用还可以突出汉字教学的重难点，将教学内容从平面的线性结构扩展到立体的网状结构（郑艳群，2006）。字体、字型、大小、颜色、边框等多媒体手段的变化，在汉字的书写和笔画教学中很有帮助。此外，多媒体技术可以在众多的汉字知识点间设立结点，通过建立结点与结点间的联系，形成纵横交错的知识网络体系，这种立体化的教学内容使汉字知识表征的逻辑性和关联性更强。结合图片、动画、视频等多媒体技术的使用，枯燥的汉字课堂变得生动有趣，提高了教学效率，增强了学习者学习汉字的积极性。

2. 中文信息处理技术与华文人机交互学习

中文信息处理技术是通过计算机对华文的形、音、义等信息进行处理的技术。其中，汉字编码、汉字输入和汉字识别是中文信息处理技术的基础，也是实现应用华文进行人机交互的关键。

从键盘输入到手写输入再到语音输入，每一次汉字输入技术的发展都为华文人机交互学习带来了变革。键盘输入是利用华文进行人机交互的基础，由于编码方案的不同，可以对汉字的字音和字形进行编码，通过键盘输入实现文本的转换。但是，对于将华文作为外语学习的人来说，应用这些编码输入方式都或多或少存在一定的障碍。随着手写输入的发展，人机交互变得更为自然简便，可以通过鼠标、手写笔等设备，实现文字的输入，同时也实现了利用技术对汉字的书写测评。汉字书写技术可以很好地对单个汉字的笔顺和字形进行评价。近年来，语音输入技术的完善和成熟提升了华文人机交互的层次，是华文语音训练的一大突破。通过语音识别可以对语音输入结果进行诊断，测试出对汉字读音的掌握情况，进而给出相应的反馈和学习建议。

3. 网络通信技术与多元汉字学习方式

网络通信技术的迅猛发展与深入应用，实现了对虚拟学习环境的构建和资源共享，是信息化时代多元汉字学习方式的重要技术支撑。

现代社会的发展给华文学习者带来诸多挑战，如家庭、工作和学习之间关系的平衡，加上学习时间、地点的不确定，提高了他们对汉字学习的预期要求，他们期望按照自己的意愿在任何时间、任何地点都能进行华文学习。网络学习下的多元汉字学习方式满足了学习者对时间和空间的需求。此外，网络上的汉字学习资源丰富，资源的共享为学习者的自主学习创造了条件。随着学习的深入，学习者不再满足于简单的知识学习，还希望通过虚拟环境进行信息交换，实现人与人之间的沟通和交流。

Web2.0技术使网络由单向的信息传递发展成一个多向沟通的社交网络体系，并具有交互、分享、参与群体智能等特点。技术推动下出现了各种类型的网络社交工具，如论坛、博客、维基、交友社区等，这为华文学习者构建了真实语言交流平台，在这个平台上他们可以分享学习心得，培养华文语感，更重要的是能够结交朋友，将网络学习与实际生活联系在一起。数字技术应用于有机社群的建立，对海外华文学习也起到了重要的作用。

在多元汉字学习方式的需求下，网络通信技术的发展要进一步着眼于汉字资源的高效共享和虚拟数字化学习环境的构建，为学习者提供满足不同学习方式的服务。

四、计算机辅助词汇教学

汉语具有悠久的历史，词汇的发展也承载了这份厚重的文化沉淀，因而对汉语词汇的研究不断吸引着众多人的目光。从汉语作为第二语言学习的角度来看，词汇学习的难度加大了人们学习华文的困难，所以学界将主要的研究目光聚焦在对词汇教学方法和字词认知的研究上。而随着中文信息处理技术、多媒体技术和网络通信技术的发展，词汇教学的研究思路不断拓宽，开始与这些技术相结合。

数字技术服务下的汉语词汇知识表征研究主要是指利用多媒体的教学手段进行词汇教学；同时，结合中文信息处理技术，对词汇的分类处理、词性标注、检索、自动分词、语料库、测评等问题进行研究，实现词汇教学的现代化。现主要从多媒体技术、语料库技术、语义和计算机辅助词汇测评等四个方面对数字技术支撑下的汉语词汇知识表征进行论述。

1. 多媒体技术与汉语词汇

多媒体技术下的词汇知识表征主要是指教师利用多媒体技术，如声音、画面、文字或三者相结合的方式提供词汇的信息。在多媒体技术的支持下，学习者可以感性、直观地获得词汇的各种信息，快速完成对词汇的音、形、义的认知建构，并加深对词汇的记忆，帮助学生跨越词汇学习的记忆难点。根据统计分析，现将已有的数字化词汇资源的词汇知识与多媒体的呈现特征对应如下：

表1-2　词汇知识多媒体表征

词汇知识	媒体形式
读音（拼音）	文本、音频
释义	文本、图像、动画
词性	文本
词语辨析	文本、图像、动画

运用多媒体技术手段进行的词汇教学较之传统的词汇教学有两大优势：一是丰富了词汇的释义模式。传统的义素分析法、语境上下文分析法、整体释义法和分析释义法与多媒体手段相结合，利用图片释义可以更好地建立起目标词语与概念之间的联系，而文本、图片、语音相结合的多媒体词汇注释模式比仅用文本和语音的词汇注释模式更有效。二是增强了对词汇的记忆。研究显示，在多媒体方式下词汇呈现方式对词汇接受性和产出性影响显著，这对华文词汇教学提供了一定的启示。

2. 语料库技术与汉语词汇

语料库是指存放在计算机里的大量原始语料文本或者经过加工后带有语言学信息标注的文本。近20年来，由于语料库能快速准确地提供构词、搭配、语境等多方面的语料及信息，语料库语言学迅速发展起来。基于语料库的研究方法和教学方法既有定量的实证分析，又有定性的功能解释，对语言的描述更为全面，尤其为词汇教学提供了保障。汉语的词汇教学基于语料库技术，可以概括出词语的搭配特征和搭配范围，帮助学生构建词语搭配模式，形成学生自己的词汇网络；甚至可以通过建立教材语料库，在对这些教材的书面语词汇进行量化处理的基础上，结合学习者书面语词汇习得情况找出教学的重点和难点，为书面语词汇教学提供参考建议。总之，语料库技术能够很好地帮助学生构建学习网络，系统地进行词汇学习，为日后的交际应用打下良好的词汇基础。

3. 中文信息处理技术下的语义与汉语词汇

中文信息处理技术指的是利用计算机对汉语的形、音、义等信息进行处理。语义知识按层级来分，主要包括词汇语义知识、句子语义知识和篇章语义知识。其中，词汇语义研究是传统语义研究的核心内容，也是整个语义研究的基础。在中文信息处理技术的辅助之下，对词汇语义的研究又有了新的发展：以语义角色为纲、以句中动词为中心可以建立词汇语义制约信息库；在概念图理论的指导下，通过释义项获取、概念分析、知识提取和概念图的构建标引等步骤构造内涵概念图，为词汇语义相似度的计算提出了一种新的尝试和方法。词汇语义的相关技术可以帮助学生克服词汇学习的意义理解难点，加深对词汇意义的记忆和理解，从而提高学生使用词汇的正确率，有效解决词汇学习中的一大难点。

五、计算机辅助华文测评

测评技术是一项涉及认知科学、计算机科学、语言学、数学、心理学和教育学等诸多学科的交叉研究成果的应用。华文测评在内容上涉及词汇、句法、语义、语音等，测评技能还包含了听、说、读、写。针对语言测评的需求，测评资源不仅具有多媒体的特性，还要应用自然语言处理领域成果，包括语音识别与语音合成、机器翻译与机器辅助翻译、信息检索与信息提取、专业术语提取与术语定义自动生成、文本分类与聚类、自动文摘与文献述评、词典计算机辅助编纂等（柏晓静等，2010），对学生以文字、语音、图像等形式表达的结果进行自动分析与处理。

近年来，计算机辅助测评从最初动机为减轻教师的评阅负担并给学生提供即时反馈的电子化阶段，快速发展到以体现测评环境的真实性与交互性，基于多种媒体的题目设计、短文的自动评价、技能测评自动化和计算机自适应测试阶段。随着 E - Learning 的发展，CAA 发展为与学习环境融合，尤其强调通过提供及时有效的反馈促进学生学习，以测评为中心的个性化学习环境构建问题受到广泛重视。为了解决测评群体规模大、资源广域分布、个性化需求突出、多群体协同工作等问题，网格计算技术引入远程学习评价研究，通过构建基于网格计算环境的资源共享与协同工作平台，解决广域跨组织大规模远程学习测评的问题（王冬青等，2005）。计算机测评技术和自然语言信息处理的发展成果对语言测评产生重大影响。美国大学理事会于 2007 年 5 月推出的 AP Chinese（AP 中文测试）包括了听、说、读、写四项技能，整个测试都通过网络进行，主要由人际沟通、理解诠释和表达演示三个沟通模式构成。美国的中文测试经验正说明了技术为新形势下的华文测评提供了新的可能。

因此，测评不仅能准确地获取学生的学习状态，随着测评技术的发展和应用，通过对测评数据的分析，测评更是在促进学生认知水平发展、教师教学策略决策、教育资源推荐方面起着越来越重要的作用，测评成为发现学生学习状态最为重要的途径和方法（熊玉珍，2012）。

第二节　计算机辅助华文教学存在的问题

随着新技术的发展和教育信息化进程的推进，计算机辅助华文教学是华文教学发展的必然趋势。尽管计算机辅助华文教学已经取得了不少成果，但是，根据现阶段的情况来看，在理论和实践过程中，计算机辅助华文教学仍然存在一些问题和不足，限制了其对华文教学的作用和发展（熊玉珍，2013）。

一、资源共享的问题

随着信息技术在汉语教学中的应用越来越广泛，各类汉语教育机构积累了大量丰富的网络汉字教学资源，但是这些资源往往缺乏统一的管理与共享，缺乏信息及服务的交流，形成许多分散的"资源孤岛"，优秀的汉字教学资源往往得不到充分利用。再者，汉字教学资源具有分布、异构、多层次等特征，存在非标准化、非结构化的问题，标准化资源建设相对滞后，资源内部深层次的语义关系无法得到体现，未能形成结构化的管理体系，导致资源的查询和定位比较困难，无法为用户提供高质量的汉字资源服务。因此，如何实现汉字教学资源的共享和网络系统间的互联互通是当前网络汉字教学中较为突出的问题。

二、个性化支持的问题

不少汉字教学资源在设计上关注到学生个性化学习的需要，但总体上看，这种层次是较浅的。尽管近年来在学习对象管理及资源共享方面的研究取得了很大进展，但构建满足个性化需求的细粒度学习对象模型，还需要对资源粒度的划分和描述方法进行扩展。如何结合汉字知识与不同媒体的特征，具体分析某一知识点的媒体表征方式，构建可重用、可重组的细粒度对象化汉字资源是关键问题之一。

三、人机交互的问题

在网络学习中，交互的形式是多样化的，从最早的人机、机人交互形式，深化到关注人人交互和群体交互。目前网络学习环境的交互手段较为单一，交互性不够。大多数终端设备支持的人机交互方式是用键盘和指点设备（如鼠标）操作窗口、图标和菜单等图形界面对象，缺少集成性，没有充分发挥数字互动媒体在高度交互性、沉浸性和实时性上对汉字学习的作用。此外，资源检索语义相关度不高，在线问答系统实时性不强，个性化资源推荐不够精确，不能很好地满足学习者的兴趣要求。社区类资源没有形成虚实结合的人工汉语学习社区环境，群体之间缺乏深度的协作和交流，无法为汉字学习者提供良好的学习互动环境。如何构建支持多种高效实时交互形式的网络学习环境，是对信息技术支撑汉字教学的一大挑战。

四、语用服务支持的问题

在汉语二语教学中，语用环境的构建对学生的汉字学习至关重要。然而，当前大部分汉字学习服务都着眼于学校教学情境，对课后学习和大规模在线学习的支持不够，满足不了学生的需求，不能提供随时随地的学习服务。而课后和在线学习方式可以加强对汉字知识的语用训练，通过训练强化知识点的记忆和理解。因而，有效实现课内汉字教学延伸到课外汉字学习，创设真实的语用环境，开发随时可用的语用学习服务，提供个性化的学习帮助，是汉字学习者所迫切需要的。

第三节　计算机辅助华文教学的发展趋势

以云计算、物联网、下一代互联网为代表的新一代信息技术革命，正成为教育信息化进程中华文教育的重点，为华文教学带来了新的机遇和发展。基于云计算的新一代信息技术包括移动技术、多通道交互技术以及学习分析技术等。云计算被看作是继个人计算机和互联网之后的第三次 IT 浪潮，具有大规模、高性能、高可用性和弹性伸缩等特征，给生活、工作方式和商业模式带来了根本性改变。随着教育信息化的普及和深入应用，基于自主、可控、安全的云计算公共服务平台，"云终端 + 云计算服务"将成为华文教学主流的应用模式。

一、"云终端 + 云服务"模式下的多元华文学习

移动技术使学习者可以随时随地地学习，分享网络资源。云环境下的移动技术可以为学习者提供标注有序的海量资源，更有效地满足多元学习需求。我们从学习者的需求、移动设备的普及、华文知识体系特征与认知规律的分析可知，移动技术在华文学习中的深入应用是大势所趋。

首先，学习者的学习时间和空间不定。许多华文学习者不是全日制的在校学生，他们有自己的工作和家庭，没有大段的整块时间来进行学习。在移动技术支持下，学习者可以通过无线网络获取和利用汉字资源，实现随时随地学习。移动应用程序还可以记录学习者的位置数据、动作感应、访问社交网络和资源应用等情况，为华文学习

者创建一个全功能的无缝学习体验环境。

其次，近年来，移动设备的发展日新月异，功能日渐强大，以手机、平板电脑等为主要代表的移动设备以其便携性、高普及性的优势，渐渐成为人们获取网络信息的主要工具。据《2011 新媒体蓝皮书》统计，2010 年全球手机用户超过 50 亿（尹韵公，2012）。据报道，截至 2012 年 6 月底，国内手机网民规模达到 3.18 亿，手机用户数早已突破 9 个亿。① 平板电脑也逐渐成为人们学习的必备工具。据研究机构 Digitimes Research 预测，2013 年全球平板电脑出货量将首次超过笔记本电脑出货量，达到 2.1 亿台。② 移动设备的应用改变了传统的课堂教学观念和模式，云端教室下汉字学习环境的构建也是以移动设备为主体的。

最后，华文知识要素具有容量小的特点，如一个汉字的学习可以划分为读音、结构、笔顺、字义、组词等。移动学习为学习者提供了重复学习的便利，有利于将短时记忆的学习信息转化为长时记忆。数字化的学习内容便于储存、携带，再结合云计算环境，降低时空限制，学习者对于知识的复现要求较容易达到。

云环境下移动技术的应用，可以较好地满足多元华文学习需求。通过创设智慧学习环境，实现华文学习情景的自动识别和感知，结合移动互联的现实社区，学习者可随时随地交流，自动匹配学习群体，形成华文学习社群，协同建构知识。云环境下的数字化华文教学资源在支持多终端共享和互联的基础上，通过资源的进化，完善和调整自身的内容与结构，以不断适应变化的学习环境，满足学习者各种动态的、个性化的学习需求。在学习对象和细粒度的方法支撑下（杨现民等，2010），建立数字化华文资源细粒度内容超市，实现单个华文知识点及媒体表征形式的标准化，通过对不同水平、不同类型的汉字资源的归类，建立华文教学基本素材库和知识仓库，完善对资源内容的深度加工，从而建设高共享、可重用的华文教学资源，为移动华文学习提供高可用性的学习资料。

二、多通道交互技术支撑下的华文技能训练

考虑到学习者的认知特征以及华文教学应用的特点，云终端必须具备出色的多媒体处理和回放能力，支持多通道人机交互，主要包括视觉、听觉和触觉三种通道以及它们的融合，为听、写技能的训练提供更有效的方式。

1. 视觉交互

视觉交互是将人和物理世界对象经拍摄或扫描得到数字图像或图像序列，利用模

---

① 移动互联网的未来. 通讯产业网. http：//www.ccidcom.com/html/hulianwang/yidonghulianwang/201112/06-163230.html.

② 明年全球平板电脑出货量 2.1 亿 首度超越笔记本. 搜狐 IT. http：//www.cnbeta.com/articles/214830.html.

式识别和机器学习技术，识别出其对象的运动。典型应用有生物特征识别、计算机视觉、手势识别、体动跟踪、文字识别等。信息化时代的学习者信息接受能力强，喜欢在文本前呈现图表，视觉刺激可以有效吸引学习者的注意力。在华文学习中，视觉交互是最常用的交互形式，在知识内容的呈现上，通过文本、图像、动画等多媒体的视觉刺激，可以加深对华文知识点的理解和记忆，符合认知规律。随着移动设备的普及，手势识别技术也有了新的发展，学习者可以通过手势完成相应的学习任务，基于手持设备的课堂互动系统为华文学习带来了全新的体验。

2. 听觉交互

听觉交互主要包括语音识别和语音合成两类应用，听觉交互为实现人机对话提供了可能。听力技能作为汉语语言技能之一，在汉语教学中有着重要的地位，主要体现在汉语语言环境的营造和学习者语感的培养。在数字化汉字学习过程中，利用语音识别和语音合成，学习者可以对比自己发音与标准读音的差异，进而对读音进行反复训练。目前结合语音合成技术，听觉交互实现了听力自动测评，为听力训练提供了多样化的选择。

3. 触觉交互

触觉交互指用户使用手指或者数码笔在触摸屏、图形板或手写板等设备上进行点击或者书写，电子墨水形成的笔迹被识别为书写内容或者笔势命令（林民、宋柔，2010）。随着智能手机和平板电脑的普及，多点触控和笔输入技术得到了广泛应用。通过多点触控的互动形式，可让汉字学习者与硬件更为贴近，实现用手指点击选择学习内容，书写汉字。同时，触觉交互技术的发展为汉字书写测评提供了重要支撑，自然书写形式的测评是计算机辅助华文测评的发展趋势。

多通道交互技术能够有效地扩大信息交换的带宽，提高交互效率，发挥人机之间彼此不同的认知潜力，降低学习者的认知负荷。多通道交互技术的发展，让汉字学习者以"身临其境"的方式完成知识的学习，实现了面向多用户的情境化教学。近年来基于游戏的学习方式兴起，将推动多通道交互技术在汉字学习中的应用，视觉、听觉、触觉加上动觉的体感游戏等因其虚拟性、互动性及情境性的特点，正成为华文学习和训练的新形式。

三、学习分析技术支撑下的个性化华文学习

随着各种学习系统中数据的迅速增加，对这些数据进行有效分析和挖掘，从而提高学习效果，成为技术支撑下华文教学面临的挑战，学习分析技术的应用为其提供了有效的解决方案。学习分析技术是对学习过程信息的自动获取和分析，以评估学习者的学习进展，预测未来的表现，同时发现学习者潜在的问题。利用数据挖掘、数据揭示和数据建模的优势，学习分析技术可以为学习者量身定制更有效的个性化教育。

在"云终端＋云服务"模式下，对学习者学习过程的记录显得尤为重要。云环境下的汉字学习能通过动作捕获、情感计算、眼动跟踪等多通道交互，感知并记录学习者在知识获取、课堂互动、小组协作等方面的情况。运用学习分析技术，追踪学习过程，分析学习结果，建立学习者模型，为更加全面、准确地评价学习者的学习效果提供了重要依据。除此之外，学习分析技术还探究学习过程的发生机制，从教师、学生以及管理者角度对学生的学习过程进行客观预测，关注提供了适应性内容以及不同层次的学习支持和个性化推荐服务（李艳燕等，2012）。将学习分析技术与华文测评相结合，通过跟踪记录学习者的测评情况，在对测评数据进行深度挖掘的基础上，推荐与知识点或错题相关的个性化学习资源和学习建议，可以为学习者提供最佳学习路径，推送符合学习者水平的题目，帮助其根据自己的知识情况进行有针对性的学习和训练，实现真正意义上的个性化汉字学习。

第四节 "计算机辅助华文教学"的课程性质及主要内容

一、"计算机辅助华文教学"的课程性质

"计算机辅助华文教学"是随着华文教学的深入发展而新设立的一门专业基础课。它主要论述了计算机辅助华文教学的现状和发展趋势、网上华文教育信息资源的获取与利用、华文多媒体教学素材的设计与制作、对象化华文教学资源的设计与制作、计算机辅助华文测评等方面的内容。

"计算机辅助华文教学"这门课程作为一门新兴的教育学科，具有跨学科的性质和特点。它既是教育的分支学科，同时又与语言学、心理学、社会学、文化学等学科相关。"计算机辅助华文教学"又涉及计算机科学与技术、教学媒体理论、教育传播学等多种学科，具有边缘学科的性质。

二、"计算机辅助华文教学"的课程目标

"计算机辅助华文教学"的课程目标为：通过本课程的学习，认识现代信息技术在21世纪教育中的地位和作用，了解以多媒体和网络技术为核心的现代信息技术在华文教学中的应用现状和发展趋势；理解多媒体元素的基本特性并学会在华文教学中的应用；具备设计、制作和开发华文多媒体教学素材、利用互联网教育资源开展华文教学的初步能力；掌握在信息技术支持下华文教学设计的基本方法；具有将现代信息技术设施运用于华文教学改革的意识与能力。

三、"计算机辅助华文教学"的课程内容

"计算机辅助华文教学"主要讲授以下内容：计算机辅助华文教学的现状和发展趋势、网络华文教学信息资源的利用、华文多媒体教学素材的设计与制作、对象化华文教学资源的设计与制作、计算机辅助华文教学测评等。

四、"计算机辅助华文教学"的课程要求

"计算机辅助华文教学"的课程教学要求主要为：在阐述现代教育教学基本理论、多媒体基本原理的同时，根据华文教育领域的特点，选择和组织不同侧重面的教学内容，解决华文教育中信息技术应用的重点和难点问题，同时加强实践环节的教学与训练，培养学生理论与实践相结合的复合型能力和素养。

学习活动建议

1. 了解计算机辅助华文教学的现状，根据现有的技术和成果，介绍这些技术成果在华文教学其他方面的应用情况。

2. 请你举例说明，计算机技术在华文知识要素教学中的作用，如汉字教学、词汇教学、语法教学等。

3. 在听力、口语、阅读和写作教学中，我们可以如何应用计算机进行辅助教学？

4. 计算机在教材开发、辅助华文课堂教学、华文测评和远程教学等方面辅助华文教学，哪方面最为需要？结合所在国的华文教学情况，谈谈你的想法。

参考文献

［1］李芒. E – Learning 到底是什么［J］. 电化教育研究，2008（11）.

［2］郑艳群. 对外汉语计算机辅助教学的实践研究［M］. 北京：商务印书馆，2006.

［3］张和生. 对外汉语教师素质与培训研究的回顾与展望［J］. 北京师范大学学报（社会科学版），2006（3）.

［4］陈向明. 实践性知识——教师专业发展的知识基础［J］. 北京大学教育评论，2003（1）.

［5］焦建利，汪晓东，秦丹. 技术支持的教师专业发展：中国文献综述［J］. 远程教育杂志，2009（1）.

［6］王柏晓静，俞士汶，朱学峰. 自然语言处理中的技术评测及关于英语专业考试的思考［J］. 外语电化教学，2010（1）.

　　［7］王冬青，李玉顺，王桂玲，许骏，李克东，史美林．LAGrid：远程学习评价网格——基于网格计算环境的 CAA 系统［J］．中国电化教育，2005（12）．

　　［8］熊玉珍．基于测评的汉语个性化学习环境的构建［J］．电化教育研究，2012（3）．

　　［9］熊玉珍，温柔．新一代信息技术支撑世界汉字教学的发展趋势［J］．开放教育研究，2013（1）．

　　［10］尹韵公．新媒体蓝皮书：中国新媒体发展报告 No.3［M］．北京：社会科学文献出版社，2012．

　　［11］杨现民，余胜泉，王志军．学习元与学习对象的多维比较研究——学习资源聚合模型发展新趋势［J］．开放教育研究，2010（6）．

　　［12］林民，宋柔．一种笔段网格汉字字形描述方法［J］．计算机研究与发展，2010（2）．

　　［13］李艳燕，马韶茜，黄荣怀．学习分析技术：服务学习过程设计和优化［J］．开放教育研究，2012（10）．

第二章 网上华文教育信息资源的
获取与利用

内容提要

随着华文教育的发展，网络技术已在汉语教育领域中的汉语研究、辅助汉语课堂教学、汉语技能训练、汉语水平测试、汉语教材建设、教学过程管理、师资培训等方面得到广泛应用，并产生了深刻影响。网上华文教育信息资源服务在优质教育资源共享、个性化教育服务、多机构和多组织协同协作下凸显其特性。本章的主要内容是介绍网上华文教育信息资源的类型、特征，资源的获取与利用，希望学生通过对本章的学习，能够基本具备应用网上华文教育信息资源的意识，熟练掌握获取网上华文教育信息资源的方法。

内容框架

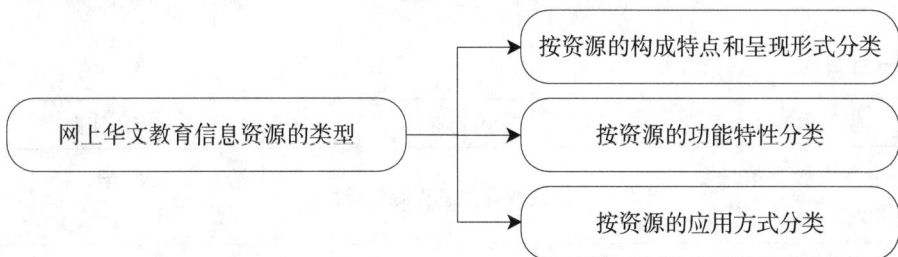

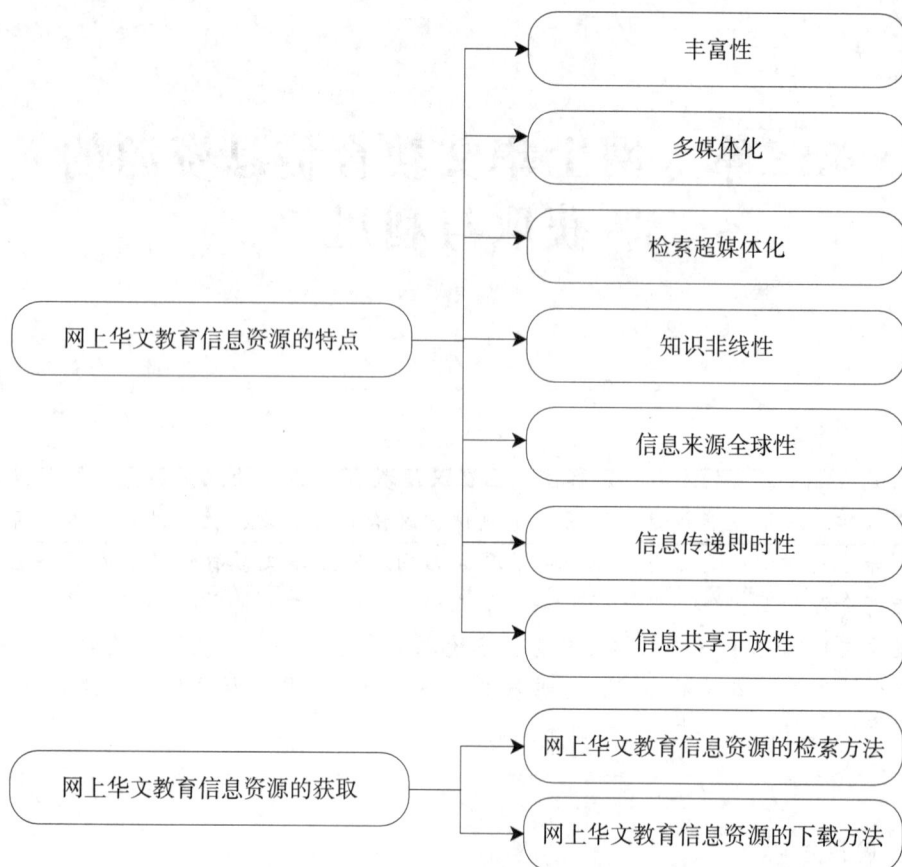

```
                                        ┌─────────────────────────┐
                                    ┌──→│         丰富性          │
                                    │   └─────────────────────────┘
                                    │   ┌─────────────────────────┐
                                    ├──→│        多媒体化          │
                                    │   └─────────────────────────┘
                                    │   ┌─────────────────────────┐
                                    ├──→│       检索超媒体化        │
                                    │   └─────────────────────────┘
┌──────────────────────────┐       │   ┌─────────────────────────┐
│ 网上华文教育信息资源的特点  │──────┼──→│       知识非线性         │
└──────────────────────────┘       │   └─────────────────────────┘
                                    │   ┌─────────────────────────┐
                                    ├──→│      信息来源全球性       │
                                    │   └─────────────────────────┘
                                    │   ┌─────────────────────────┐
                                    ├──→│      信息传递即时性       │
                                    │   └─────────────────────────┘
                                    │   ┌─────────────────────────┐
                                    └──→│      信息共享开放性       │
                                        └─────────────────────────┘

┌──────────────────────────┐       ┌────────────────────────────────┐
│ 网上华文教育信息资源的获取  │──┬──→│ 网上华文教育信息资源的检索方法  │
└──────────────────────────┘   │   └────────────────────────────────┘
                               │   ┌────────────────────────────────┐
                               └──→│ 网上华文教育信息资源的下载方法  │
                                   └────────────────────────────────┘
```

学习目标

学习内容	学习目标	应用实践
1. 网上华文教育信息资源的类型	熟悉网上华文教育信息资源的类型	结合华文教学,浏览相关网站
2. 网上华文教育信息资源的特点	熟悉网上华文教育信息资源的特点	浏览相关网站,简述网上华文教育资源的特点
3. 网上华文教育信息资源的检索和获取	①掌握网上华文教育信息资源的检索方法 ②掌握网上华文教育信息资源的下载方法	结合华文教学,在网上检索并下载相关教育资源

第一节　网上华文教育信息资源的类型

随着华文教育的发展，网络技术已在汉语研究、辅助汉语课堂教学、汉语技能训练、汉语水平测试、汉语教材建设、教学过程管理、师资培养等方面得到广泛应用，并产生了深刻影响。网上华文教育的资源服务在优质教育资源共享、个性化教育服务、多机构和多组织共同协作下凸显其特性。但现有的华文教育信息资源又是极其丰富的，面对海量的资源，如何能根据自己的需求快速有效地查找到有用的信息资源，是我们在计算机辅助华文教学中需要面对的一大问题。现在，我们就根据这些信息资源构成的特点和呈现形式、教育功能特性及应用方式等多种标准，对现有的网上华文教育信息资源进行分类。

一、按资源的构成特点和呈现形式分类

现有的网上华文教育信息资源众多，按照网上华文教育信息资源的构成特点和呈现形式，可将资源分为以下两种类型：

1. 常规华文教育信息资源

网上的常规教育信息资源通常是以文本、图片、图表、档案材料等形式呈现，包括知识性教学信息、课程性教学信息以及教育性信息三大类。现有的典型常规华文教育信息资源，例如，中国华文教育网 http：//www. hwjyw. com/（图 2 -1）。

图 2 -1　中国华文教育网

2. 多媒体课件类华文教育信息资源

网上多媒体课件类教育信息是指针对特定教学对象，依据学习理论和认知心理学，对教学过程进行教学设计的教学信息。它集文字、图片、声音、视频、动画等多种形式于一体，构成了网络中多维的或虚拟的学习空间环境。例如，中国暨南大学华文学院网 http：//hwy. jnu. edu. cn/（图2-2）。

图2-2　暨南大学华文学院网

二、按资源的功能特性分类

网上华文教育信息资源的功能多样，以此为标准，可将现有的网上华文教育信息资源分为以下三种类型：

1. 华文教育动态类信息资源

网上的华文教育动态类信息资源主要是指反映各地开展的有关华文教育、教学和教改活动的消息、时事、通讯以及各类时效性的教育教学动态、教育教学产品宣传等内容。典型的华文教育动态类信息资源，例如，国家汉语国际推广领导小组办公室 http：//www. hanban. edu. cn/（图2-3）。

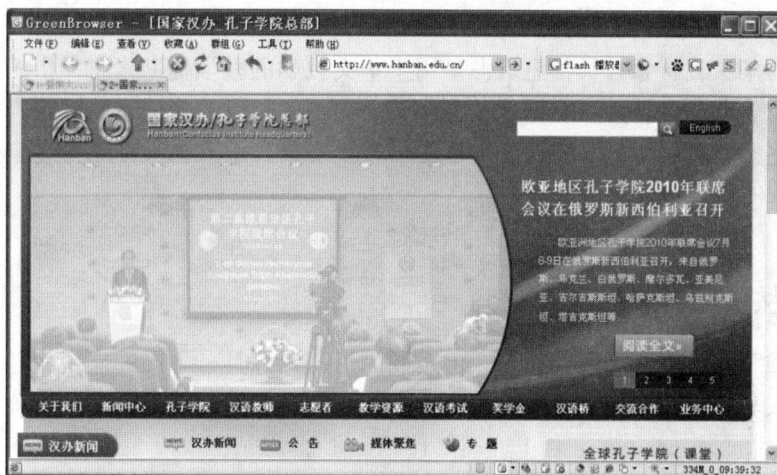

图 2 - 3　国家汉办网站

2. 华文教育理论类信息资源

网上的华文教育理论类信息资源是指广大华文教育工作者对教育教学实践中的心得体会与收获、教育科研的新成果加以理论概括，然后在网上发表的信息资源。例如，中国华文教育网的"网上课堂"http：//www.hwjyw.com/courses/（图2-4）。

图 2 - 4　中国华文教育网"网上课堂"

3. 华文教育素材类信息资源

网上的华文教育素材类信息资源是用于华文教学的教学辅助素材，指的是教师或专业人员将合适的各种声音、图像、文字、动画等素材以数据记录的方式存放于数据库中。这些素材可以为教师备课、上课提供教学资料，也可为教师制作多媒体课件提供素材。

三、按资源的应用方式分类

华文教育信息资源的种类繁多，但不同的信息资源具有不同的应用途径和应用领域，以华文教育信息资源的应用方式为标准，可将现有的华文教育信息资源分为以下四类：

1. 电子教案

网上的华文教学电子教案是老师对学生进行实时授课时使用的教学信息资源。它通常是利用语音、数据和视频信息技术开展网上教学，其内容偏重于课程教学。

2. 电子课件

华文教学电子课件也是针对学生进行课程内容学习的教学信息资源。现有的网上电子课件通常有两大类：一类是自主学习型课件，另一类是辅导型课件。如网上北语 http：//www. eblcu. com/index. shtm （图 2 – 5）。

3. 电子图书馆

网上电子图书馆是网上信息资源的重要组成部分，它可以向教育工作者和学生提供电子图书、电子杂志和报刊等各种参考资料，具有图文检索和工程检索的功能。如暨南大学图书馆 http：//lib. jnu. edu. cn/ （图 2 – 6）。

4. 邮件列表

E-mail 是互联网上使用最为普遍的工具，它以极其低廉的费用甚至免费和快捷的速度实现地区间、国际的联系和交流，除了能准确无误地传递文字信息外，还能传递图片、视像文件、声音文件和程序。因为 E-mail 接收和发送速度快、信息快捷及时，远比传统邮件更加便利，故如何更好地利用电子邮件进行华文教学，对教师和学生都具有十分重要的意义。

图2-5　网上北语

图2-6　暨南大学图书馆

第二节　网上华文教育信息资源的特点

与传统的教学形式相比，丰富的网络教育资源是计算机辅助华文教学的一大优势，这些资源以其丰富性、多媒体化等特征，在华文教学中发挥着重要的作用。

一、丰富性

网络作为知识和信息的载体，提供了丰富的教育资源，如最新的华文教学资料、网上教程、教学工具、教学管理工具以及世界各地的华文教育动态信息。丰富的网络教育信息资源，可满足华文教师和学习者的多种需求。

二、多媒体化

网络提供了整合信息的手段，极大地丰富了信息内容的表现力。它支持文本、图形、图像、音频、视频及动画等多种媒体形式，能够有效地调动学习者的多种感官和学习积极性，提高学习者的学习效率和效果。

三、检索超媒体化

超媒体是由节点（node）和表达节点之间关系的链（link）组成的非线性网络结构，是一种非线性的信息管理系统，它是收集、存储、浏览离散信息，以及表示信息之间关系的技术。为了方便用户对网上信息进行浏览、注释及检索等操作，网上的教育信息以节点为基本单位，一个节点就是一个信息块，通常用于表达一个相对独立的概念或思想体系；节点的信息形式可以是文本、图形、图像、音频、动画等，也可以是上述各种媒体形式的组合；链表示不同节点之间的联系，每个节点指向其他节点，或从其他节点指向该节点的指针交互性是网络的主要特点之一。网络信息具备双向传递功能，用户在接收到网络信息后可针对该信息即时或非即时向其提供反馈。检索超媒体化的特点使师生间的交流反馈更为便利，更有助于开展教学。

四、知识非线性

在传统的华文教学中，对学生传授的知识内容总是以网络的系统形式存在。学生在学习中需要遵循一定的先后顺序，以帮助其实现知识内容的有效建构。而网上的华文教育信息资源中，资源网络各节点之间的链接允许学习者自主获取和重组知识，学习者也可以与任一网络节点建立链接。

五、信息来源全球性

由于互联网网络的网点遍布世界各地，各个网点的信息可以通过互联网进行访问，所以在一个地方可以访问分布在世界各地的资源，也可以获取各种各样的信息。因此，网络是全球最大的电子信息资源库，华文教育工作者除了能够从互联网教学系统获取特定的教育信息资源外，还可在互联网这个无边无际的信息空间自由探索，获取各种与教育教学相关的信息资源，为自身的深入学习与研究提供了极为丰富的信息；同时也为华文教学的发展提供了充足的空间。

六、信息传递即时性

网上教育信息的无纸化使知识信息被编码后能以极快的速度传递到世界的各个角落，实现教学内容的更新与时代发展的要求保持同步，以适应知识更新速度大幅加快的新形势。而这点是传统的华文教学很难做到的，所以网上的华文教育信息资源适时地弥补了传统华文教学资源的滞后性，保持了华文教学在整体范围内的快速稳定发展。

七、信息共享开放性

"信息地球村"可在全球范围内实现优秀资源和教育方法的共享，使学习者能以较少的费用根据自身的需求获取全球的权威资讯，得到优秀教师的指导，受到科学的训练。另外，教育信息资源的共享性可极大地避免对教育的重复投入，节省办学经费，提高办学效益。这些都为华文教学的均衡快速发展提供了可能。

第三节　网上华文教育信息资源的获取

一、网上华文教育信息资源的检索方法

近年来，随着互联网的普及和应用，网上出现了海量的华文教育资源，这些资源已在汉语研究、辅助汉语课堂教学、汉语技能训练、汉语水平测试、汉语教材建设、

教学过程管理、师资培养等方面得到广泛应用。前面介绍了华文教育信息资源的类型和特点，我们对其有了大致了解。但是面对海量的网上华文教育信息资源，如何快速有效地获取自己所需的资源是我们需要解决的问题。现有的获取资源的主要途径有两种：一是通过专业网站，二是通过搜索引擎。

1. 专业网站

通过专业网站获取华文教育信息资源，是获取网上华文教育信息资源的途径之一。现介绍几个典型的汉语教育门户网站：

（1）中国华文教育网。

中国华文教育网是由中华人民共和国国务院侨务办公室主办的典型汉语教育类门户网站，是面向全球华文学校教师、华裔青少年学习中华语言和传统文化的服务平台，是华文教育专家、学者、教师和学生相互交流及分享经验心得的园地，也是华裔青少年网上学习中文、了解中华文化、领略祖国美好风光的窗口。

中国华文教育网以推广华文教育、弘扬中华文化为己任，下设"华教资讯、华文教材、网上课堂、资源中心、中华文化、青少年活动、华教社区、图片、视频"等九个频道，通过提供华教信息发布、精品课程示范、师资培训课程、华文教材下载、中华传统文化讲座等贴近华文教学需求的资讯，服务海外华文学校教师、学生和其他热衷中文学习者，力促海外华文教育工作的普及和发展。网址为 http：//www.hwjyw.com/（图2-7）。

图2-7　中国华文教育网

（2）网络孔子学院。

网络孔子学院是由国家汉办/孔子学院总部主办的汉语教育类门户网站，也是服务于全球汉语爱好者及全球孔子学院师生的综合性、权威性门户网站。网络孔子学院致力于满足世界各国（地区）人民对汉语学习的需要，增进世界各国（地区）人民对中国语言文化的了解，加强中国与世界各国教育文化的交流合作，发展中国与外国的友好关系，促进世界多元文化发展，构建和谐世界。经过多年发展，网络孔子学院已不再仅仅局限于汉语教学，开始更多地向当地民众介绍中国的文化，促进彼此间的交流。

网站设有 58 个频道，涵盖汉语学习、中华文化、教学资源、互动社区、孔子学院五大领域，拥有汉语、英语、法语、德语、阿拉伯语、西班牙语、俄语、韩语、日语、泰语十个语种的内容，发布了 12 000 多个不同类型的学习课件，以及近千小时的音、视频多媒体内容，为全球汉语学习者、教师以及中国文化爱好者提供丰富的汉语学习资源和多彩的文化内容，并为用户学习汉语提供及时高效的服务和支持。网址为http：//www.chinese.cn/（图 2 -8）。

图 2 -8　网络孔子学院

2. 搜索引擎

在互联网上，最常用的资料检索工具就是搜索引擎。虽然网络上的搜索引擎很多，如 Google（http：//www. google. com. hk/）、中国雅虎（http：//cn. search. yahoo. com/）、百度（http：//www. baidu. com/）（图 2 - 9）、新浪（http：//www. sina. com. cn/）等，但是使用的方法大致相同。主要有两种：一是按信息的目录分类进行检索，在分类项目表中找到相应的类别；二是用户在关键词输入框中直接键入关键词进行检索，同时可以选择关键词的搜索范围，如新闻、网页、图片等。

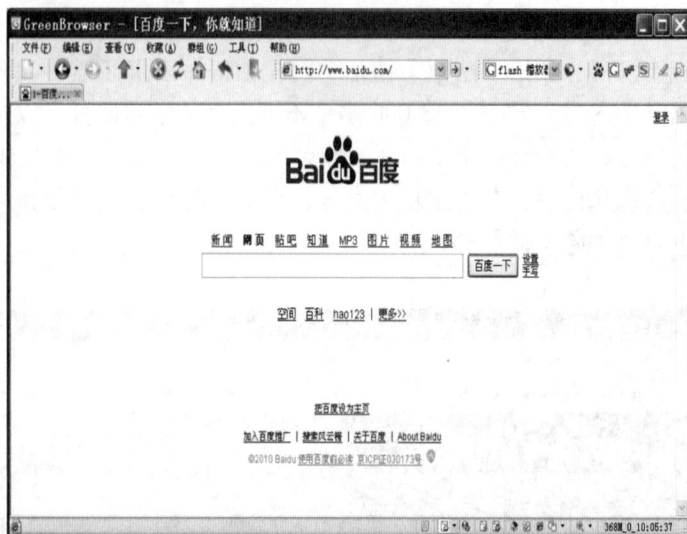

图 2 - 9   "百度" 搜索引擎

（1）按信息目录分类检索。

按信息的目录分类进行检索，在分类项目表中找到相应的类别。现以在百度搜索引擎上分别搜索图片、音频、视频为例，按信息目录进行分类检索。

①打开 "百度" 搜索引擎，在其下属的 "图片" 信息目录中，检索 "面包" 图片，如图 2 - 10。

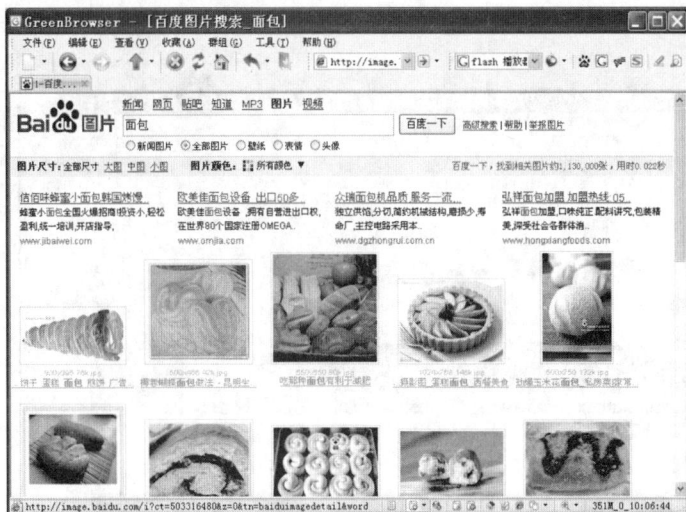

图 2-10 "百度"图片搜索

②打开"百度"搜索引擎，在其下属的"MP3"目录范围内检索名为"茉莉花"的歌曲，如图 2-11。

图 2-11 "百度"MP3 搜索

③在"视频"查找的范围中检索"北京城市宣传片"视频，如图2-12。

图2-12　"百度"视频搜索

（2）按关键词检索。

按关键词进行检索时，用户在关键词输入框中直接键入关键词进行检索，同时可以选择与关键词有关的搜索范围。现以关键词"网上学习"为例，进行关键词搜索。

①打开"百度"搜索引擎，在其关键词框内输入"网上学习"，如图2-13。

图2-13　"百度"网页搜索

②现以搜索网页为例，用户可以根据需要选择搜索与"网上学习"有关的网页、新闻、图片等，点击按钮"百度一下"进行搜索，如图2-14。

图2-14　"百度"搜索结果

二、网上华文教育信息资源的下载方法

在对网上华文教育信息资源进行检索后，根据教学需要，有时还需对这些资源进行下载处理。常用的下载方法主要有三种：使用浏览器下载、使用专业软件下载以及通过邮件下载。

1. 使用浏览器下载

使用浏览器下载文件，是指使用浏览器内建的文件下载功能进行下载。它操作简单，不会产生额外的网络使用费；但通过这种方式下载信息资源的速度较慢。现以下载《中文》教材为例，介绍如何使用浏览器下载相关的教育信息资源。

（1）打开"中国华文教育网"，找到华文教材下载区域，点击进入，如图 2 - 15。

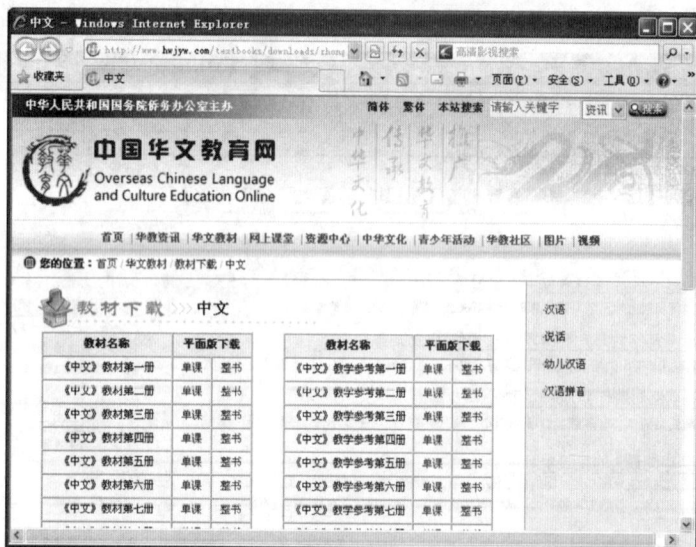

图 2 - 15　中国华文教育网——华文教材

（2）选定需要下载的教材，如《中文》第二册的单课，单击鼠标左键，则出现对话框，选定文件储存的位置为"我的文档"，点击"保存"开始下载，如图 2 - 16、图 2 - 17 所示：

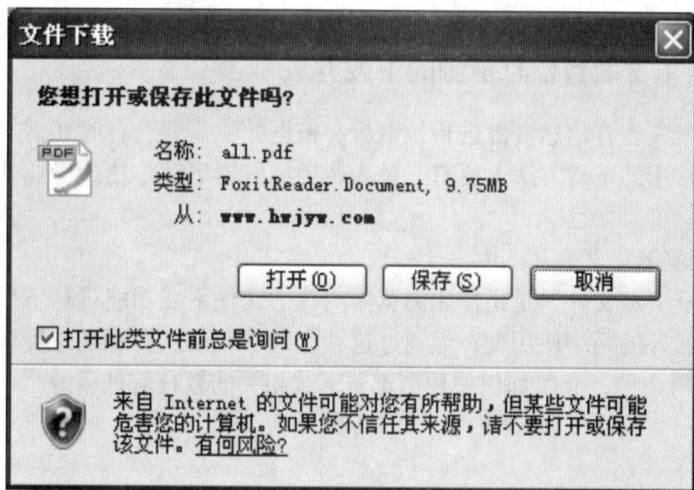

图 2 - 16　文件下载页面

图 2 - 17　文件保存页面

2. 使用专业软件下载

使用专业软件进行文件下载，主要是指借助一些专门的下载软件，对容量较大的文件资源进行处理。这种下载方法较为简单方便，下载速度较快，不同的专业软件可为使用者提供不同的个性化服务，满足使用者的多种需求。现有的较常用的专业下载软件有迅雷、电驴等。

3. 通过邮件下载

通过邮件的方式下载信息资源，也是常见的文件下载方式之一。使用此种方法下载，最大的优势在于操作简便，但是由于邮箱的容量有限，如果所要下载的资源信息的大小超过了邮件的容量，则不能通过邮件的方式进行下载。所以，邮件下载方式受到一定的容量限制。

华文教育网址

[1] http：//www. chinesepod. com.

[2] http：//www. hanyu. com.

[3] http：//www. zapchinese. com.

[4] http：//www. chinesetime. cn.

[5] http：//www. chinesetide. com.

[6] http：//www. echineselearning. com.

[7] http：//chineselearnonline. com.

［8］ http：//applechineseonline. com.

［9］ http：//www. 1on1mandarin. com.

［10］ http：//www. masterchinese. com.

［11］ http：//www. glexchange. net.

［12］ http：//www. activechinese. com.

［13］ http：//www. china. org. cn/e-learning.

［14］ http：//www. chinesesavvy. com.

［15］ http：//www. chineselearner. com.

［16］ http：//www. chinesehour. com.

［17］ http：//www. chinese-course. com.

［18］ http：//www. chinese-outpost. com.

［19］ http：//www. lookintochina. com.

［20］ http：//www. imandarinpod. com.

［21］ http：//www. chineseon. net.

［22］ http：//www. newconceptmandarin. com.

［23］ http：//www. publicchinese. com.

［24］ http：//www. speaking-chinese. com.

［25］ http：//www. chinesefortravel. com.

［26］ http：//www. learnchinese. cn.

［27］ http：//www. easychinese. com.

［28］ http：//www. hellomandarin. com.

［29］ http：//www. transparent. com/languagepages.

［30］ http：//www. bbc. co. uk/languages/chinese/re.

［31］ http：//www. chinese-tools. com/learn/Chinese.

［32］ http://chinese-family. com.

［33］ http：//www. khuang. com/Chinese/.

［34］ http：//www. easechinese. com.

［35］ http：//xuezhongwen. com.

［36］ http：//www. learnchinese. cn.

学习活动建议

1. 请你推荐本国的一个华文学习网站，并介绍该网站的特点和功能。

2. 请你推荐一个与拼音学习、汉字学习、词汇学习等华文知识有关的学习网站，并介绍其在华文学习中的具体作用。

3. 登录中国华文教育网，下载《中文》第二册第五课《买东西》的教材和配套练习，了解课文中各部分知识的编排和设计。

4. 运用本章介绍的下载方法，下载与《买东西》课文内容相关的图片，如"蛋糕"、"牛奶"、"水果"等。

5. 在本章介绍的华文学习网站和你所知道的华文学习网站中，下载《买东西》一课中某一生字的笔顺动画，注意其格式。

6. 运用网上字典，查询某一生字，并对其结果进行保存。

7. 在华文学习网站上查找儿歌、诗、词或成语故事，选择一则你喜欢的，在课堂上与大家分享。

第三章 华文多媒体教学素材的设计与制作

内容提要

华文多媒体教学素材是计算机辅助华文教学的重要内容之一。本章阐述了华文多媒体教学素材的组成,分析了素材的类型、特点及设计流程;介绍了多媒体技术的相关内容,列举了不同媒体素材的处理和加工方法;结合案例,详细介绍了华文多媒体教学素材的设计和制作。通过本章的学习,学习者可在掌握多媒体技术的基础上,了解华文多媒体教学素材的组成和设计思路;同时,根据素材设计的步骤,结合自身教学情况,制作所需的华文多媒体教学素材。

内容框架

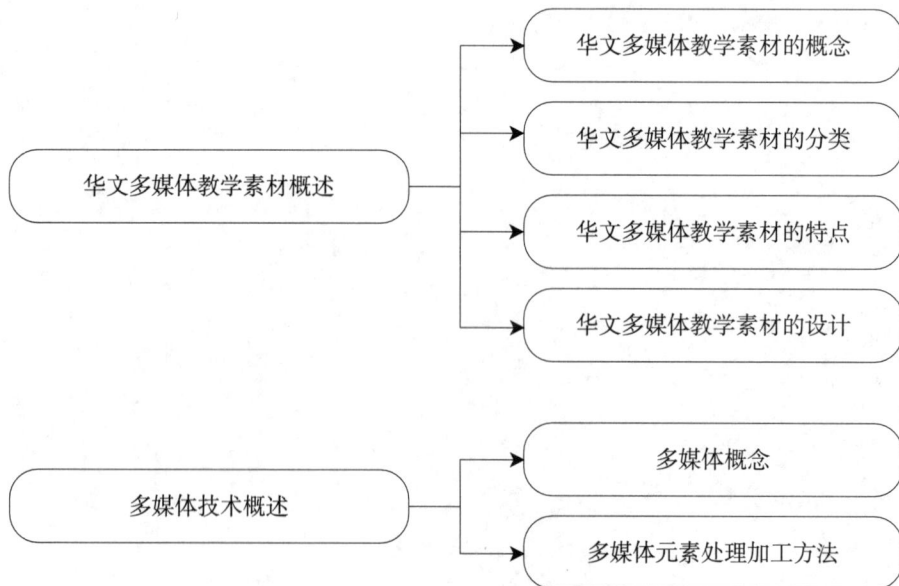

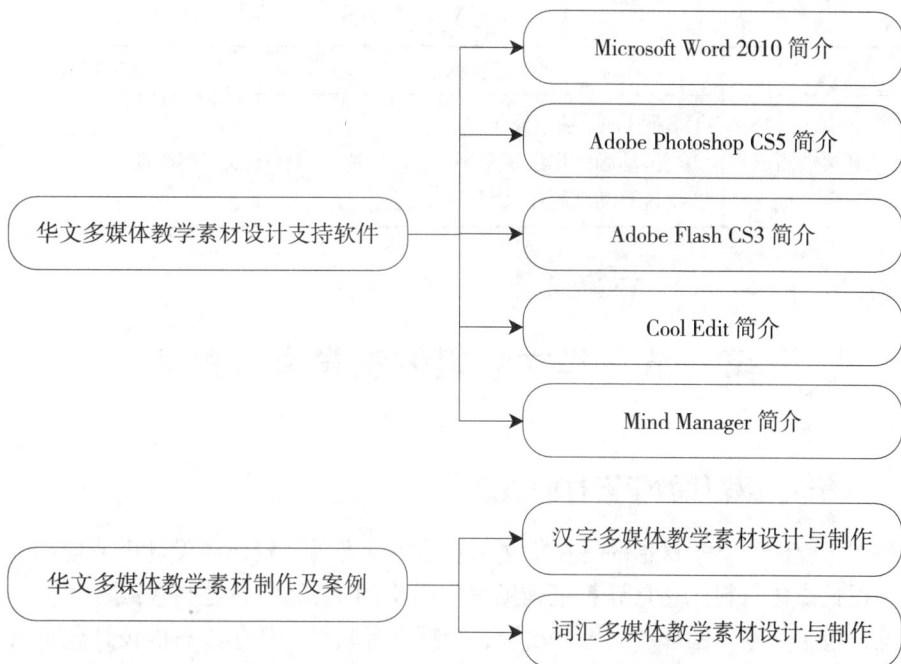

```
                                        ┌─────────────────────────────┐
                                   ┌───▶│  Microsoft Word 2010 简介    │
                                   │    └─────────────────────────────┘
                                   │    ┌─────────────────────────────┐
                                   ├───▶│  Adobe Photoshop CS5 简介    │
                                   │    └─────────────────────────────┘
  ┌─────────────────────────┐      │    ┌─────────────────────────────┐
  │ 华文多媒体教学素材设计支持软件 │──┼───▶│  Adobe Flash CS3 简介        │
  └─────────────────────────┘      │    └─────────────────────────────┘
                                   │    ┌─────────────────────────────┐
                                   ├───▶│  Cool Edit 简介              │
                                   │    └─────────────────────────────┘
                                   │    ┌─────────────────────────────┐
                                   └───▶│  Mind Manager 简介           │
                                        └─────────────────────────────┘

                                        ┌─────────────────────────────┐
  ┌─────────────────────────┐      ┌───▶│  汉字多媒体教学素材设计与制作 │
  │ 华文多媒体教学素材制作及案例 │──┤    └─────────────────────────────┘
  └─────────────────────────┘      │    ┌─────────────────────────────┐
                                   └───▶│  词汇多媒体教学素材设计与制作 │
                                        └─────────────────────────────┘
```

学习目标

学习内容	学习目标	应用实践
1. 汉字拼音标注软件	①掌握键盘输入汉字拼音的方法 ②掌握 Microsoft Word 汉字拼音标注方法 ③掌握应用拼音软件拼音标注方法	①拼音标音标调 ②拼音标音不标调
2. 图形文字	①用 Microsoft Word 设计米字格 ②Adobe Photoshop 的基本操作 ③用图形文字表征汉字部首 ④用图形文字表征汉字结构 ⑤拆分汉字 ⑥用图形文字设计错字	①米字格 ②汉字部件 ③错字设计 ④描红字设计
3. 图形处理	①图形文件格式 ②用图形解析汉语词义	图释词义
4. 数字语音处理	①音频文件格式 ②Cool Edit 基本操作 ③录音和合成	①录音 ②编辑 ③合成

（续上表）

学习内容	学习目标	应用实践
5. 汉字笔顺动画	①掌握 Flash 基本操作 ②逐帧动画制作汉字笔顺 ③用遮罩动画制作汉字笔顺	汉字笔顺动画

第一节　华文多媒体教学素材概述

一、华文多媒体教学素材的概念

华文多媒体教学素材指的是在华文多媒体教学课件、资源等设计中所使用的各种听觉和视觉媒体材料。它是计算机辅助华文教学的"元件"，也是承载教学信息的基本单位，包括文本、图形、图像、动画、音频、视频等。教学素材的设计包括素材的采集和制作，它将华文知识与多媒体元素相结合，可以更好地实现华文教学的多媒体化和数字化。

二、华文多媒体教学素材的分类

1. 按媒体形式分为五类

（1）文本。

文本（Text）是指按语言规则结合而成的语句组合体，短至一句话，长至一篇文章、一本书，具体地说，就是各种文字和符号的集合。它是使用最多的一种媒体符号形式，是人机交互的主要形式。文本可以包含很大的信息量，而所占用的存储空间却很小。

（2）图像。

图像是用数字化方法记录下来的自然界景物，如应用数字相机记录一个一个像素表达的图面。在华文多媒体教学素材中，图像具有举足轻重的地位，可以形象、生动、直观地表现大量的信息，有时还有替代文字说明的功能，如词义的解析、语言情景的创设等。相对于文本而言，图像要占用较多的存储空间。

（3）音频。

现实生活中的各种声音可以通过数字化输入到计算机中，声卡的出现让计算机具有了处理声音的能力。在多媒体华文教学素材中，音频（Sound）一般包括语音、音乐和各种音响效果，其中语音即语言的声音，如汉字的读音、课文朗读等，多用来表达文字的意义或作为旁白；音乐多作为背景音乐，起烘托气氛的作用；音效是指模拟某种事物发声时产生的声音，它能表现一种真实感。数字化的声音同样具有较大的数据量。

（4）动画。

图像都是静止的，动画则是动态图像的一种。动态图像由一系列具有上下关联性的画面组成，其中的每一个画面称为一帧，当这些画面快速、连续播放时，由于人眼的视觉暂留作用就形成了动态的画面。将动态图像中的画面通过人工或计算机生成图形，就形成了动画（Animation）。可以应用动画软件制作汉字的笔顺动画，也可以制作学习华文的动画软件。

（5）视频。

视频也是动态图像的一种。由实时获取的自然景物形成的动态图像画面就称为视频（Video）。视频一词源于电视技术，电视视频是模拟信号，计算机视频则是数字信号。由于数字视频的每一帧画面是由实时获取的自然景观转换成数字形式而来，因此占用很大的数据量。

2. 按华文知识分为四类

（1）语音。

语音是人类通过发音器官发出来，具有一定意义和目的，用来进行社会交际的声音。它是语言的物质外壳，是语言符号系统的载体。多媒体语音教学素材主要包括各种读音和朗读材料，如汉字的读音、课文内容的朗读、听力材料等。

（2）汉字。

汉字是世界上历史最为悠久的文字之一，它是记录汉语的书写符号系统，属表意性质的语素文字，是形、音、义的统一体。多媒体汉字素材有米字格、汉字描红、汉字笔顺动画等。

（3）词汇。

词汇是语言全部的建筑材料单位的总汇，包括词和固定短语两部分。多媒体词汇素材有多媒体词卡、利用概念图形成的词群等，通过图像、音频等的运用，可以更加形象、直观地解释词义。

（4）语法。

语法是语言的构造规则，汉语语法的特点是不依赖严格意义上的形态变化，而借助语序、虚词等其他语法手段来表示语法关系和语法意义。因此，语序和虚词是华文语法知识的重点，也是难点。目前除了文本介绍，较少有专门的多媒体语法素材，多是在网络课程或独立的单元中结合课文进行语法知识的讲解，语法多媒体素材的特点体现在情景交际性和直观简洁性上，更有利于学习者的掌握和运用。

三、华文多媒体教学素材的特点

1. 多媒体

这是华文多媒体教学素材的基本特点，集文本、图片、音频、视频、动画等多种媒体于一体，图文并茂，从视觉和听觉上进行感官刺激，更有利于对华文知识的掌握和记忆。

2. 细粒度

由于华文多媒体教学素材是由文本、图片等单媒体形式组成，所以素材本身的粒度是比较细的，粒度越小，提供的语言信息就越多，同时细粒度的特点为素材的加工和重组提供了可能。

3. 重组性

华文多媒体教学素材的重组性体现在素材的使用者可以根据自己的需要，对现有的素材进行增、删、拆、合等加工和制作，从而将不同类型的素材重新组合，使重组后的多媒体素材更好地满足华文教学的实际需要。

四、华文多媒体教学素材的设计

1. 设计要素

（1）分析教学内容与教学目标。

对教学内容和目标的分析是素材设计的基础。首先，分析教学内容的重点和难点；其次，分析传统教学方法为什么不能或未能很好地解决教学中某一重点和难点；最后，分析怎样利用多媒体教学素材解决这些重点和难点。

分析设计华文教学目标是多方面的，详细内容参考第四章对象化华文教学资源的设计流程。

（2）分析学习对象。

对学习对象的分析包括分析学习者的特征、学习需要和学习对象的粒度。

①学习者的特征。

了解学习者的学习准备情况及其学习风格，为教学资源内容的选择与组织、学习目标的阐明、教学方法与媒体选用等提供依据，从而使教学真正促进学习者智力和能力的发展。所谓学习准备是教育心理学中的一个概念，指学习者在进行新的学习时，原有的知识水平或原有的心理发展水平对新的学习的适合性。华文学习者的年龄、汉语学习时间、是否华裔、国籍和学习目的（动机）等特征都会影响华文教学的效果。

②学习者的学习需求。

在新形势下，海外华文教学的层次、类型、形式和内容日益多样化。学习者的学习也呈现出多元化需求，主要体现在：

·学习目标：华文学习者的背景、知识水平、学习目的和学习能力等各不相同，需要为不同层次的学习者提供分层的学习目标，因此华文学习者的学习目标具有个性化的需求特点。

·学习内容：不同的学习目标决定了学习者学习内容具有弹性和可选择性的特点。华文学习包括语音、汉字、词汇等知识的学习以及听、说、读、写等方面的技能训练，在学习内容上需要满足学习者不同的个性兴趣和需求。

·学习资源：华文资源是华文学习的重要基础，不同的多媒体要素对华文学习内容具有不同的呈现和组织功能，对学习华文具有不同的作用，而学生在华文学习的知识建构和技能提升方面所采用的方法、路径、媒体和参与方式各不相同。因此，学生需要不同知识层次、不同技能水平和不同形式的学习资源，方便根据自己的个性化需求和兴趣进行选择，进行较为高效的自主学习，真正实现学习者知识体系的主动构建和完善。

·学习路径：由于学习目标和学习能力不同，不同华文学习者的学习路径也不相同。为了学习者在学习过程中得到及时有效的帮助，华文学习个性化应注重学生学习过程的评价，对学习者的学习进行动态跟踪，及时解决华文学习过程中的问题和障碍，并为学习者提供更科学、更有效、更适合的学习路径和学习策略，以适应特定的学习者的个性化学习需求。

·学习方式：不同的学习者在学习过程中所采用的学习方式必然会有所不同，而在新形势下，学习者希望能够打破时空的限制，根据自己的个性兴趣和需求进行个性化学习，自主选择多元化移动学习、个别化学习、小组学习、协作学习或群体学习的学习方式，实现华文学习方式的多样性和个性化。

③学习对象的粒度。

学习对象的粒度是指单个学习对象的大小，这里的大小既包含知识内容层面的，也包含多媒体信息表征的多媒体素材大小的需求。应充分考虑学习对象的模块化思想，考虑素材的可重用性。

（3）媒体选择。

在华文多媒体教学素材中进行媒体信息的选择，首先要明确媒体的使用目标是什么，通过分析各种媒体类型的特点，根据教学目标和内容的需要选定能实现目标的各种媒体。

根据教学内容与教学目标的分析，结合各类媒体信息的特性，合理选择适当的媒体信息，并把它们作为要素分别安排在不同的知识点中。此外，在设计华文多媒体教学素材时，不同知识对媒体形式的要求也不同（见表3-1）。语音知识包括语音的书写和朗读，因此文本、音频是合适的媒体形式。汉字知识包括读音、结构以及字义，用图像可以展示汉字部件，动画则可以很好地演示汉字的书写结构。词汇知识包含读音、词义、词性以及词语应用，图释词义是解释的重要手段，视频和动画有助于学生更好地理解词义，同时创设词语应用的情景。语法知识包括了句子的结构和功能，动画提供了语法应用的情景，音频的运用则可以强化语法结构，通过反复刺激，加深学生对该语法知识的建构。

表 3 – 1 华文知识与媒体选择二维表

华文知识 ＼ 媒体形式	文本	图像	音频	视频	动画
语音知识	√		√		
汉字知识	√	√	√		√
词汇知识	√	√	√	√	
语法知识	√		√		√

2．设计流程

华文多媒体教学素材的设计流程如下（见图 3 –1）：

（1）分析教学内容和教学目标。教学内容和目标的分析要从五个维度进行：确定语言知识的范围及需要掌握的具体知识点；分析要达到的言语技能目标；分析言语交际技能目标；分析知识点要求达到的情感态度目标；结合学习者的策略，引导学生有效学习。

（2）分析学习对象。对学习对象的分析包括分析学习者的特征和学习对象的粒度。华文学习者的年龄、职业等个人特征以及学习风格、认知风格等特征存在差异性，通过分析可以更好地帮助教师进行有针对性的教学，也为个性化的学习提供重要依据。结合学习对象的粒度分析可以更好地确定符合教学目标和学习者特征的数字化教学资源。

（3）分析媒体形式。多媒体的形式有文本、图像、音频、视频、动画，不同的媒体形式有不同的特点，要结合教学目标和内容，根据不同知识点的需要选择合适的媒体信息，不能一味地追求媒体形式的多样。

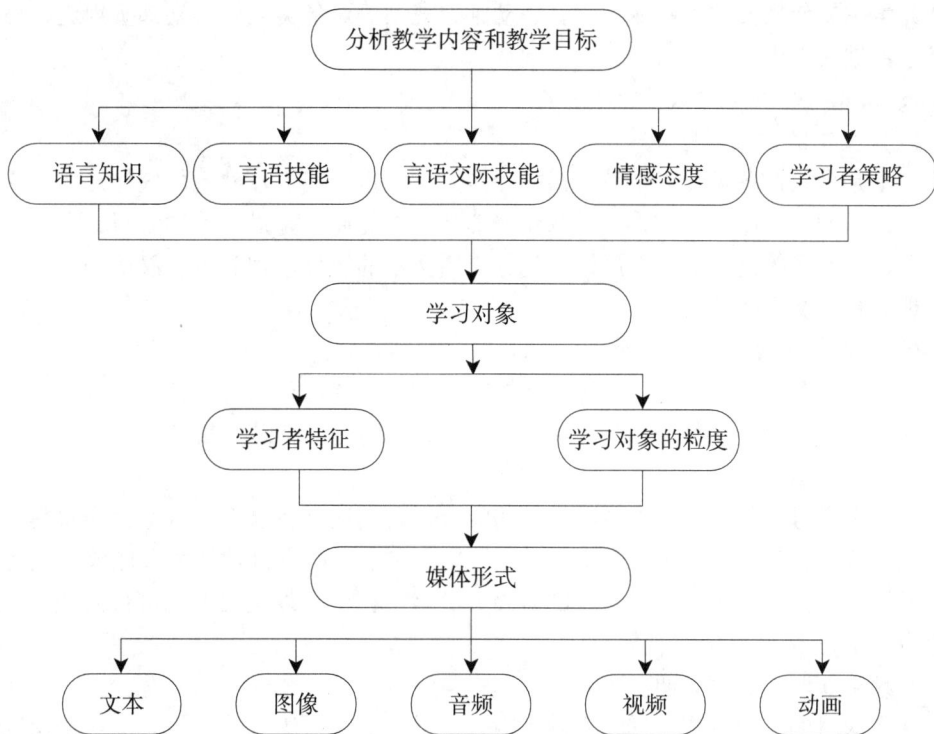

图 3 - 1　华文多媒体教学素材设计流程图

第二节　多媒体技术概述

一、多媒体概念

多媒体（Multimedia）这一术语最早可以追溯到 20 世纪 50 年代，当时的人们为了增强教学效果，将各种静态媒体和动态媒体相互整合，从而产生了今天的"多媒体"术语。多媒体是由两个或两个以上媒体组合而成，把多种媒体集成在一起而产生的一种传播和表现信息的载体。它既可以是各类传统媒体的组合，也可能包含计算机系统，并通过它来显示使用的各类媒体，包括文字、图像、声音、动画和视频等。

二、多媒体元素处理加工方法

多媒体元素是指多媒体系统中所呈现出来的媒体组成元素。现有多媒体系统中的媒体元素主要包括文本、图像、语音、动画、视频等。各类媒体元素都按规定的格式存储于数据文件中。

1. 文本处理加工方法

（1）文本的相关属性。

文本是多媒体各类元素中较普遍的元素之一，也是我们较熟悉的媒体形式，它是由字符组成的字符序列。在多媒体汉语教学中，"文本"是最基本的素材，字体、字号、颜色、字形等是它的主要属性。充分应用文本的属性呈现和表征汉语知识，可以更好地进行华文多媒体教学。

（2）文本特点。

文本教学素材主要用于呈现标题、按钮名称、菜单名称以及教学内容等，它是多媒体素材库的主要组成部分，具体来说，文本素材的特征有以下几点：

①表示简单。

文本是字母、数字及其他各种符号的集合，我们通常将这个集合称为字符集。在计算机系统中，最常用的是 ASCII 编码字符集，它表示的字符种类大致能够满足各种计算机语言、西方文字和常见命令的需要。汉字字符也是以编码形式进行处理，一个汉字占两个字节。

②易于获取，处理方便。

文本素材的获取方式多样，有键盘输入、手写输入、语音输入、光学字符识别输入等。其中，语音输入利用语音识别技术将声音转换为文本，是最方便、最快捷的一种文字录入方式。由于编码形式简单，文本素材的处理很方便，占用的空间小，移动和传输都很容易。

③表现形式丰富，有利于突出教学重点难点。

各种文字处理软件都具有较强的处理功能，能将文本设置成多种多样的形式，加上文本格式在字体、字号、颜色、字形等方面的属性，通过对文本字体、字号、颜色、字形（例如，加粗、斜体、底纹、下划线、方框、上标、下标等）、字间距、对齐等进行设置，可以使文本教学素材变得更加丰富多彩，提高教学内容的表现力。

④可建立超级链接功能，使教学结构更立体。

所谓超级链接是指将多媒体素材中的某些对象，比如文字或图形，设置为特定的索引和标记，对这些对象采用一定的触发方式就可以引发其他事件。文本教学素材可以设置超链接功能，通过超文本建立链接关系，实现程序的交互跳转，从而突破传统文本信息的线性结构，建立多种媒体的逻辑连接，实现教学内容的立体化。例如，在华文多媒体课件中，标题、内容、按钮中的文本都可以建立对应的超链接功能，教师通过点击超链接可以实现教学内容之间的跳转，便于更加立体灵活地呈现知识。

（3）文本数据常用格式。

文本数据的格式主要有 TXT、DOC、PDF 和 RTF 等几种。

TXT 格式：该格式是微软在操作系统上附带的一种文本格式，是最常见的一种文件格式。现在许多的操作系统是使用记事本等程序实现保存的，大多数软件可以查看，如记事本、浏览器等。

DOC 格式：该格式是 Microsoft 的文档格式，微软的"doc"格式是其独有的一种格式。

PDF 格式：该格式可以将文字、字形、格式、颜色及独立于设备和分辨率的图形、图像等封装在一个文件中，集成度和安全可靠性较高。

RTF 格式：该格式是 Rich Text Format 的缩写，意为多文本格式，它是很好的文件格式转换工具，用于在不同应用程序之间进行格式化文本文档的传送。

（4）常用文本处理软件。

普通文本素材的处理是指通过文字处理软件提供的编辑环境，进行文字的输入和编辑。举例说明，输入文字后，在编辑窗口中，可按字体、字号、颜色、形状（如加粗、斜体、底纹、下划线、方框、上标、下标等）、中文版式以及设置字符间距等来对文字进行格式编排，以满足特定的教学需要。

2．图像处理加工方法

（1）图像的相关属性。

图像是指由输入设备捕获实际场景画面所产生的数字图像，或指以数字化形式存储的任意画面。它与文本一样，承载一定的教学信息，使教学更为直观、形象。图像素材还可以用于背景、插图、图形交互区以及图形按钮等方面，在多媒体教学素材中具有重要作用。图像的相关属性主要包括以下几个方面：

①位图和矢量图。

我们这里所说的图像是图形、图像的统称，实际上，计算机中的图形和图像是不一样的概念。在多媒体技术中，图像和图形是由位图和矢量图两种不同的概念属性表示的。位图是由许许多多的像素组合而成的平面点阵图，矢量图是指用一系列计算机指令集合的形式来描述或处理的一幅图。两者的区别在于，位图色彩变化丰富，但是对其放大时，图片的清晰度会受到影响；而矢量图虽在色彩呈现和变化方面稍显逊色，但是它可以无限放大，且不会失真。

②分辨率。

图像能否清晰地呈现在人们眼前，离不开图像的另一重要属性——分辨率。图像分辨率指的是单位面积内图像所包含像素点数目的多少，它决定了图像的输出质量。组成图像的像素数目越多，说明图像的分辨率越高，图像的显示也越逼真。图像的分辨率和图像的尺寸值都决定了文件的大小，且文件的大小与其图像的分辨率的平方成正比关系。

③颜色深度。

颜色深度是指图像中记录每个像素的颜色或亮度信息所占的二进制数位数，称作位或像素。屏幕上的每一个像素都占有一个或多个位，用于存放与它相关的颜色信息。颜色深度的值越高，则所呈现出来的图像色彩越丰富；颜色深度太浅则会使图像显得很粗糙和不自然，影响图像的质量。

（2）图像特点。

①艺术性强，产生视觉刺激。

图像是人类视觉感受到的一种形象化媒体，具有很强的艺术性，充分体现了色彩的运用，给人以视觉上的感官刺激，不同的配色方案和构图方式，可以产生不同的视觉效果。在华文多媒体教学中，利用图像色彩和大小等属性形成的对比，可以强化记忆。

②表现力丰富，使教学内容生动形象。

图像将所要传达的知识信息生动直观地呈现在学习者的面前，比起文字，更容易记忆和回忆。图形既具有很强的艺术性，又具有很强的表现力和感染力，可以根据教学需要，利用相关软件对图形进行特殊效果处理。在多媒体华文教学中，图像的使用可以帮助营造教学需要的语言环境，生动形象地呈现知识点，通过视觉刺激，调动学习者的积极性，如图释词义。

③获取方式较便利，应用范围广泛。

图像的获取具有多种途径，如图像素材库的直接获取、扫描仪和照相机的直接输入、绘图软件的制作或合成、屏幕捕捉等方法，方式多样，可以根据自己的需求选择合适的获取方式。而图像的存储格式有 BMP、JPEG、GIF 等，图像便于修改，易于复制和保存。正因为图像有以上特点，导致其应用范围较为广泛。在华文教学中，它不仅可以营造一定的语言学习语境，还可以直观地呈现华文教学的知识点，是计算机辅助华文教学的重要组成部分。而在传统的纸质教材教学中，图像也是在对教材的呈现上除文字外的重要补充。

④可建立超级链接功能，直观形象。

超级链接是指将多媒体素材中的某些对象，比如文字或图形，设置成为特定的索引和标记，对这些对象采用一定的触发方式就可以引发其他事件。图形教学素材也可以设置超链接的功能，通过图形图像建立链接的关系，实现程序的交互跳转。图像的标志更加直观立体，可以建立多种媒体的逻辑连接，使教学内容更加立体化，并完善人际交互方式。相对于动画、视频等其他可视化教学媒体来说，图形素材的开发成本较低，且在华文教学中，图形的素材对汉语知识点的呈现广泛，在具体教学中比较实用。

（3）图像数据常用格式。

在对图像特点进行分析时，已经提到过图像数据的常用格式。图像的格式多样，主要有 BMP、JPEG、GIF、TIFF、PSD、PNG 等，不同的格式具有不同的特征，可满足使用者的多种需求。

①BMP 格式。

BMP 是英文 Bitmap（位图）的简写，它是 Windows 操作系统中的标准图像文件格式，能够被多种 Windows 应用程序所支持。这种格式的特点是包含的图像信息较丰富，几乎不进行压缩，但由此也造成它占用磁盘空间过大的缺点。

②GIF 格式。

GIF 是英文 Graphics Interchange Format（图形交换格式）的缩写。GIF 格式的特点是压缩比高，占用磁盘空间较少，只能保存最大 8 位色深的数码图像，因此对色彩复杂物体的呈现就显得有些无能为力。

③JPEG 格式。

它由联合照片专家组（Joint Photographic Experts Group）开发，JPEG 文件的扩展名为 .jpg 或 .jpeg，其压缩技术十分先进，它用有损压缩方式去除冗余的图像和彩色数据，获得极高压缩率的同时能展现丰富生动的图像，也就是说，它可以用最少的磁盘空间得到较好的图像质量。JPEG 是一种很灵活的格式，具有调节图像质量的功能，应用较为广泛。

④TIFF 格式。

TIFF（Tag Image File Format）是 Mac（Apple 公司研发的电脑）中广泛使用的图像格式，最初是出于跨平台存储扫描图像的需要而设计的。它的特点是图像格式复杂、存储信息多，可以保存通道，磁盘空间占用较多。正因为它存储的图像细微层次的信息非常多，所以图像的质量也得以提高，有利于原稿的复制。

⑤PSD 格式。

这是 Adobe 公司的图像处理软件 Photoshop 中的专用格式 Photoshop Document（PSD）。PSD 其实是 Photoshop 进行平面设计的一张"草稿图"，它里面包含有图层、通道、蒙版等多种设计的样稿，便于下次打开文件时可以修改上一次的设计，即方便修改。但是格式所占用的磁盘空间大，通用性较差。

⑥PNG 格式。

PNG（Portable Network Graphics）是一种新兴的网络图像格式。它是目前保存最不失真的格式，汲取了 GIF 和 JPG 二者的优点，存储形式丰富，兼有 GIF 和 JPG 的色彩模式。它能把图像文件压缩到极限以利于网络传输，且又能保留所有与图像品质有关的信息，因为 PNG 是采用无损压缩方式来缩减文件大小的。但 PNG 不支持动画应用效果，这是它一个较明显的缺点。

（4）常用图像处理软件。

图像的获取途径多样，其处理方法也有多种。在华文多媒体教学中，图像素材的处理主要是利用一些专门的绘图软件完成的，主要的图形图像制作与处理软件有 Adobe Photoshop、Windows 的 PaintBrush（画笔）、Aldus Photo Styler、CorelDraw、3D Studio Max 和 Painter 等。

①使用 Windows 的画笔（Paintbrush）或专业绘图软件 Painter、CorelDraw 等，可以在计算机中直接绘制多媒体教学软件中的简单笔画。这类画图工具操作简单、方

便，可进行一些简单的操作，能够呈现汉字的部件和结构，但如果需要呈现更加复杂的教学内容和效果，则需要更加专业的制图软件。

②使用 Photoshop、Photo Styler 等专业图像软件，可以进行图像的深层次处理。通过这些专业性软件，可以利用图像合成的方法来获取图像，将多幅图像中的一部分或几部分取出来，重新组合成一幅图像。在华文教学中，可以对图像教学素材进行特殊效果处理，使图像教学素材所呈现出来的教学内容既具有很强的艺术性，又具有很强的表现力和感染力，如汉字教学中制作的汉字结构、部首，设计汉字错字等；词汇教学中制作的多媒体词卡等。

3．音频处理加工方法

（1）音频的相关属性。

声音是通过一定介质传播的一种连续波，是除视觉之外人们获得信息的最主要方式。振幅（音量的大小）、周期（重复出现的时间间隔）、频率（信号每秒钟变化的次数）是声音的三个重要指标。音频属于过程性信息，有利于限定和解释画面。在华文多媒体教学中，利用音频素材传递信息，是调动学生使用听觉接收知识的必要前提，在语音知识的学习及听力教学中尤为重要。

（2）音频特点。

音频是多媒体视听教学的基础，对听力技能的培养具有重要作用，通过听觉通道的刺激，可以集中学习者的注意力，提高教学效率。音频素材的特点主要体现在以下几个方面：

①音频是一个序列，具有瞬时性的特点。

一般而言，文本和图形等视觉信息可以在屏幕上显示，并根据需要进行保持。音频则不同，它是一个序列，只能一段一段播放，需要通过操作才能保持和重复；同时，音频的瞬时性使它一经产生很快就会消失，这一特性有助于对学习者进行听力技能的测评。

②音频可以实现文声转换，更好地满足华文教学的需要。

音频和文本、图像一样，具有承载信息的功能，通过对听觉通道的刺激，吸引学习者的注意力。尽管音频具有瞬时性的特点，但通过相应的软件，可以实现文本和音频之间的自由转换，从而为多媒体视听教学提供保证。文声转换的特点为教师在语音知识学习、课文录音、听力训练等方面的教学提供了极大便利。

③音频存储方便，可以根据不同的终端进行格式选择。

音频文件的传输和下载都比较简便，音频的格式多样，华文教师可以根据教学的需要选用适合的音频格式。

（3）音频数据常用格式。

在多媒体系统中，存储声音信息的文件，常见的有 WAV 格式、MP3 格式、WMA 格式和 MIDI 格式。常用的四种音频格式的区别见表 3–2。

WAV 格式：是微软公司开发的一种声音文件格式，用于保存 Windows 平台的音频信息资源，被 Windows 平台及其应用程序所广泛支持。

MP3 格式：是一种数据压缩格式，设计用来大幅度地降低音频数据量，能够在音质丢失很小的情况下把文件压缩到更小的程度，而且还非常好地保持了原来的音质。正是因为 MP3 的数据容量小、音质高的特点，使得 MP3 格式几乎成为网络上音频的代名词。

WMA 格式：WMA（Windows Media Audio）是 Windows Media 格式中的一个子集（音频格式）。

MIDI 格式：此格式与 WAV、MP3 等文件不同，它所表现的是一种技术规范，是通过综合乐器数字化接口（MIDI）规范的电子设备所合成的数字化音乐。MIDI 文件是一种描述性的"音乐语言"，它将所要演奏的乐曲信息用字节进行描述，很多流行的游戏和娱乐软件中都有不少以 MID、RMI 为扩展名的 MIDI 格式音乐文件。

表 3 - 2　常见的音频格式及特点

格式	特点
WAV 文件	无压缩，声音层次丰富，还原音质好，但占用的存储空间大
MP3 文件	占用空间小，音质优美
WMA 文件	占用的空间只有 MP3 的一半，但声音质量很高
MIDI 文件	电脑音乐的统称，数据量很小，但缺乏重现自然音

（4）常用语音处理软件。

语音在多媒体教学中的重要性使其获取途径和处理方式也具有多样性。Microsoft 公司的 Sound Recorder 软件可以录制音频波形文件或用 MIDI 设备合成 MIDI 数字音乐。而 Cool Edit 是一个功能强大的专业级音乐编辑软件，能高质量地完成录音、编辑、合成等多种任务。

4．动画处理加工方法

（1）动画的相关属性。

人眼看到的影像，在光的作用消失后，影像不会立即消失，而是会在视网膜停留 1/10 秒的时间，视觉的这一现象被人们称为"视觉暂留"。动画利用人们"视觉暂留"的特性，赋予静止的画面动感的效果。动画的制作虽然方法不一，但都是基于同一主体的一系列微小差异的图片或照片制作而成。动画可以动态地模拟和演示一些事物的发展变化过程，使许多抽象或难以理解的教学内容变得生动有趣，如运用于一些意义较虚的词汇或者成语等的演示，可以达到事半功倍的效果。

（2）动画的特点。

①在信息传递上具有较强的表现力。

动画利用人们的视觉暂留特性，为静止的画面赋予动感的效果，有时还配有一定的声音效果，调动了学习者视觉、听觉等多方面的感官特征，集文本、图像和语音为一体，具有较强的表现力，在提高学习者的注意与兴趣等方面能发挥较大作用。同时，动画的制作者可以以自己独特的视角来创造性地表现自己的信息和思想，因此动画具备了一定的个性化表达功能。

②较强的交互功能。

在动画的制作过程中，可以通过面向对象的编程语言，实现人机互动。学习者或观赏者只需要通过鼠标或键盘的相关操作，就可以使自己成为动画中的一部分，动画的运行结果会受到人为操作的影响。动画的交互功能使语言教学能够更接近真实的语言交际情景，使学习者沉浸在人机交互中，能高效、身临其境地掌握华语。

③制作简便，文件容量小。

通过常用的动画处理软件可以便捷地制作语言教学动画，单人单机即可进行创作。例如，通过使用 Flash 软件进行动画制作，可以节省大量的人力、物力资源，缩短制作的周期，元件可以反复使用，而某些动画需要用到的变形技术可以由电脑自动完成。通过关键帧和组件技术生成的动画文件非常小，方便了动画在教学中的应用。在接下来的章节，会讲解如何利用 Flash 制作汉字笔顺动画。

（3）动画数据常用格式。

现有的动画数据主要有 FLIC、DIR、SWF 等格式。

FLIC 格式：该格式广泛应用于动画图形中的动画序列、计算机辅助设计和计算机游戏应用程序等领域。

DIR 格式：该格式是 Director 的动画格式，是一种具有交互性的动画格式，可以加入声音，数据量比较大，多用于多媒体的产品和游戏中。

SWF 格式：该格式是矢量的动画格式，目前大量应用于 Web 网页，特别适用于网络的传输，在语言教学中也有广泛应用。

（4）常用动画处理软件。

现有的动画处理软件主要有 Autodesk 公司的动画软件 3Dstudio 和 Macromedia 公司研发的 Director。

3Dstudio：这是一款三维动画渲染和制作软件，由于其强大的功能被广泛应用于电视及娱乐业中。

Director：这款软件主要用于多媒体项目的集成开发，支持多种媒体类型，作品可运行于多种环境，可扩展性强。最常用的动画处理软件为 Flash（其标准动画格式为 SWF），它是一种集动画创作与应用程序开发于一身的创作软件，可包含简单的动画、视频内容、复杂演示文稿和应用程序以及介于它们之间的任何内容，功能强大。

5. 视频处理加工方法

（1）视频的相关属性。

视频一词源于电视技术，是与动画类似的一种动态图像，它由一系列连续的画面组成，通常是采集于自然景物的动态影像。在多媒体素材库中，对视频影像的处理可以采用硬件压缩与软件回放的方法，即用视频卡采集视频源图像，然后选择相应的压缩标准存储。视频是对现实世界的真实记录，对于语言学习具有尤为重要的辅助作用。

（2）视频特点。

①可以对语言内容进行多维展示，表现力强。

视频教学素材可以集合文本、图像、声音等多种媒体，对事物进行视觉、听觉的多维展示，包含大量的信息，更具有感染力。视频可以很好地表现出事物的细节，在多媒体的教学中，可通过丰富多彩的真实画面调动学习者的多种感官，帮助学生熟悉并掌握陌生的信息内容，提高学生学习的积极性，加快认知的速度。但是需要注意的是，视频在呈现这些画面的同时，也可能会传递大量的无关信息，如果不加以鉴别，可能会对学生的学习造成一定的不良影响。

②获取方式和格式多样，满足使用者的多种需求。

视频教学素材有多种获取途径，可以从互联网上下载，从录音带、CD、DVD 上获取，甚至是通过数字摄像机录取。而它有 AVI 格式、MPEG 格式、RM 格式和 MOV 格式等，每种格式的不同特点可以满足教师教学和学生学习的不同需求。借助计算机对多媒体的控制能力，可以实现视频的播放、暂停、快速播放、反序播放、单帧播放等功能，为学习的具体过程提供帮助。

（3）视频数据常用格式。

视频的格式多样，主要有 AVI 格式、MPEG 格式、RM 格式和 MOV 格式等，不同的格式具有不同的应用特点，满足教师和学生的不同使用需求。

AVI 格式：该格式全称是 Audio Video Interleaved，即音频、视频交错记录的数字视频文件格式。它的压缩率低，画质损失少，画面清晰，但相对来讲，所占的磁盘空间大，网络传输较为不便。但 AVI 格式的应用范围非常广泛，通用性高。

MPEG 格式：该格式是比较常见的多媒体格式，全名为 Moving Pictures Experts Group，意为"动态图像专家组"。MPEG 格式具有很好的兼容性，其压缩比更为科学，画质的损失较小，在相同的比特率下，能获得更佳的视听效果，MPEG-4 是目前常见的视频格式。

RM 格式：该格式是 Real Networks 公司开发的一种流媒体视频文件格式，全名为 Real Media，主要包括 Real Audio、Real Video 和 Real Flash 三部分。它可以根据网络数据传输的速率不同而采取不同的压缩比率，从而实现在低速率的情况下进行视频文件的实时传输和放映，可对网络音频、视频资源进行实况转播。目前最新的格式是

RMVB（Real 9.0）。

MOV 格式：这是 Apple 公司开发的视频格式，全名为 Movie Digital Video Technology，相应的视频应用软件为 Apple 公司的 QuickTime。MOV 具有较好的压缩率，在同等条件下，其画面效果较 AVI 的格式稍好。MOV 格式同时也是流媒体视频格式，在互联网上能实现实时的信息流和工作流。

（4）常用视频处理软件。

对视频进行处理的现有软件主要有 Premiere、Video Studio（绘声绘影）、Media Studio 以及 Real Producer 等。

Premiere：由 Adobe 公司出品，是一款比较常用的视频编辑软件。这款视频处理软件编辑的画面质量较好，有较好的兼容性，并且可以与 Adobe 公司的其他软件相互协作，目前主要广泛应用于广告和电视节目的制作。

Video Studio（绘声绘影）：该软件同样是一款非常受欢迎的视频编辑软件，简单易用，功能强大，可以利用此软件十分便捷地制作出具有特效效果的视频。

Media Studio：这款视频编辑软件允许从录像机、电视、光盘或摄录一体机采集以及观看原始视频，在文本和视频的着色功能方面具有特别的处理强度。

Real Producer：这是一款音频、视频制作软件，可将 WAV、AVI、MPEG 等多媒体文件压制成 Real 影音流媒体文件（RMVB、RA、RM、RAM 等），它压缩质量好、操作简单。

第三节　华文多媒体教学素材设计支持软件

一、Microsoft Word 2010 简介

Microsoft Word 是 Microsoft 公司开发的一个文字处理器应用程序。Word 2010 是 Microsoft 公司开发的 Office 2010 办公组件之一，主要用于文字处理工作。

1. Microsoft Word 2010 的功能

（1）编辑与排版功能。

用户利用 Word 2010 软件编排文档，使其打印效果在屏幕上一目了然。Word 2010 软件界面友好，提供了丰富多彩的工具，利用鼠标就可以完成选择、排版等操作。

（2）多媒体混排。

用 Word 2010 软件可以编辑文字、图形、图像、声音、动画，还可以插入其他软件制作的信息，也可以用其提供的绘图工具进行图形制作，编辑艺术字等，可以在 Word 软件上方便进行华文教材、试卷的编辑。

（3）强大的制表功能。

Word 2010 软件提供了强大的制表功能，不仅可以自动制表，也可以手动制表。

我们可以利用 Word 软件制作课程表、学生成绩表等。

（4）自动功能。

Word 2010 软件的自动功能包括拼写与语法检查功能、自动编写摘要功能和自动更正功能。如果发现语法或拼写错误，Word 软件提供修正的建议，拼写和语法检查功能提高了英文文章编辑的正确性。当用户编辑好文档后，Word 2010 可以帮助用户自动编写摘要，为用户节省了大量的时间。当用户输入同样的字符时，自动更正功能可以提供很好的帮助，尤其在汉字输入时，该功能大大提高了用户的输入速度。这些都为华文教师的备课提供了方便，节约了时间。

（5）模板与向导功能。

Word 2010 软件提供了大量且丰富的模板，使用户在编辑某一类文档时，能很快建立相应的格式；而且，Word 2010 软件允许用户自己定义模板，方便用户建立特殊需要的文档。此外，可以根据课程需要，使用 Word 编写不同的教案。

（6）丰富的帮助功能。

Word 2010 软件提供了详细的帮助功能，形象快捷，用户遇到问题时，能够找到解决的方法，为用户自学提供了方便。

（7）超强兼容性。

Word 2010 软件可以支持多种格式的文档，也可以将 Word 编辑的文档以其他格式的文件保存，这为 Word 2010 软件和其他软件的信息交换提供了极大方便，可以根据实际教学情况，选择所需格式。此外，用 Word 2010 还可以编辑邮件、信封、备忘录、报告、网页等。

2. Microsoft Word 2010 软件界面说明

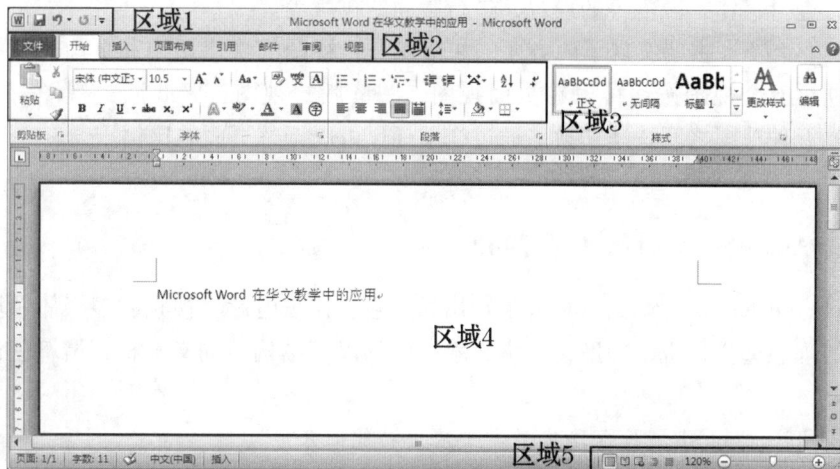

图 3-2　Microsoft Word 软件界面

Microsoft Word 软件的工作界面如图 3-2 所示。该软件将工作界面分为五个区域，各区域的说明如下：

（1）区域1：Word 的自定义快速访问工具栏区域。其中已自定义好的工具有保存、撤销、恢复三个按钮，单击倒三角▼可以打开自定义快速访问工具栏，通过选中或者撤销选中工具选项，就可以向快速访问工具栏中添加或者删除快速工具选项。

（2）区域2：Word 的菜单栏区域，主要有"文件"、"开始"、"插入"、"页面设置"、"引用"、"邮件"、"审阅"、"视图"等菜单。其中，"文件"菜单是个下拉菜单，实现的操作主要有保存、另存为、打开、关闭、信息、最近所用文件、新建、打印、保存并发送、加载项等；"开始"菜单中实现的功能主要是字体的设置、剪贴板功能、段落设置、标题样式、查找与替换等；"插入"菜单主要实现对象的插入，包括表格、图表、形状、SmartArt、超链接、页眉页脚、文本框、艺术字、公式符号等；"页面设置"菜单中可以设置主题样式、页边距、纸张大小、方向、分栏、页面背景、段落缩进与间距、排列等；"引用菜单"可以为 Word 添加目录、脚注、引文、题注、索引以及引文目录等；"邮件"菜单中可以创建信封、标签，进行邮件合并、编写和插入域，并且预览结果等；"审阅"菜单中的操作有拼写和语法检查、翻译、繁简转换、批注管理、修订和更改，以及保护和链接到 OneNote；"视图"菜单为 Word 提供了页面视图、阅读版式视图、Web 版式视图、大纲视图、草稿共五种视图，可以设置显示标尺、网格线、导航窗格、显示比例等。

（3）区域3：Word 的工具栏区域。根据选取菜单的类型不同，工具栏中呈现的具体工具选项是不同的。工具栏中的工具是实现菜单栏菜单的具体功能。

（4）区域4：Word 的工作区。用户在区域4中编辑自己的文稿，可以插入图片和艺术字，进行字体、段落等的设置，进行版面的排版等。

（5）区域5：主要实现了两方面的快捷操作：视图的快速切换和页面比例的快速调整。通过五个视图按钮可以在页面视图、阅读版式视图、Web 版式视图、大纲视图、草稿五种视图之间快速切换；通过拖动标尺可以调整页面的比例。

二、Adobe Photoshop CS5 简介

Adobe Photoshop CS5 由 Adobe 公司出品，它不仅是电影、视频和多媒体领域的专业人士的理想选择，也是辅助设计华文教学中的汉字结构、词义解析、情境创设的理想工具。

1. Adobe Photoshop CS5 华文教学中应用功能简介

Adobe Photoshop CS5 可用于图形化文字、图像处理和加工、教材设计、网页设计、海报（招生信息、活动宣传）设计、后期处理与相片处理等。

（1）图形化文字。

利用 Photoshop CS5 中提供的画笔工具、套索工具等结合手绘板和栅格化文字可以轻松地完成图形化文字的设计，如用不同的颜色显示汉字部件、汉字结构，设计汉字描红字等，帮助学生更好地把握汉字结构。

（2）教材平面设计。

在平面设计领域里 Photoshop 是不可缺少的一个设计软件，它的应用非常广泛，在华文教材的平面设计中，也发挥了重要作用。我们可以在 Photoshop 中将图片、文本等素材进行编排设计，达到所需效果。

（3）网页设计。

在网页设计领域里 Photoshop 是不可缺少的一个设计软件，使用 Photoshop 不仅可以对图像进行精确的加工，还可以将图像制作成网页动画上传到网页中。我们可以利用这一点加工图像，用以更好地解释词义、设计动画场景。

（4）海报（招生信息、活动宣传）设计。

海报宣传等在校园中随处可见，其中包括招生信息、活动宣传等，在网上华文教育信息资源中，不少网站都有活动宣传或招生专栏，里面的海报制作都可以利用 Photoshop 进行设计。

（5）后期处理。

后期处理主要应用在为效果图制作最后的加工上，使效果图看起来更加生动、更加符合效果图本身的意境，还可以为效果图添加背景、人物等。利用 Photoshop 的这一功能进行会话场景设置、添加文字，可以更好地为教学创设情景，营造氛围。

（6）相片处理。

Photoshop 作为专业的图像处理软件，能够完成从输入到输出的一系列工作，包括校色、合成、照片处理、图像修复等，其中使用软件自带的修复工具加上一些简单的操作就可以将照片中的污点清除，通过色彩调整或相应的工具可以改变图像中某个颜色的色调。

2．Adobe Photoshop CS5 界面简介

图 3－3 所示为 Adobe Photoshop CS5 软件的工作界面。用户可以使用各种元素（如面板、栏以及窗口）来创建和处理文档与文件。这些元素的排列方式称为工作区。各区域的说明如下：

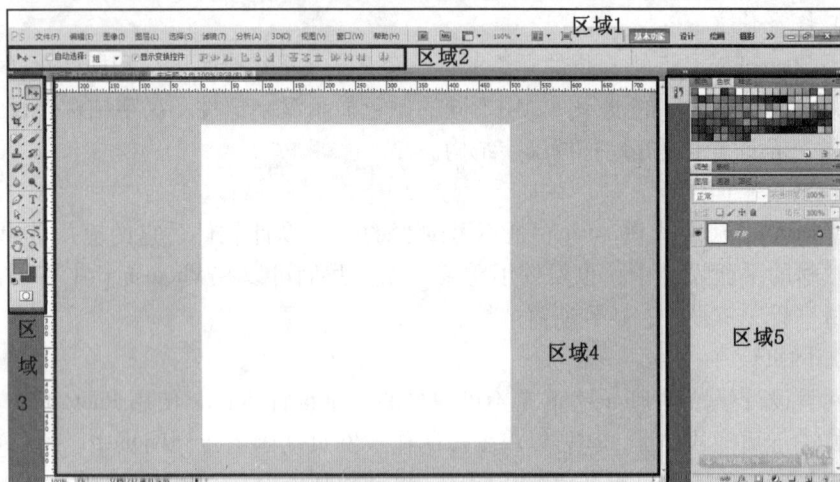

图 3 – 3　Adobe Photoshop CS5 界面

（1）区域 1：各种菜单，有"文件"、"编辑"、"图像"、"图层"、"选择"、"滤镜"、"分析"、"3D"、"视图"、"窗口"与"帮助"；还有"Bridge"、"Mini Brige"、"查看额外内容"、"缩放级别"、"屏幕模式"及"基本功能"等按钮。

"文件"菜单有新建、保存、关闭、置入、导入、导出与打印等功能；"编辑"菜单有粘贴、自定义等功能；"图像"菜单可对图像进行编辑，如色调、灰度与变形等操作；"图层"菜单可对图层进行相应操作，如新建、复制等；"选择"菜单可选择、取消选择等；"滤镜"可实现对图像的滤镜操作，如素描、风格化等；"分析"可设置测量比例、选择数据点、记录测量等；"3D"滤镜可以解决一些简单的三维问题；"视图"有缩放等功能；"窗口"可调出与隐藏各种面板；"Bridge"可以直接看Flash FLV 格式的视频；"查看额外内容"有参考线、网格与标尺；"缩放级别"可缩放工作区；"屏幕模式"可改变工作区的模式，有全屏模式、标准模式等；"基本功能"有设计、基本功能、绘画、摄影、3D 等。

（2）区域 2：当用户选择某种工具时，可在此显示这种工具的快捷按钮。

（3）区域 3：工具面板，有各种工具可供选择，如选择工具、文本工具、墨水瓶工具、油漆桶工具等。

（4）区域 4：工作区，用户可在此进行编辑操作。

（5）区域 5：各种面板，如图层、通道、颜色与路径面板等。

三、Adobe Flash CS3 简介

Adobe Flash CS3 是 Adobe 公司收购 Macromedia 公司后，将享誉盛名的 Macromedia

Flash 更名为 Adobe Flash 的一款动画软件。Flash 软件可以实现多种动画特效，动画是由一帧帧的静态图片在短时间内连续播放而造成的视觉效果，该软件是表现动态过程、阐明抽象原理的一种重要媒体。尤其在华文 CAI 课件中，使用设计合理的动画，不仅有助于华文知识的表达和传播，使学习者加深对所学知识的理解，提高学习兴趣和教学效率，同时也能为课件增加生动的艺术效果，特别对华文课程中某些抽象的教学内容则更具有特殊的应用意义。

1. Adobe Flash CS3 的功能简介

（1）强大的动画制作功能。

Flash 提供了四种动画制作方法：逐帧动画、渐变动画、遮罩层动画和引导层动画。其中，我们可以方便地应用逐帧动画或遮罩层动画，轻松制作汉字笔顺。动画，为华文汉字的字形结构教学提供了极大的便利。

（2）丰富的绘图功能。

使用功能强大的形状绘制工具处理矢量形状，以自然和直观的方式轻松弯曲、擦除、扭曲、斜切和组合矢量形状，可以帮助我们在华文教学中进行图片素材的编辑制作，确保华文汉字教学更为顺利、有效地进行。

（3）MP3 音频支持功能。

通过导入 MP3 文件将音频集成到项目中，因与 Adobe Soundbooth 集成，用户无须音频制作的经验，即可轻松进行编辑。使用位图缓存避免不必要的矢量对象重新渲染。在运行时将对象标记为位图，便会将它缓存为位图；矢量数据被保留，这样任何时候都可以将它转换回矢量。这些功能可以帮助我们在华文教学中对所需的音频、动画、视频素材进行编辑与制作，有效提高华文教学的效率。

（4）可扩展的体系结构利用功能。

Flash 应用程序编程接口（API）可轻松开发和添加自定义功能的扩展功能。使用传统动画原则所倡导的易于使用的、高度可控制的、基于帧的时间线（如关键帧和过渡），可快速为作品添加动感，同时使用革新的字体渲染，可改进文本的尖锐边缘和可读性。可自定义的工作区可以轻松创建和保存自定义工作区（包括面板和工具栏设置），以便在每次启动时按用户所需的方式工作，为我们的华文教学带来更多的便利。

2. Adobe Flash CS3 的界面简介

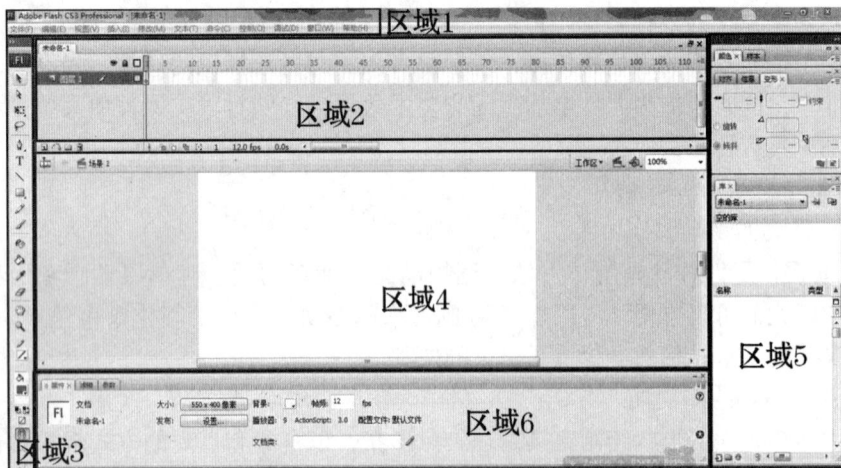

图 3-4　Adobe Flash CS3 界面

（1）区域1：菜单栏窗口，"文件"菜单主要负责文件新建、保存、发布、导入、导出等命令；"编辑"菜单主要负责粘贴、复制与撤消等命令；"视图"菜单负责标尺、网格与舞台的显示比例等；"插入"菜单主要负责插入或新建元件、场景等命令；"修改"菜单主要负责对元件、时间轴、图形的变形与修改等；"文本"菜单主要负责字体的大小、格式等；"命令"菜单主要负责运行、导入动画、导出动画等；"控制"菜单主要负责对影片的播放、帧进行测试；"调试"菜单主要负责调试影片；"窗口"菜单可控制各面板的显示与隐藏；"帮助"菜单主要负责软件的介绍与帮助。

（2）区域2：时间轴，用来显示一个动画场景中每个时间单位内各个图层中的帧。一个动画场景是由许多帧组成的，每个帧会持续一定的时间，在每个帧中会显示不同的内容。

①隐藏和显示时间轴。

在 Flash CS3 中可以通过使用拖放或者执行相应的命令，隐藏、显示或者更改时间轴的显示效果，具体操作如下图 3-5 所示。

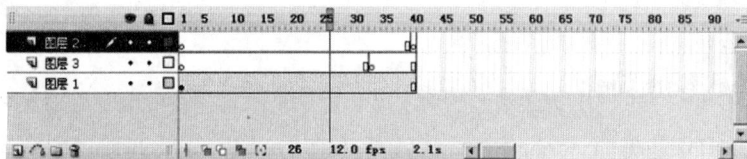

"帧视图"选择"小"选项的显示效果

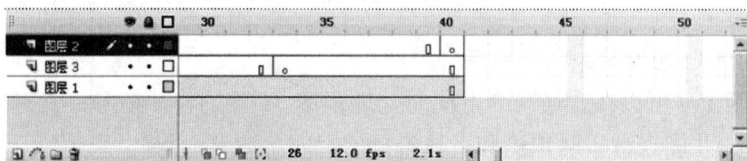

"帧视图"选择"大"选项的显示效果

图 3-5 时间轴显示效果

②使用帧和关键帧。

在制作 Flash 文档的过程中，时间轴上包含文档内容的最小单位就是帧和关键帧。

③插入、选择、删除帧（或关键帧）。

在 Flash CS3 中插入、选择、删除帧（或关键帧）的方法有：打开或者新建文件，单击时间轴上需要插入帧的位置，插入、选择、删除帧（或关键帧）。

④复制、粘贴、移动、清除帧（或关键帧）。

在 Flash CS3 中复制、粘贴、移动、清除帧（或关键帧）的方法有：打开或者新建文件，单击时间轴上需要插入帧的位置，复制、粘贴、移动、清除帧（或关键帧）。

⑤图层：创建图层与运动引导层、编辑图层等操作。

（3）区域 3：工具面板，用来显示 Flash 中常用的各种工具，如"选择"工具、"图形"工具、"填充"工具等。在 Flash CS3 中工具面板有两种显示方式：单列显示和两列显示。用户可以通过工具面板顶部的切换按钮在两种显示方式中进行切换。

（4）区域 4：舞台，用来显示 Flash 文档的内容，包括图形、文本、按钮等。舞台是一个矩形区域，可以放大或者缩小显示。

（5）区域 5：各种面板，如"颜色"面板、"样本"面板与"库"面板等。"颜色"面板用来定义各种工具使用的颜色。其中可以使用单一颜色，也可以使用各种渐变颜色；"样本"面板用来显示可选择的 216 种 Web 安全色，以及各种渐变或放射填充等；"库"面板用来显示当前文档中使用的各种位图、按钮、影片剪辑等。"库"面板分为两个部分：上一部分显示选择库项目的预览效果，下一部分显示库中的所有项目。

（6）区域 6："属性"面板。使用"属性"面板可以方便地定义舞台中相应内容的属性，"属性"面板中显示的内容和在舞台中选择的内容有关，例如，选择不同的内容，在文本、元件、按钮的属性面板中会显示不同的属性。

四、Cool Edit 简介

Cool Edit Pro 是美国 Adobe Systems 公司（前 Syntrillium Software Corporation）开发的一款功能强大、效果出色的多轨录音和音频处理软件，能高质量地完成录音、编辑、合成等多种任务。

1. Cool Edit 功能简介

Cool Edit Pro 可以在普通声卡上同时处理多达 64 轨的音频信号，具有非常好的音频处理效果，并能进行实时预览和多轨音频的混缩合成。

（1）Cool Edit 被形容为音频"绘画"程序。它可以用声音来"绘"制：音调、歌曲的一部分、声音、弦乐、颤音、噪音或是调整静音等。

（2）Cool Edit 提供多种特效：放大或降低噪音、压缩、扩展、回声、失真、延迟等；可以同时处理多个文件，轻松地在几个文件中进行剪切、粘贴、合并、重叠等声音操作。

（3）Cool Edit 可以生成的声音有：噪音、低音、静音、电话信号等。该软件还包含 CD 播放器。

（4）其他功能包括以下方面：支持可选的插件；崩溃恢复；支持多文件；自动静音检测和删除；自动节拍查找；录制等。另外，它还可以在 AIF、AU、MP3、RAW PCM、SAM、VOC、VOX、WAV 等文件格式之间进行转换，并且能够保存为 Real Audio 格式。

2. Cool Edit 软件界面说明

如下图所示，将 Cool Edit Pro 音频处理软件界面分为以下六个区域：

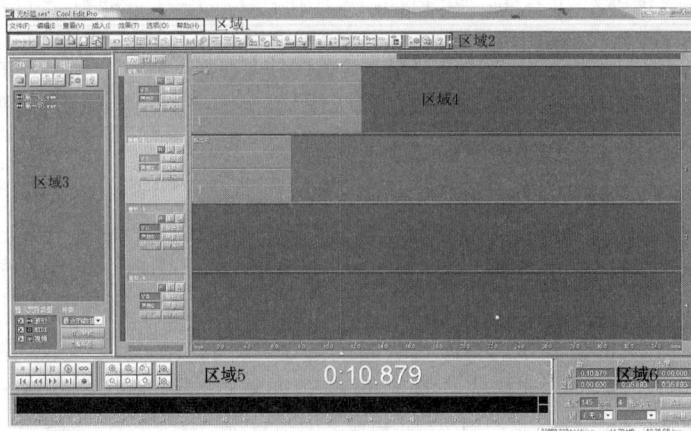

图 3-6　Cool Edit 音频处理软件界面

（1）区域 1：Cool Edit 的菜单栏区域。其菜单包括"文件"、"编辑"、"查看"、"插入"、"效果"、"选项"以及"帮助"七个菜单项。其中，"文件"菜单的主要操作是新建工程、追加工程、保存以及混缩另存为；"编辑"菜单的主要操作有音频混缩、音频块处理、剪切、反向、时间播放设定以及淡化处理等；"查看"菜单可以通过选中或者取消一些选项来控制整个软件界面的模块，主要模块有工程属性、资源管理器、走带按钮、时间窗、播放按钮、选取/查看、电平表、过载表、工具栏以及状态栏选项等；"插入"菜单的操作有插入音频或者 MIDI 文件；"效果"菜单主要操作是包络克隆器、波形频段分割器以及合成器；"选项"菜单主要功能是实现播放/录音电平、同步化、节拍器、采样精确同步、设置、设备驱动等。

（2）区域 2：软件的工具栏区域。通过查看菜单中的操作可以增减工具栏中的工具；包括多轨与波形界面的切换、打开、保存、分割音频块等。

（3）区域 3：资源管理区域，主要有文件、效果、偏好三种显示方式。在文件方式中，列出了音轨中的音频文件，在列表下面显示文件类型以及种类；选取效果方式，可以看到列表中显示的音频效果类型。

（4）区域 4：音轨区，显示音轨列表。在音轨中可以对音频文件进行处理，此区域是软件的主工作区。

（5）区域 5：包含了软件的走带按钮、缩放按钮、时间窗和电平表。其中，通过走带按钮可以控制音频的播放以及录制；缩放按钮可以控制音轨中音频文件的缩放时间窗，显示当前文件的时间线位置；电平表显示音频的电平大小。

（6）区域 6：包含工程属性和选取/查看两方面内容。工程属性描述了当前工程的属性；"选取"可以设置用户选取音频的范围，"查看"用来设置当前音轨界面能够显示的音频长度。

五、Mind Manager 简介

Mind Manager 是一款由美国 Mindjet 公司开发的、用于进行知识管理的可视化通用软件，也是一款创造、管理和交流思想的通用标准的绘图软件，其互动的视觉化图表类似一棵树的形状，主题置于图中央，而次主题则依用户所愿，四散分布于树干分支上。Mind Manager 又译为思维导图，俗称"脑图"，该软件功能丰富、简单易用、快速上手，特别适合于思维导图的创建和管理。该软件特别有利于进行发散性思维和头脑风暴法，使用户将脑中的各种想法和灵感记录下来，进行知识的创新和分享。

1. Mind Manager 功能介绍

Mind Manager 的主要功能就是绘制可视化的图表。图表的中心是主题，次主题则依用户所愿，分散在树干分支上。软件的可视化具有直观、友好的用户界面和丰富的功能，能帮助用户有序地组织思维、资源和项目进程。Mind Manager 还可以和其他许

多软件，如 PowerPoint、Word、Excel、Adobe Reader 等进行关联，进行内容的导入和导出，此项功能大大拓展了 Mind Manager 的应用范围和深度。

2. Mind Manager 软件界面说明

如图 3-7 所示，将 Mind Manager 软件界面分为五个区域，具体说明如下：

图 3-7 Mind Manager 软件界面

（1）区域1：软件的菜单栏区域，主要包括"文件"、"主功能"、"插入"、"格式"、"校订"、"视图"、"导出"和"工具"八个菜单项。其中，"文件"菜单项是 Mind Manager 的图标，菜单中主要包括图表的新建、打开、保存、另存为、我的图表、发送、导出、打印等内容；"主功能"菜单主要有粘贴板、插入主题/子主题、图表标记、主题元素的超链接、图像/附件/便签的插入、字体的格式化设置等操作；"插入"菜单主要是实现主题/子主题的插入、电子表格插入以及时间、提醒、标签等的操作；"格式"菜单工具有主题形状与对象关联的设置、布局以及字体设置和主题样式的选取与修改；"校订"菜单主要是拼写检查、批注管理、追踪以及更改；"视图"菜单主要用来更改视图效果，包括文档视图模式、缩放、窗口以及详图、过滤器功能；"导出"菜单中的选项可以选择将文件导出为 PDF、图像、压缩包、网页、Office等格式；"工具"菜单中包含了图表模板、图表样式、图表标记列表、宏、会议以及帮助和产品信息。

（2）区域2：工具栏，是菜单的子选项。选取不同的菜单，工具栏就会显示不同的工具。其主要工具就是菜单所实现的功能或者操作。

（3）区域3：Mind Manager 的工作区。在工作区面板中可以插入主题或者子主题绘制图表。工作区下面显示了图表的名称。

（4）区域4：根据区域5中任务面板的选择项不同，显示不同的内容。此图中的内容是图表部件，显示了系统提供的图表部件。

（5）区域5：主要由"过滤"按钮、"详图"按钮、"视图"按钮、"缩放级别以及适合图表"、"任务面板"下拉按钮组成。"详图"按钮可以分级显示图表内容；"视图"分为图表视图和大纲视图；"缩放标尺"可以调整图表的比例；"任务面板"主要内容是我的图表、图表标记、任务信息、图表部件、图库、查找文件、学习中心、主题样式等内容。

第四节　华文多媒体教学素材制作及案例

一、汉字多媒体教学素材设计与制作

1. 汉字知识点分析

汉字作为汉语的书写符号系统，是音、形、义的统一体，因此，可从音、形、义三方面对汉字知识点进行分析：

（1）汉字拼音。

汉字的拼音主要包括声母、韵母和声调，其中声母23个，韵母24个，声调4个。

（2）汉字结构。

汉字的结构包括汉字的整体结构（如左右结构、上下结构等）、汉字部件、汉字笔画数和汉字笔顺笔画。

（3）汉字字义。

汉字字义方面的知识点包括汉字的字义解释以及组词造句。

2. 汉字知识点多媒体表征

根据对汉字知识点的分析，结合不同多媒体元素的特性，合理选择适合的媒体元素，对汉字知识点进行表征，如表3-3所示：

表3-3　汉字知识点与多媒体元素对应表

汉字知识	文本	图形	图像	动画	音频
读音	√				√
结构	√	√			
偏旁部首			√		

（续上表）

汉字知识	文本	图形	图像	动画	音频
笔顺			√	√	√
笔画	√	√			
释义	√				
组词造句	√				

3. 汉字多媒体素材制作方法及案例

（1）汉字拼音标注。

对汉字进行拼音标注可以采用多种手段和方法，常用的标注方法主要有以下三种：软键盘输入法；Microsoft Word 中的"拼音指南"工具；拼音标注软件。前两种方法只能进行标音标调的拼音标注，下面通过具体案例分别对这些方法进行介绍。

【例】以《中文》第二册课文《买东西》中的句子"妈妈买了面包"为例，进行拼音标注。

①拼音标音标调的方法。

方法一：软键盘输入法（此方法可标注带声调的汉语拼音）。

【步骤1】将输入法切换到英文输入状态，输入不带声调的字母，如下所示：

m　ma　mi　le　min　bo

妈　妈　买　了　面　包。

【步骤2】鼠标右键单击软键盘图标⌨，在弹出的菜单中选择"拼音字母"选项（如图3-8），单击出现带声调的韵母软键盘（如图3-9）。

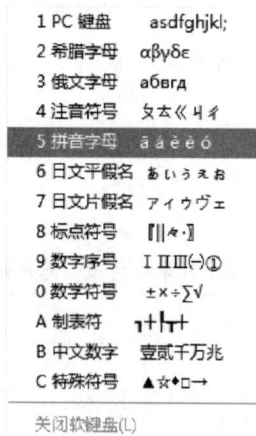

1 PC 键盘　　asdfghjkl;
2 希腊字母　αβγδε
3 俄文字母　абвгд
4 注音符号　ㄆㄊㄍㄐㄟ
5 拼音字母　āáěèó
6 日文平假名　あいうえお
7 日文片假名　アイウヴェ
8 标点符号　『‖々·』
9 数字序号　ⅠⅡⅢ㈠①
0 数学符号　±×÷∑√
A 制表符　┭┼┝┯
B 中文数字　壹贰千万兆
C 特殊符号　▲☆◆□→

关闭软键盘(L)

图3-8　快捷菜单

图 3-9　软键盘

【步骤3】将光标移到相应的韵母位置，单击软键盘中相应的带调韵母键，即可完成拼音标注，效果如下：

mā　ma　mǎi　le　miàn bāo
妈　妈　买　了　面　包。

【步骤4】在 Microsoft Word 中，将拼音的字体格式改为"华文细黑"，可使拼音更标准、美观，如下所示：

mā　ma　mǎi　le　miànbāo
妈　妈　买　了　面　包。

【步骤5】单击输入法工具栏中的软键盘图标▦，即可关闭软键盘。

方法二：使用 Microsoft Word 2010 中的"拼音指南"工具进行拼音标注。

【步骤1】选中要标注的句子"妈妈买了面包"。

【步骤2】单击"开始"菜单中的"拼音指南"工具图标变，如图 3-10（粗线方框标示部分）。

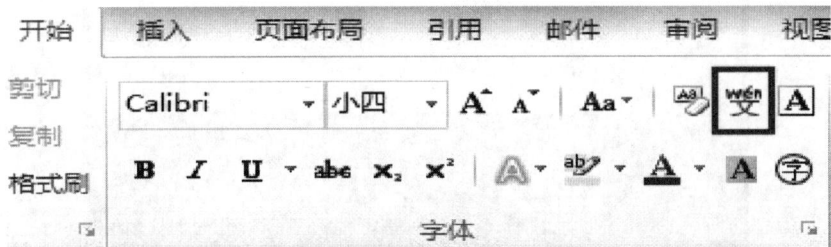

图 3-10　拼音指南工具

【步骤3】设置"对齐方式"、"字体"、"偏移量"和"字号"，如图 3-11 所示。

在对话框中将第二个 mā 的拼音改为 ma，单击 确定 按钮，效果如下：

mā ma mǎi le miàn bāo
妈 妈 买 了 面 包。

以上介绍的这两种方法都是只能进行标音标调的拼音标注，但是在实际的华文教学中，经常会设计拼音标调练习，以检查学生对声调的掌握情况。为更好地实现针对汉字拼音知识点的教学和训练，还需要掌握拼音标音不标调的方法。

②拼音标音不标调的方法——"实用汉字转拼音"软件。

图 3-11 "拼音指南"对话框

【步骤1】运行"实用汉字转拼音"软件。

【步骤2】输入要进行标注的句子"妈妈买了面包"，如图 3-12 所示。

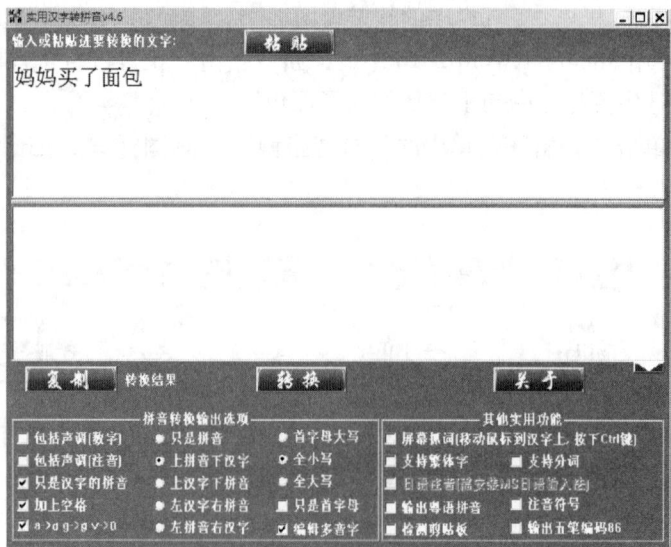

图 3-12 输入要标注的句子

【步骤3】在"拼音转换输出选项"工具栏中不选"包括声调［注音］"，单击 转换 按钮，可表现标音不标调的效果（如图3-13）。

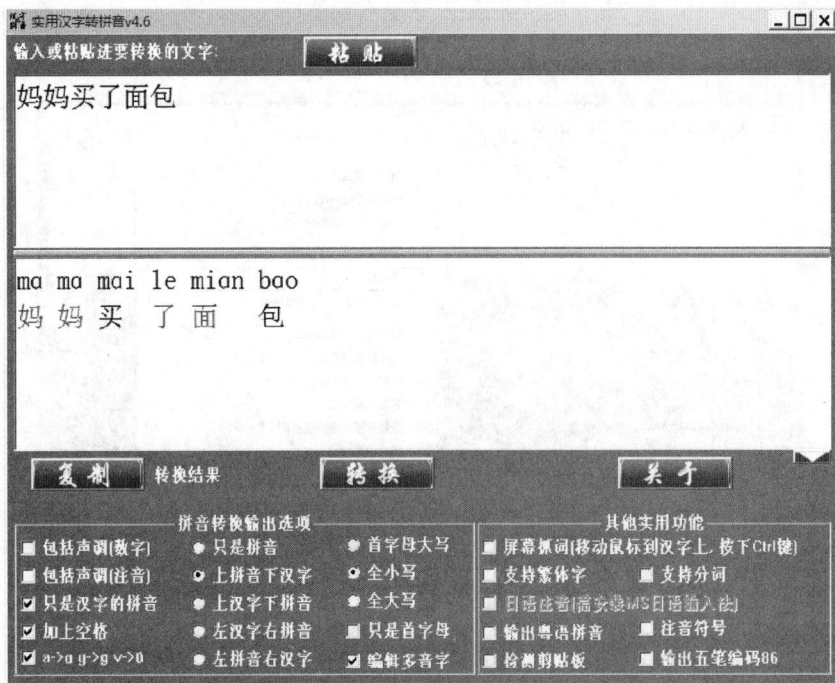

图3-13　拼音转换效果

【步骤4】在空白处单击鼠标右键，选中"结果导出为 MS Word 格式"（如图 3-14），在弹出的对话框中根据需要设置字体与字号（如图3-15），设置完成后单击 确定 按钮。

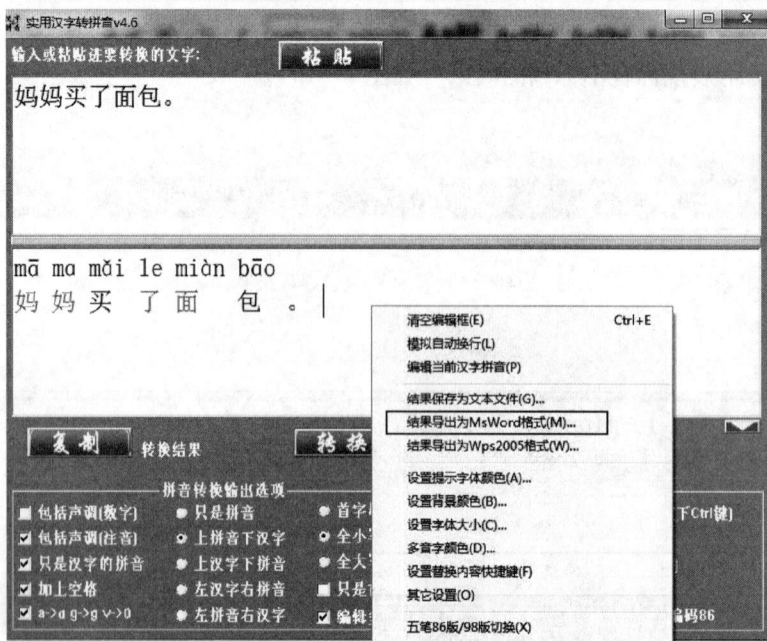

图 3 – 14　快捷菜单

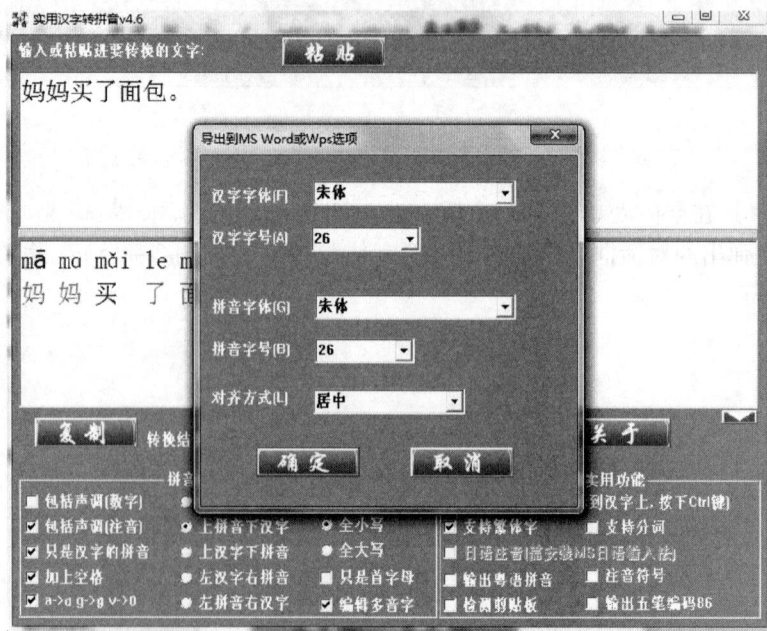

图 3 – 15　"导出到 MS Word 或 Wps 选项"对话框

除了对拼音进行标音不标调外，"实用汉字换拼音"软件中还有不少其他功能，可以很好地辅助华文教师进行汉字拼音知识点的练习设计。

A. 拼音格式形式多样，可以根据需要进行设置，如图 3 – 16 所示。

·形式 1—包括声调［数字］：ma1ma5mai3le5mian4bao1

·形式 2—包括声调［注音］：māmamǎilemiànbāo

·形式 3—只是汉字的拼音：mamamailemianbao

·形式 4—加上空格：ma ma mai le mian bao

·形式 5—a – > ɑ g – > g v – > ü：mamamailemianbao

注：以上五项可同时选取。

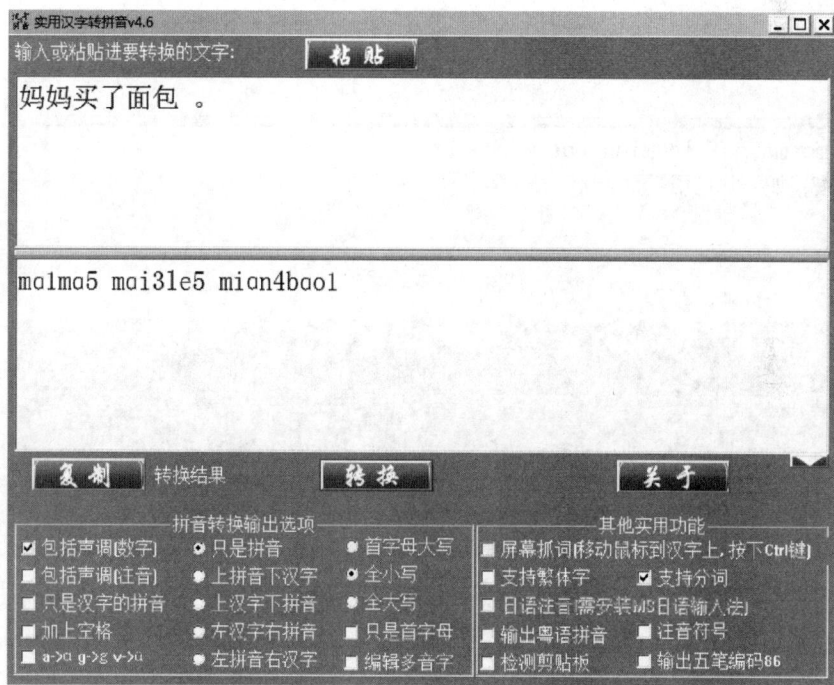

图 3 – 16　拼音格式

B. 汉字与拼音的位置形式也可以选择，如图 3 – 17。

·位置 1—上拼音下汉字：

ma　ma　mai　le　mian　bao

妈　妈　买　了　面　包。

·位置 2—上汉字下拼音：

妈　妈　买　了　面　包。

ma　ma　mai　le　mian　bao

·位置3—左汉字右拼音：

妈（ma）妈（ma）买（mai）了（le）面（mian）包（bao）。

·位置4—左拼音右汉字：

ma（妈）ma（妈）mai（买）le（了）mian（面）bao（包）。

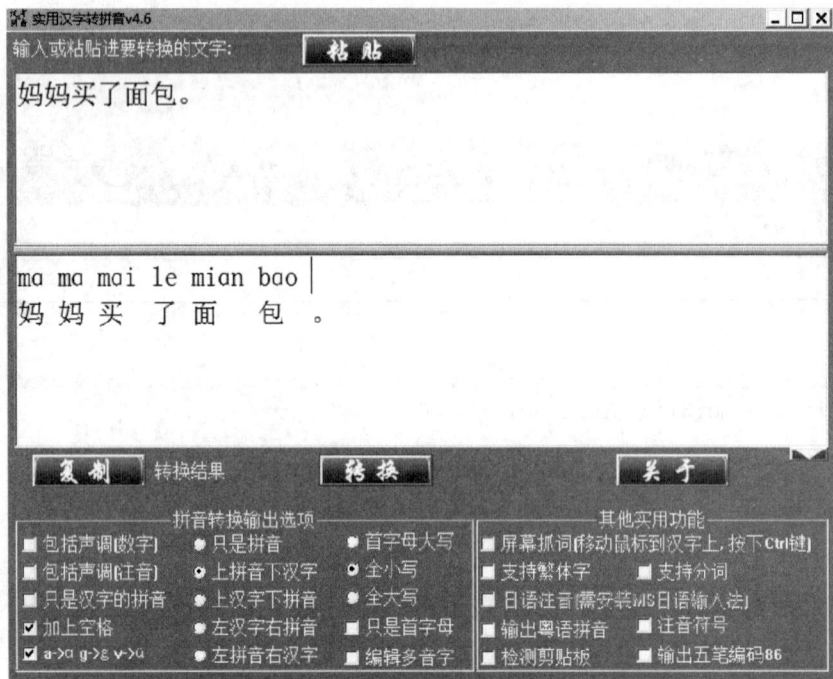

图3－17　汉字与拼音的位置形式

　　以上三种方法各有优点与不足（见表3－4），在具体教学中，可根据需要进行选择。

表 3-4　三种拼音标注方法的优、缺点比较

方法	优点	缺点
软键盘输入法	1. 汉字和拼音可以分离； 2. 软键盘包含了所有的带调韵母，方便设计针对韵母的练习操作。	1. 如要将拼音和文字一一对应，需调整格式，比较麻烦； 2. 操作比较复杂，不适合对较长语句进行拼音标注； 3. 必须知道该字的拼音才可以进行标注。
Microsoft Word 拼音指南标注法	1. 操作简便； 2. 字音对应，格式选择较多，用户可根据需要设置； 3. 便于不清楚该字拼音的使用者进行操作。	1. 拼音和汉字不能分离，且形式都是上拼音下汉字； 2. 标注后不能对拼音进行修改，若要修改须在"拼音指南"对话框中进行； 3. 标注的字数是有限制的，最多不超过100个汉字。
"实用汉字转拼音"软件	1. 操作简便； 2. 汉字和拼音可以分离，便于进行修改和格式设置；格式多样，可以满足不同学习者的需要。	隐含可用鼠标右键单击的操作，需要用户留心才可知道此操作。

（2）米字格。

印有米字形虚线的方格，我们一般称之为米字格。米字格是汉字教学中用来演示或练习汉字笔画与结构的辅助教学工具。在米字格中练习汉字，有助于学习者合理安排汉字的架构和笔画位置，写出匀称、工整的汉字。因为各方面的条件限制，我们无法获得足够的米字格练习本，而通过 PowerPoint 或 Word 等常见工具，则可以轻松制作教学用的米字格。

使用 Microsoft Word 2010 制作米字格：

【步骤1】绘制正方形。启动 Microsoft Word 2010，执行 插入 — 形状 命令，在下拉框中选择"矩形"工具（如图 3-18），此时鼠标会变成"+"的样式，按住"Shift"键，同时按住鼠标左键拖动，画出正方形，并调整至合适的大小（如图 3-19）。

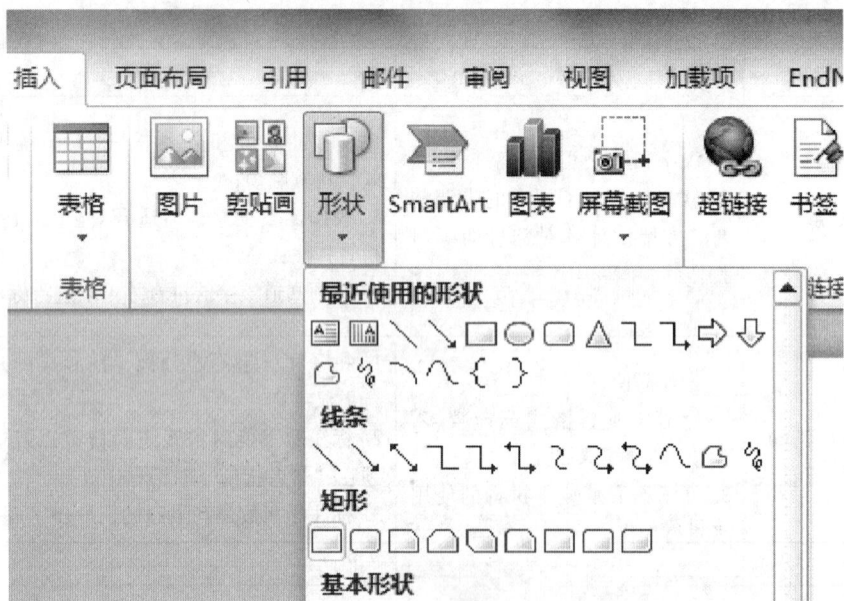

图 3 – 18　"形状"下拉框中的"矩形"工具

图 3 – 19　正方形

【步骤 2】设置正方形的线条颜色与填充色。在正方形区域单击鼠标右键，在弹出的快捷菜单中选择"设置形状格式"选项（如图 3 – 20），在弹出的对话框中将线条颜色设置为"实线"、"红色"（如图 3 – 21）；在"填充"选项中，选取"无填充"，设置完成后单击 关闭 按钮，效果如图 3 – 22 所示。

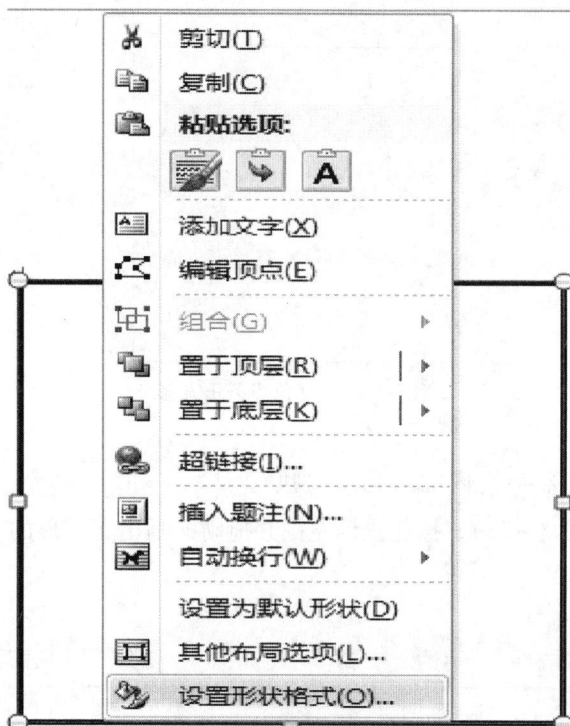

图 3 – 20 "设置形状格式"

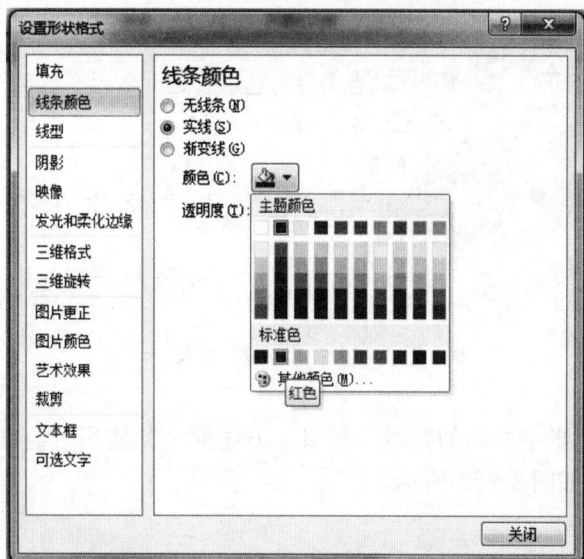

图 3 – 21 "设置形状格式"对话框

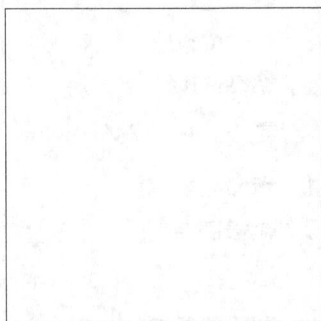

图 3 - 22   红色线条正方形

【步骤 3】编辑米字格内的对角线。执行 | 插入 | — | 形状 | 命令，在下拉框中选择"直线"工具（如图 3 - 23），按住鼠标左键并拖动，画出正方形的两条对角线，效果如图 3 - 24 所示。

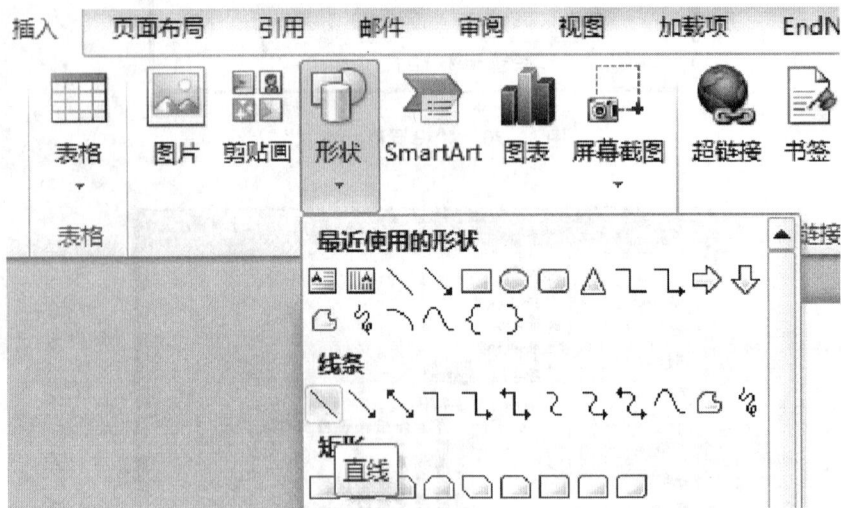

图 3 - 23   "直线"工具

【步骤 4】编辑米字格内的竖线与横线。方法同上，使用"直线"工具，完成米字格的内框，效果如图 3 - 25 所示。

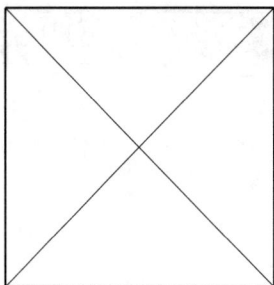

图 3-24　对角线效果

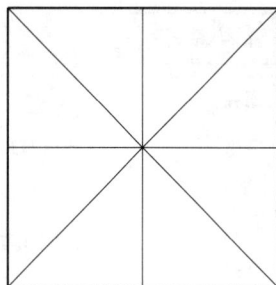

图 3-25　米字格内框效果

【步骤5】设置米字格内框线型。选中米字格内的所有直线，单击鼠标右键，在弹出的快捷菜单中选择"设置对象格式"（如图 3-26），在"设置形状格式"对话框中，将线型中的"短划线类型"设置为"方点"（即第 3 个选项），如图 3-27。设置完成后单击 关闭 按钮，完成后的效果如图 3-28 所示。

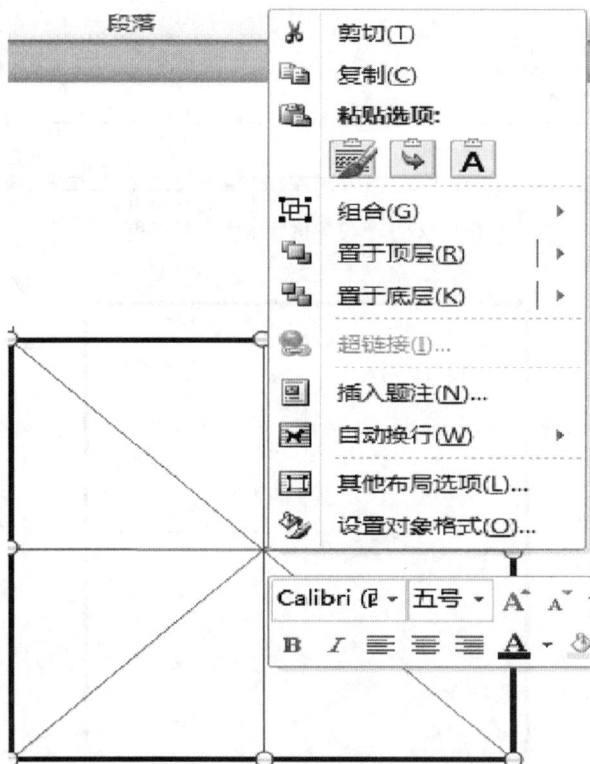

图 3-26　"设置对象格式"菜单

图 3 – 27　"设置形状格式"对话框

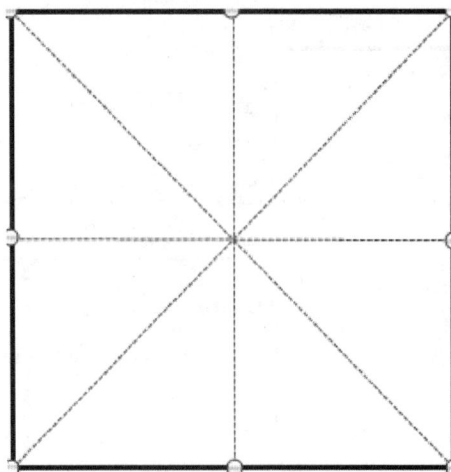

图 3 – 28　米字格最终效果

（3）汉字结构。

①汉字部件。

【例】以"卡"字为例，生成图形文字，并填充部件。

【步骤1】新建文档。启动 Photoshop，执行 文件 — 新建 命令（如图 3 – 29），输入名称为"卡字部件"，设置相同数值的"宽度"与"高度"，单击 确定 按钮（如图 3 – 30）。

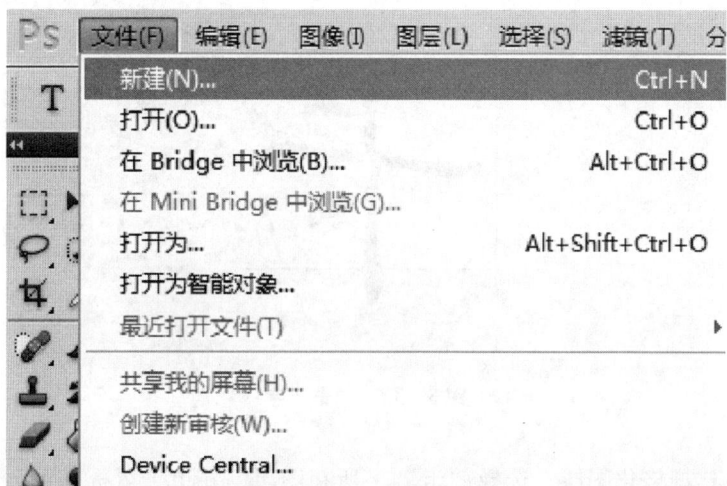

图 3 – 29 "新建"选项

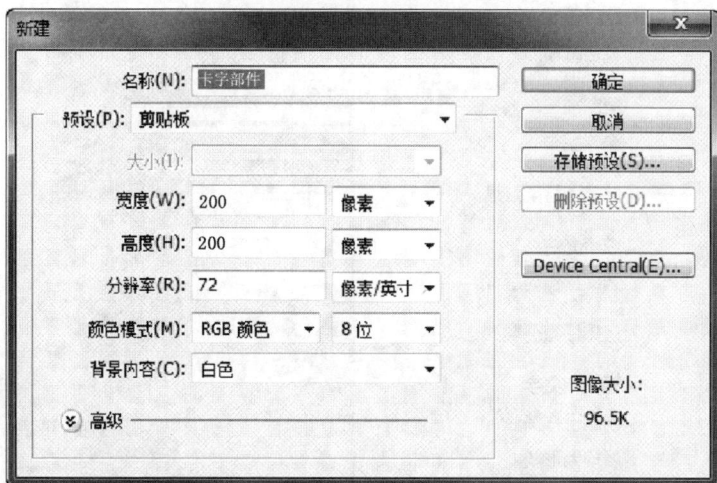

图 3 – 30 新建"卡字部件"文档

【步骤2】输入汉字。单击文字输入图标 T̲ ，将字体定义为"楷体 GB2312"，字号为"180 点"（如图 3 – 31），设置后将鼠标光标移到文档，输入"卡"字（如图 3 – 32）。可使用放大镜工具 🔍 ，调整字体大小。

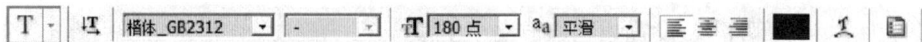

图 3 – 31 设置字体及字号

图 3 – 32 "卡"字

【步骤3】栅格化图层。选择"卡"字所在图层，并单击鼠标右键，在弹出的快捷菜单中选择"栅格化文字"选项（如图 3 – 33），图层发生变化（如图 3 – 34）。

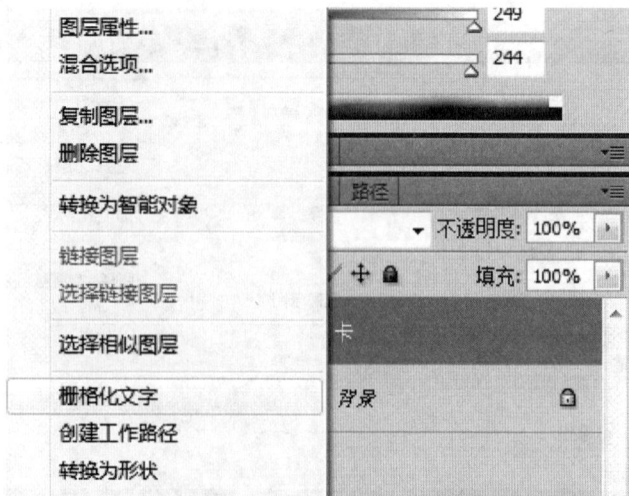

图 3 – 33 "栅格化文字"选项

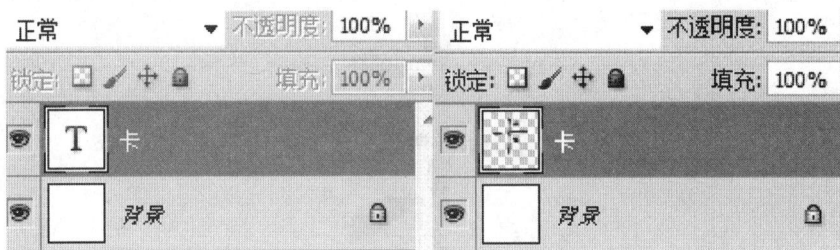

图 3 - 34　栅格化前后的图层对比

【**步骤 4**】选择部件范围。选择"套索"工具，选择"卡"的部首"丨"，运用键盘上的"→"、"←"，准确选中部首"丨"的范围（如图 3 - 35）。

图 3 - 35　选中部首"丨"

【**步骤 5**】填充颜色。在"色板"面板中选择相应颜色（如图 3 - 36），并在工具栏中选择"油漆桶"工具，填充部首"丨"（如图 3 - 37）。

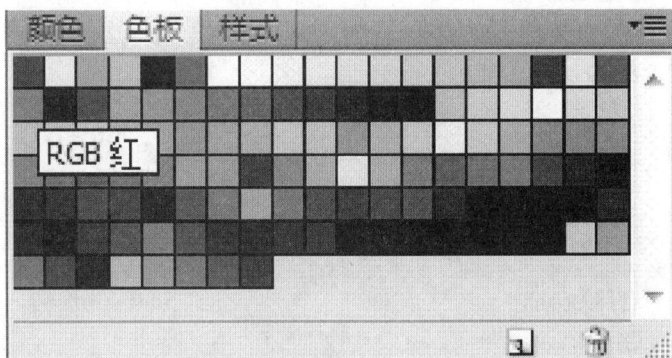

图 3 - 36　在"色板"面板中选择颜色

图 3 - 37　"丨"被填充为红色

【步骤 6】保存文件。执行 文件 — 存储 命令（如图 3 - 38），将文件保存为 JPEG 格式，单击 保存 按钮（如图 3 - 39）。

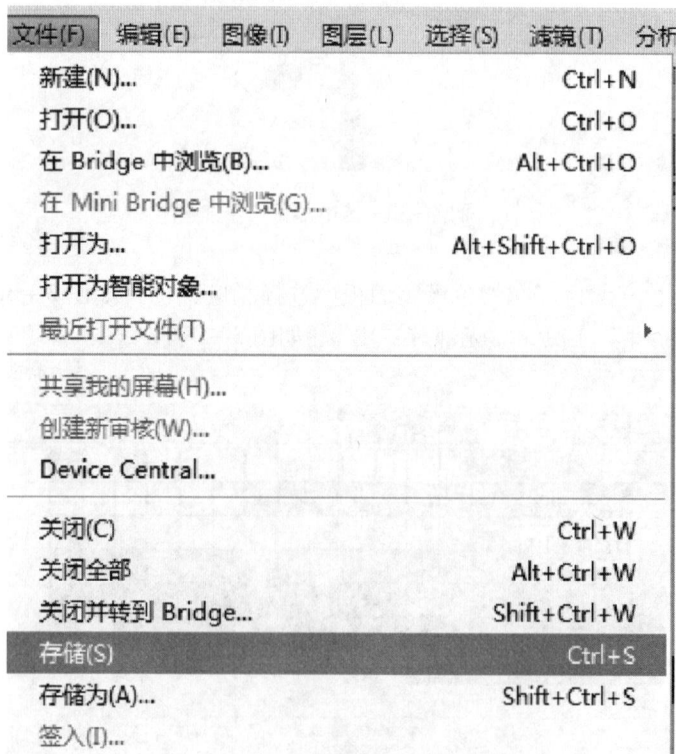

| 文件(F) | 编辑(E) | 图像(I) | 图层(L) | 选择(S) | 滤镜(T) | 分析 |

新建(N)...	Ctrl+N
打开(O)...	Ctrl+O
在 Bridge 中浏览(B)...	Alt+Ctrl+O
在 Mini Bridge 中浏览(G)...	
打开为...	Alt+Shift+Ctrl+O
打开为智能对象...	
最近打开文件(T)	▶
共享我的屏幕(H)...	
创建新审核(W)...	
Device Central...	
关闭(C)	Ctrl+W
关闭全部	Alt+Ctrl+W
关闭并转到 Bridge...	Shift+Ctrl+W
存储(S)	Ctrl+S
存储为(A)...	Shift+Ctrl+S
签入(I)...	

图 3 - 38　"存储"选项

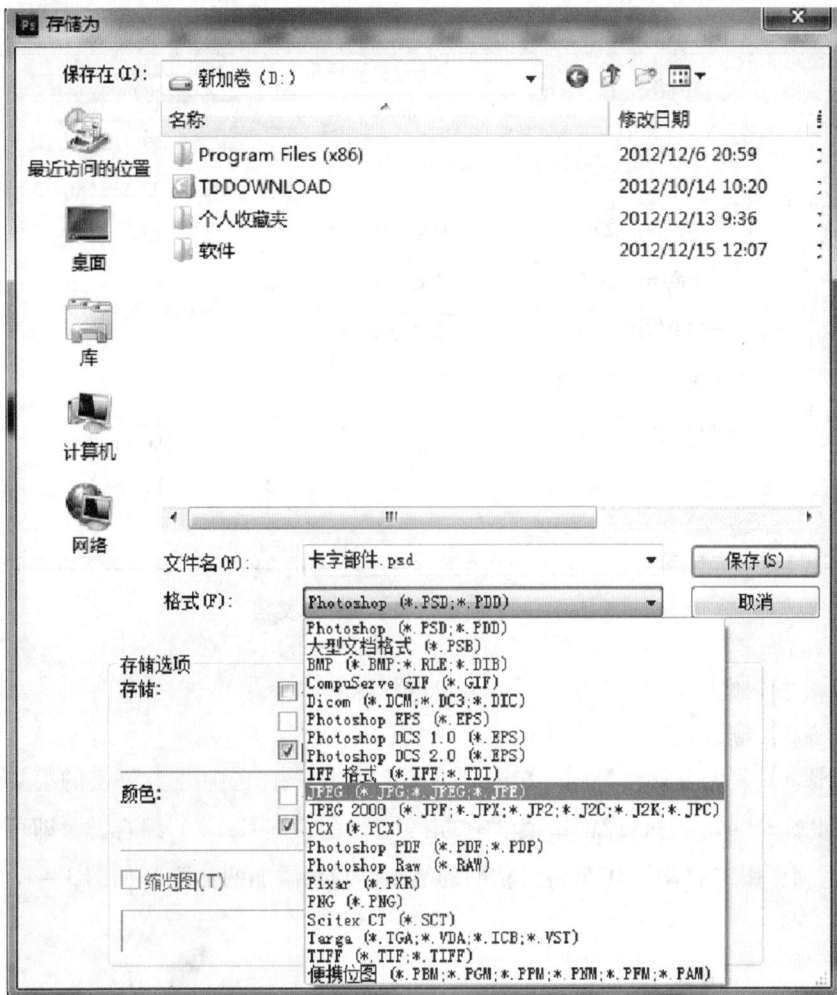

图 3 – 39　保存为 JPEG 格式文件

②错字设计。

【步骤 1】新建文档。方法同上，如图 3 – 40。

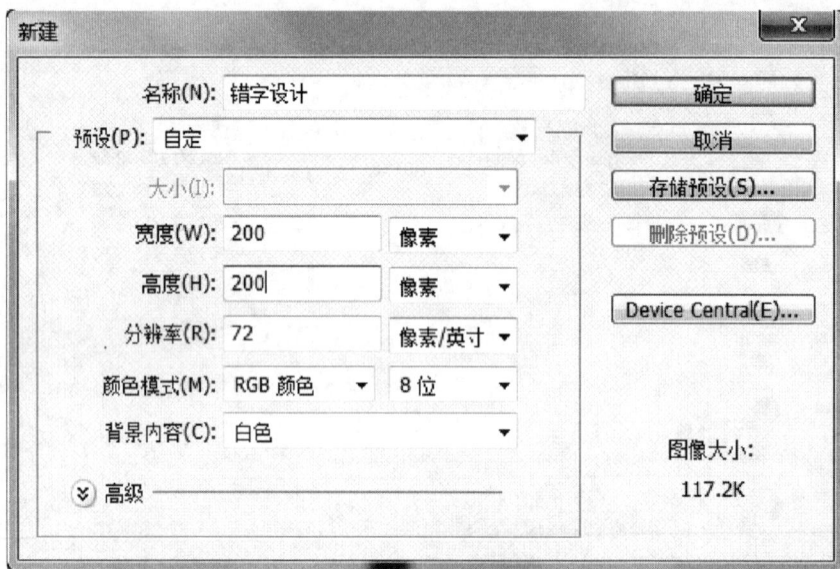

图 3 - 40　新建"错字设计"文档

【步骤2】输入汉字。方法同上，并设置字体和字号。

【步骤3】栅格化图层。方法同上。

【步骤4】复制并移动笔画。单击"套索"工具，选中"卡"字的第二个笔画"一"（如图 3 - 41），执行 编辑 菜单中的 拷贝 命令，按 Ctrl + V 组合键，即可粘贴已复制的笔画，用"移动"工具将已粘贴的笔画移到想添加的位置（如图 3 - 42）。

图 3 - 41　选中的笔画"一"

图 3 - 42　移动已粘贴的笔画

【步骤5】保存文件。方法同上，将文件保存为 JPEG 格式。

③描红字设计。

【例】对图形文字"卡"进行描红。

【步骤1】新建文档。方法同上，文件名称为"描红字设计"。

【步骤2】输入汉字。方法同上。

【步骤3】栅格化图层。方法同上。

【步骤4】描边。使用"套索"工具中的"多边形套索"工具 ，选中整个汉字（如图3-43），执行 编辑 — 描边 命令（如图3-44），在"描边"对话框中设置好"宽度"值（如图3-45），并将颜色设置为"红色"（如图3-46），单击 确定 按钮，返回到"描边"对话框，将位置设为"居中"，单击 确定 按钮，即可得到描边后的字（如图3-47）。

注：利用套索工具选字时，由于有些笔画是分离的，可在按住 Shift 键的同时再选其他部分。

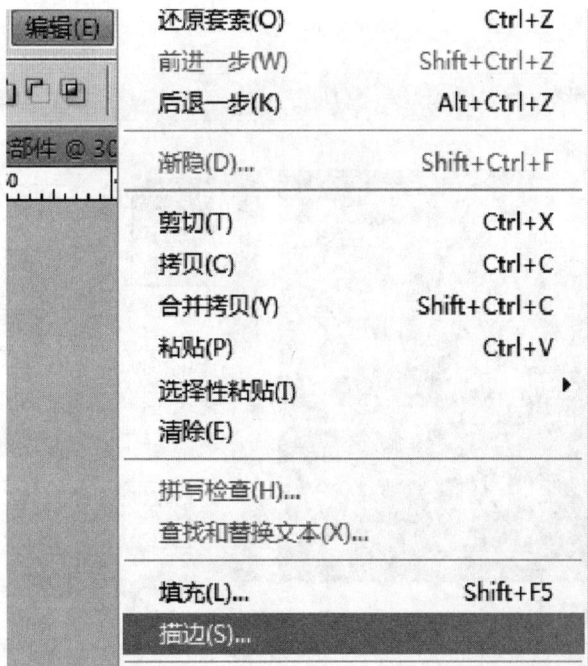

图3-43　选中整个汉字

图3-44　"描边"选项

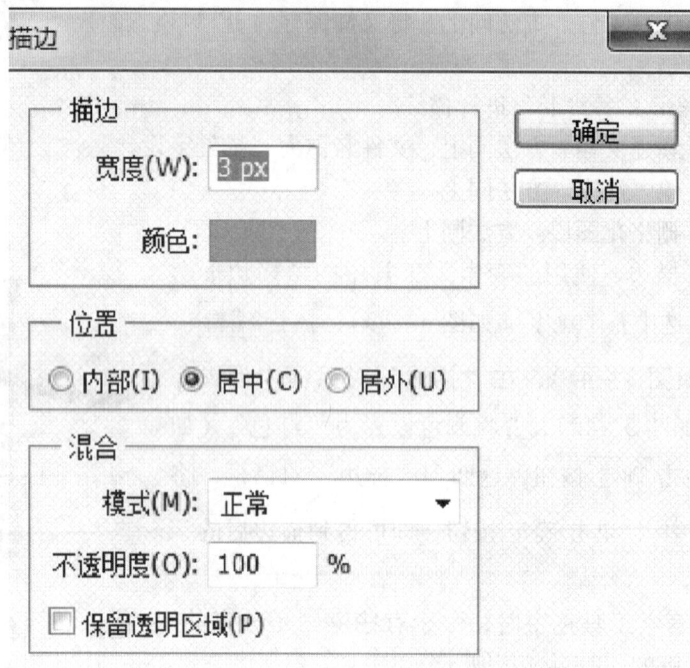

图 3 – 45   "描边"对话框

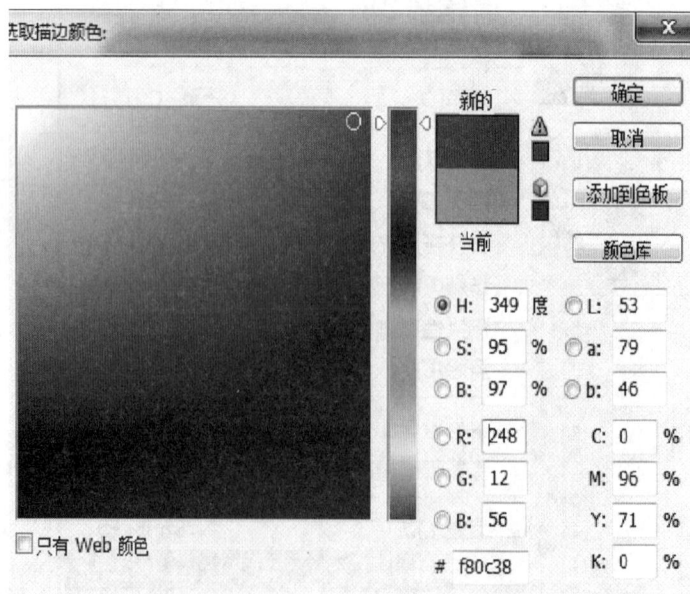

图 3 – 46   "选取描边颜色"对话框

图 3-47　描边效果　　　　　　　　　　　　图 3-48　描红字最终效果

【步骤5】描边后选中黑色部分按 Del 键删除黑色，得到结果，如图 3-48。

【步骤6】保存文件。方法同上，保存为 JPEG 格式。

（4）汉字语音。

①音频录制。

【例】以《中文》第二册课文《买东西》中的句子"今年我六岁了，昨天是我的生日，我们一家去买东西"为例，进行录音。

【步骤1】双击"Cool Edit"图标，打开 Cool Edit 软件。在音轨1中，单击红色按钮█，然后在左下角播放控制区中单击录音按钮█，如图 3-49 所示。此时开始朗读文本进行录音。文本为：今年我六岁了，昨天是我的生日，我们一家去买东西。朗读完毕后，再次单击█按钮，停止录音。录音效果如图 3-50 所示。

图 3-49　录制界面

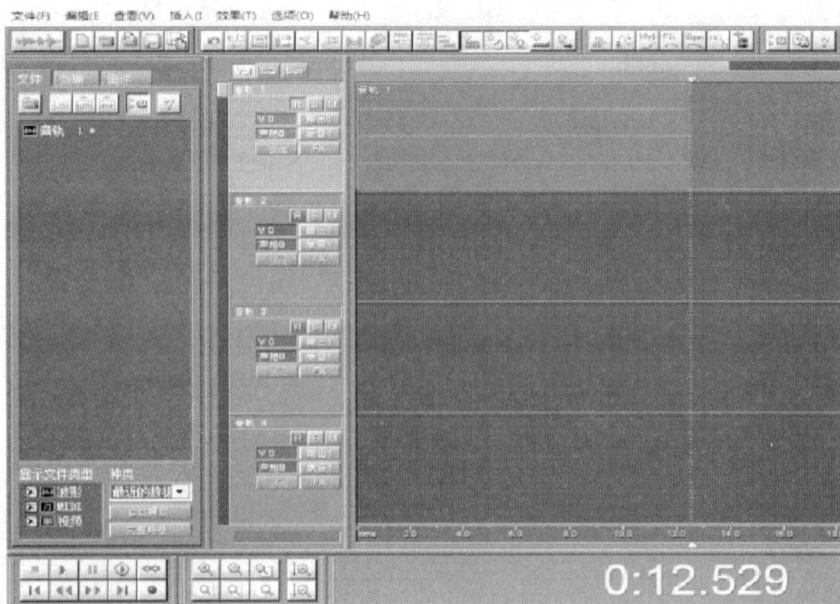

图 3 – 50 录制后的结果

【步骤2】选择"文件"下的"混缩另存为"选项，另存为"录音结果"。在弹出的对话框中，输入新的录音音频的名称，选择存取路径，单击"保存"按钮。如图 3 – 51 所示。

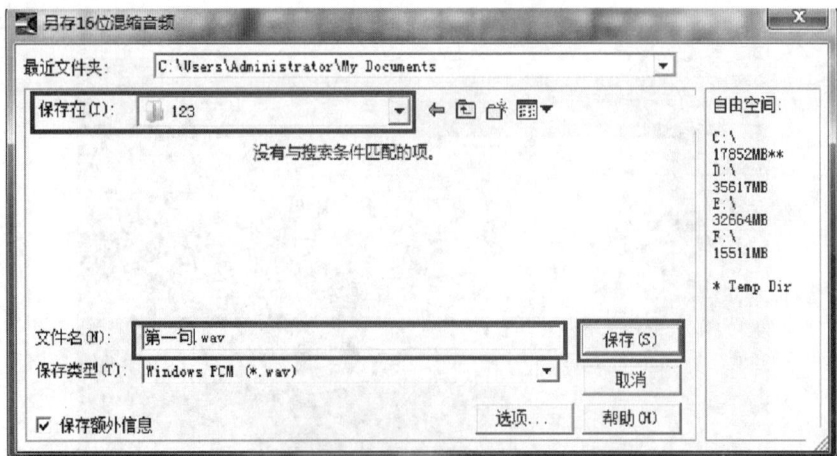

图 3 – 51 文件的保存

②音频合成。

【例】以《中文》第二册课文《买东西》中的句子"今年我六岁了，昨天是我的生日，我们一家去买东西"和"妈妈给我买了蛋糕、面包、牛奶和水果"为例，进行课文录音的合成。

【步骤1】按照上面的音频录制步骤，分别录制《中文》第二册课文《买东西》中的句子"今年我六岁了，昨天是我的生日，我们一家去买东西"以及"妈妈给我买了蛋糕、面包、牛奶和水果"，并分别命名为"第一句.wav"和"第二句.wav"。

【步骤2】打开 Cool Edit，在音轨1中单击鼠标右键选择"插入" > "音频文件"选项，如图3-52所示。在弹出的对话框中选取刚刚录制的"第一句.wav"音频文件。如此，便导入了第一个音频。

同理，在音轨2中导入音频"第二句.wav"，导入后如图3-53所示。

图3-52　文件导入

图3-53　音轨1和音轨2

【步骤3】按住鼠标左键，拖动音轨2中的音频，拖至音轨1音频的后面，使两个音频之间相互连接，没有空余，如图3-54所示。当音频1和2之间出现白色竖线时，表明两个音频完全连接，之间没有空余。

图3-54　音轨2的音频移动后效果

【步骤4】选择"文件"下的"混缩另存为"选项，另存为"录音合成结果"，命名为"合成.wav"。

（5）汉字笔顺。

【例】以"卡"为例，利用Flash制作笔顺动画。

【步骤1】新建文档。启动Flash软件，执行 文件 — 新建 命令，在弹出的"新建文档"对话框中选择"Flash 文件（ActionScript 2.0）"选项（如图3-55），单击 确定 按钮，即可新建文档（如图3-56）。

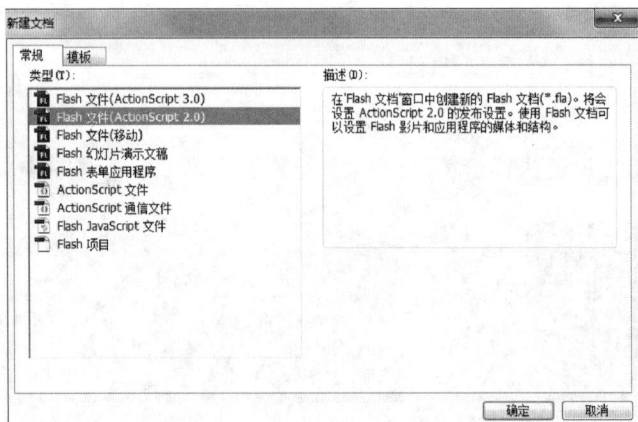

图3-55　"新建文档"对话框

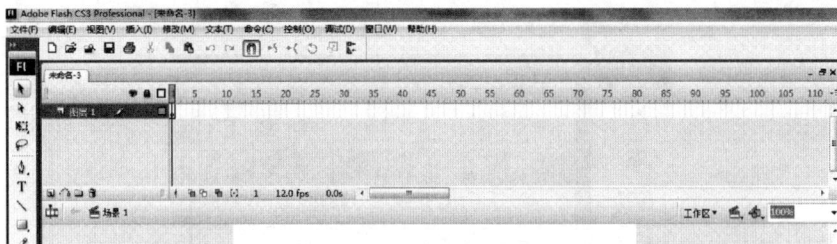

图 3 – 56 新建文档界面

【步骤 2】制作背景层即米字格，具体步骤如下：

第一步，命名图层。双击"图层 1"，将其改名为"米字格"，效果如图 3 – 57 所示。

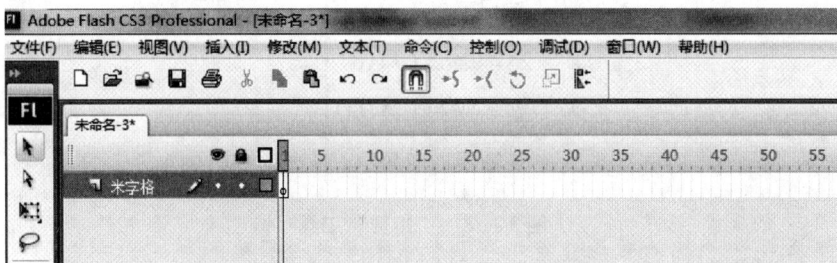

图 3 – 57 图层命名为"米字格"

第二步，画正方形外框。选择工具栏中的"矩形"工具 ▣（如图 3 – 58），此时鼠标会变成" + "状态，按住 Shift 键的同时，在画布中按住鼠标左键并拖动，画出一个适当大小的正方形外框（如图 3 – 59）。

第三步，设置正方形外框的对齐方式。选择工具栏中的"选择"工具 ▸，用鼠标选取正方形外框，执行 修改 — 对齐 命令，先后设置为"相对舞台分布"、"水平居中"与"垂直居中"选项（如图 3 – 60），使其居于舞台中央（如图 3 – 61）。

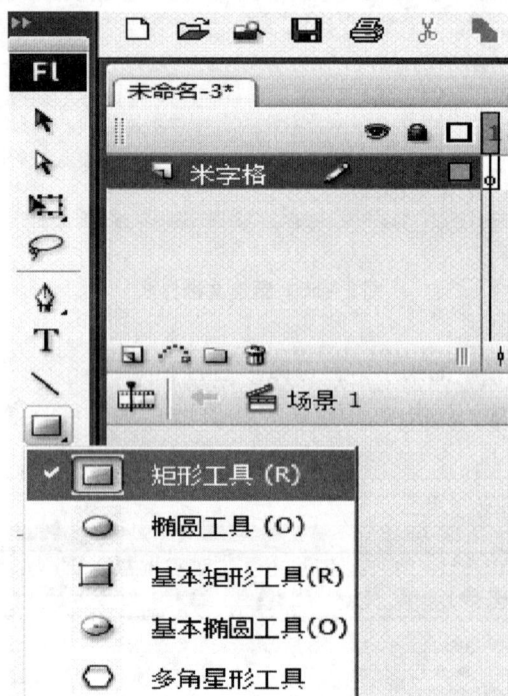

图 3 - 58　"矩形"工具

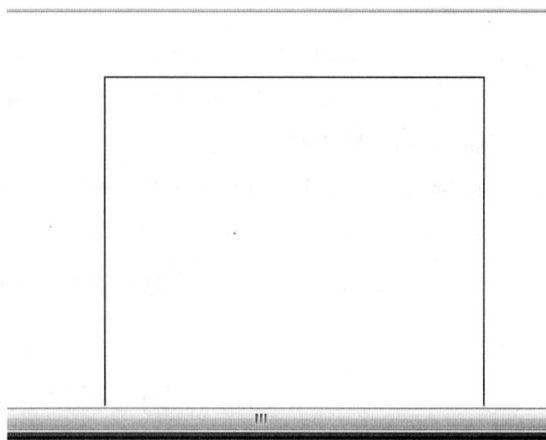

图 3 - 59　正方形外框

图 3 - 60 "对齐"命令

图 3 - 61 居于舞台中央的正方形外框

第四步，编辑正方形内的竖线与横线。选择工具栏中的"直线"工具 \, 在正方形上方（或下方）画一条与上边（或底边）平行等长的直线，全选图形后，执行 修改 — 对齐 命令，选择"垂直居中"。再在正方形左侧（或右侧）画一条与左边（或右边）平行等长的直线，设置为"水平居中"，方法同上（如图3–62）。

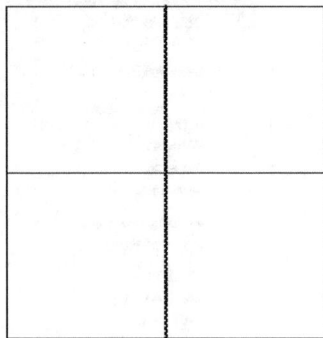

第五步，编辑正方形的对角线。沿正方形的对角分别画两条直线，使图形成"米字格"（如图3–63）。

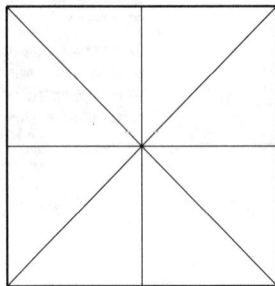

图3–62　田字格

图3–63　米字格

第六步，设置正方形内直线的线型。用"选择"工具选取正方形内所有的直线，在"属性"面板中设置线型为第三种线型（如图3–64），颜色与粗细可根据用户需要进行相应设置，效果如图3–65。

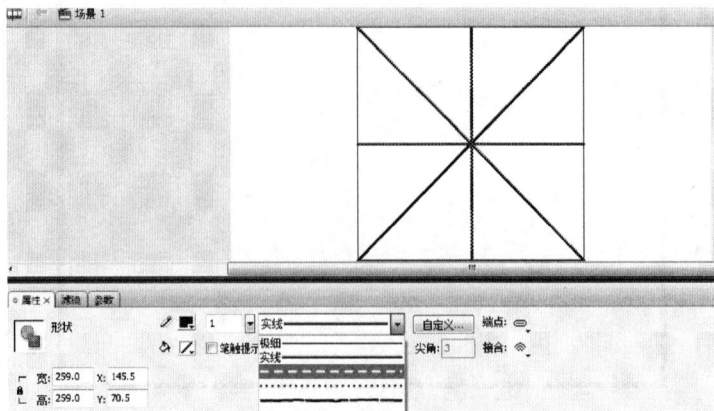

图3–64　设置线型

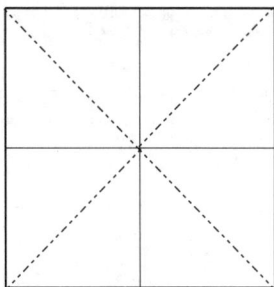

图 3 - 65　最终米字格效果

第七步，在时间轴第 70 帧右击鼠标，在弹出的快捷菜单中选择"插入帧"，用以延长"米字格"显示的时间；单击 锁定 按钮 🔒，把此图层锁定（如图 3 - 66）。

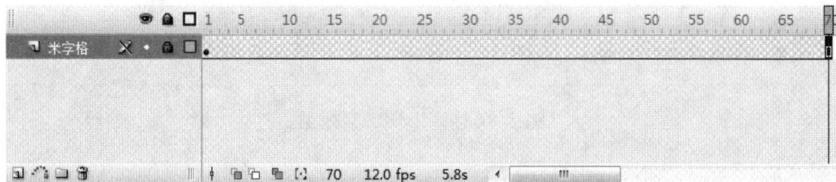

图 3 - 66　锁定"米字格"图层

【步骤 3】创建元件。执行 插入 — 新建元件 命令（如图 3 - 67），在弹出的"创建新元件"对话框中，将"名称"命名为"卡字"，单击 确定 按钮；在"卡字"元件画布中，选择文本工具 T ，输入"卡"字，将属性设置为："静态文本"、"楷体"、"96 号"、"黑色"、"粗体"，设置后效果如图 3 - 68 所示。

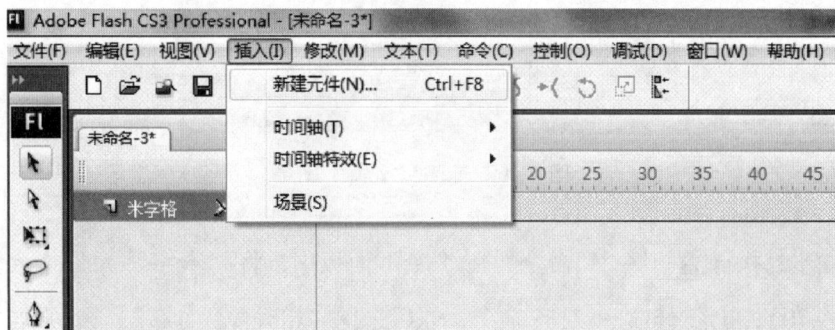

图 3 - 67　"新建元件"命令

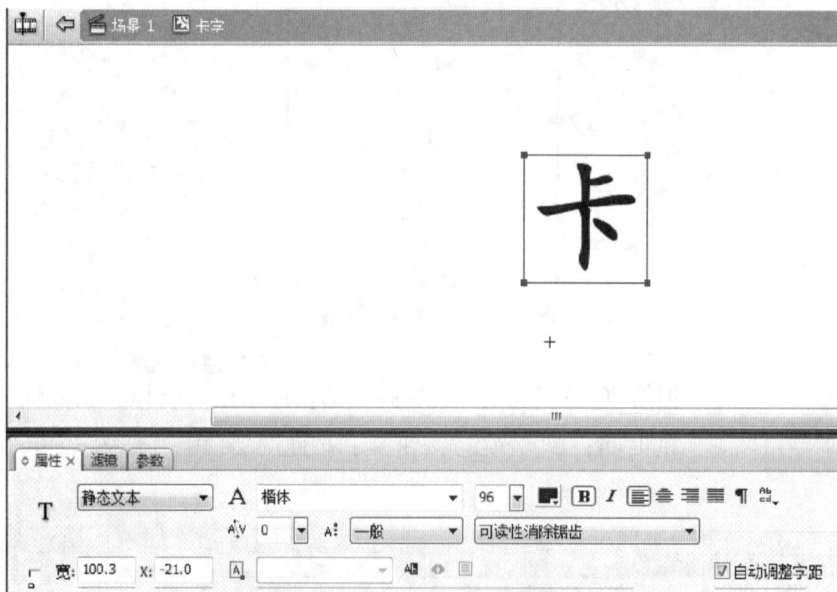

图 3-68　"卡"字效果

【步骤 4】制作"轮廓"图层，具体操作步骤如下：

第一步，新增图层。返回至"场景 1" ![场景1]，在"时间轴"中，单击 插入图层 按钮 ![] （见图 3-69 中左下角），新增一个图层，命名为"轮廓"（如图 3-69）。

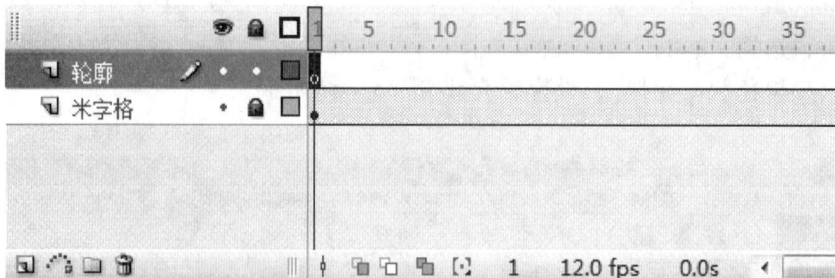

图 3-69　新建"轮廓"图层

第二步，执行 窗口 — 库 命令，在"库"面板中，将"卡字"元件拖入舞台中（如图 3-70）；执行 修改 — 对齐 命令，先后选择"相对舞台分布"、"水平居中"与"垂直居中"选项，使字体居于舞台中央（如图 3-71）；执行 修改 — 变形 命令，选择"任意变形"（如图 3 – 72），在弹出的面板中勾选"约束"选项，并按比例放大至合适的米字格大小，记住其比例数值，变形完成后的"卡"字效果如图 3 – 73 所示。

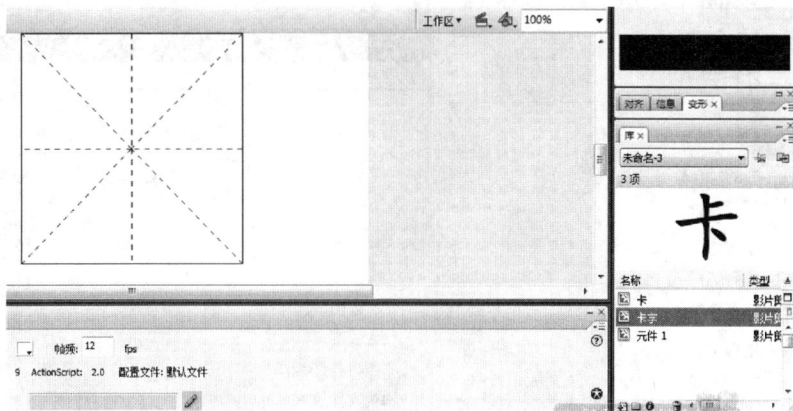

图 3 – 70 "库"中的"卡字"元件

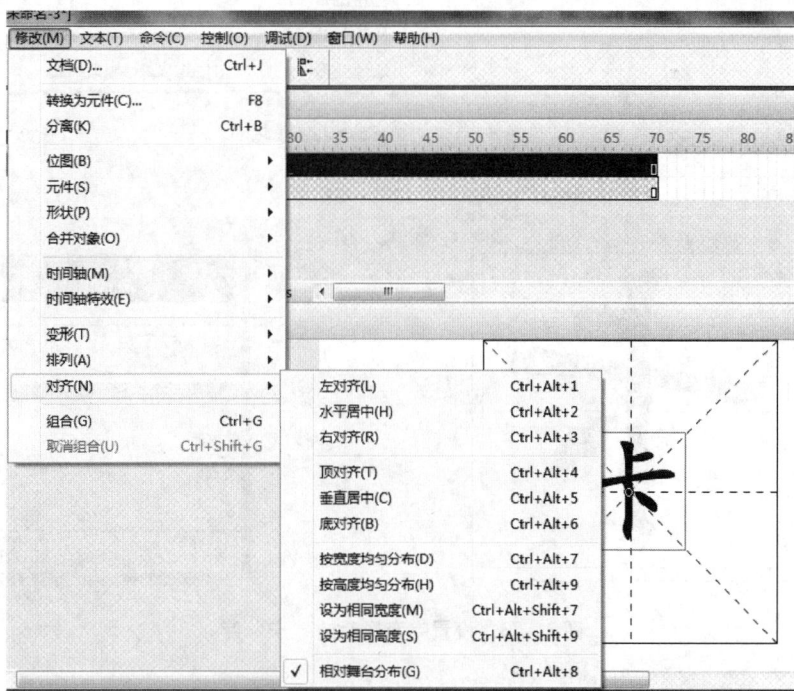

图 3 – 71 设置"卡"居于舞台中央

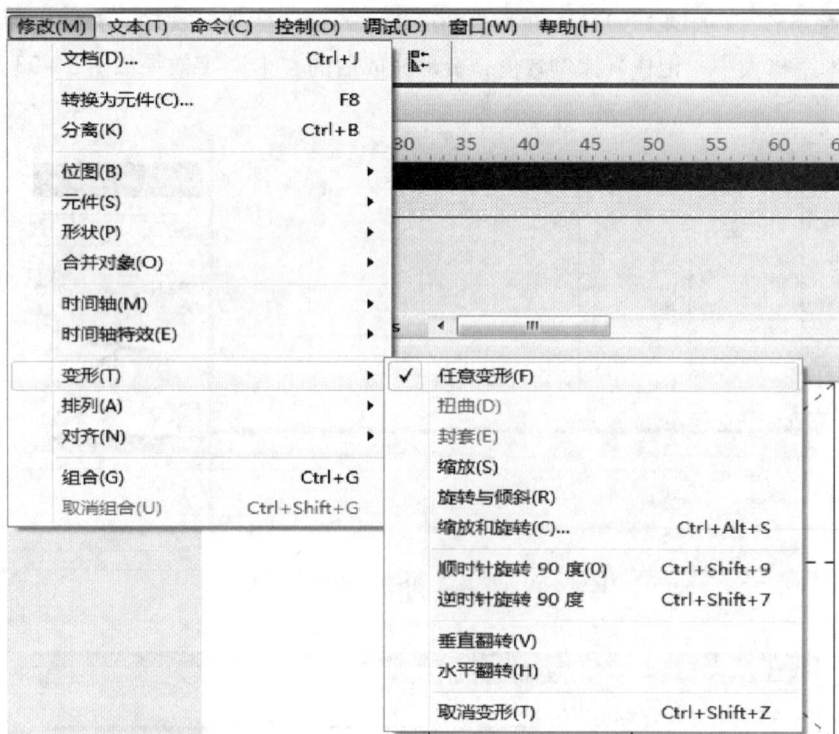

图3-72 "变形"命令

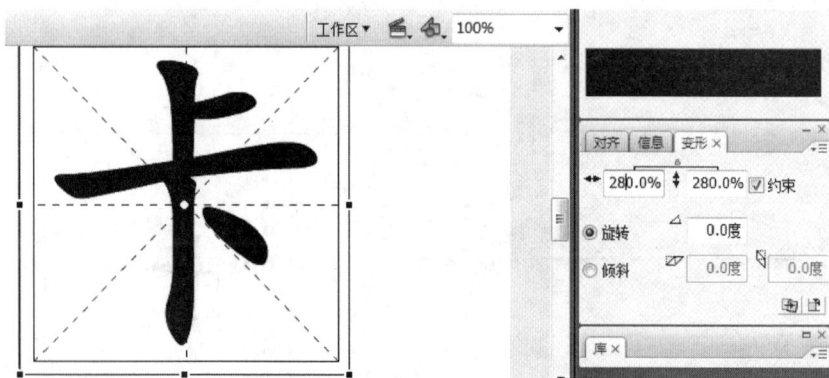

图3-73 设置完变形后的"卡"字

第三步，用"选择"工具选取"卡"字，执行 修改—分离 命令（如图3-74），把"卡"字打散成图形文件（如图3-75）。

| 修改(M) | 文本(T) | 命令(C) | 控制(O) | 调试 |

文档(D)...	Ctrl+J
转换为元件(C)...	F8
分离(K)	Ctrl+B
位图(B)	▶
元件(S)	▶
形状(P)	▶
合并对象(O)	▶
时间轴(M)	▶
时间轴特效(E)	▶
变形(T)	▶
排列(A)	▶
对齐(N)	▶
组合(G)	Ctrl+G
取消组合(U)	Ctrl+Shift+G

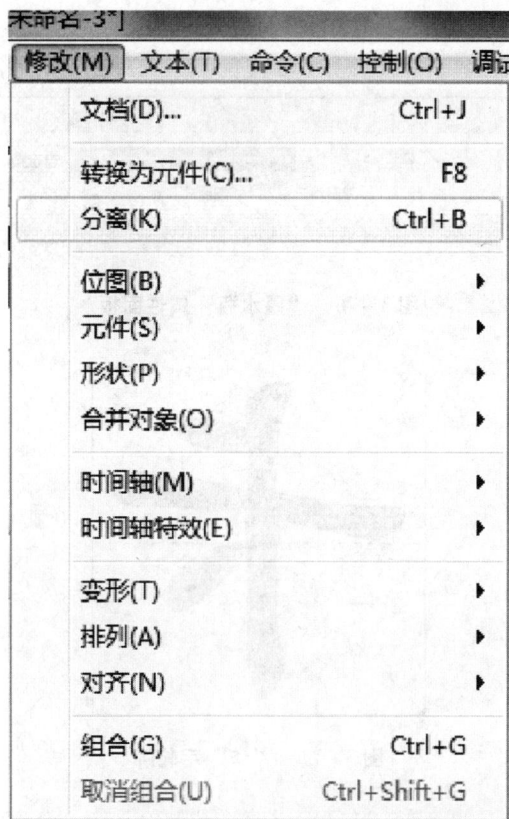

图 3-74　分离文字

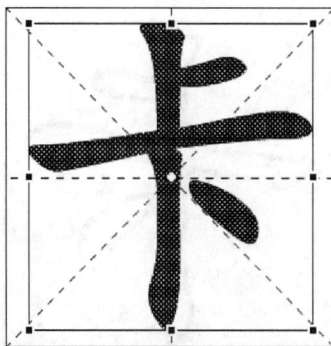

图 3-75　"卡"字变成图形文件

第四步，设置"卡"的轮廓。选择"墨水瓶"工具，在"属性"面板中设置好笔触的颜色、线型、线宽（要粗些）（如图 3-76），拖动"墨水瓶"光标至文字笔画边缘单击，为笔画添上轮廓线（如图 3 –77）。

图 3 –76　"墨水瓶"属性面板

图 3 –77　"卡"字轮廓

　　第五步，用"选择"工具分别选择各笔画的内部，按 Del 键将其删除，将"卡"字变成空心字（如图 3 –78）。

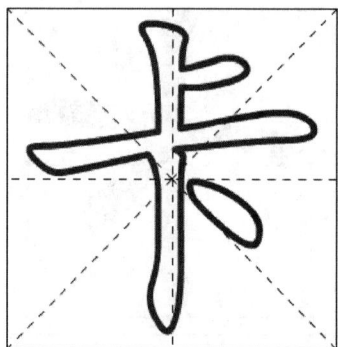

图 3 –78　空心字

　　第六步，在本图层第 70 帧处右击鼠标，在弹出的快捷菜单中选择"插入帧"，延长其显示时间，单击 锁定 按钮，把本图层锁定（如图3-79）。

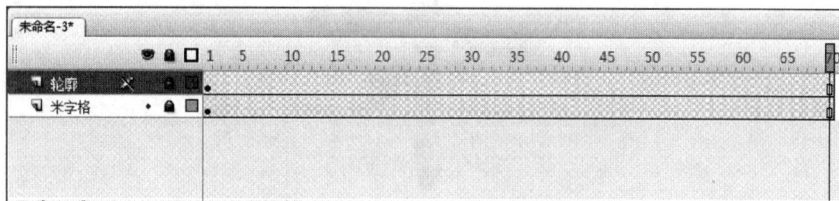

图3-79　"轮廓"图层锁定状态

【步骤5】制作被遮罩图层，具体操作步骤如下：

第一步，新建"字形"图层。在"时间轴"上，选择"插入图层"按钮 ，并将其命名为"字形"，拖动第1帧至第5帧位置，开头4帧为空，在第5帧处右击，选择快捷菜单中的"插入关键帧"（如图3-80）。

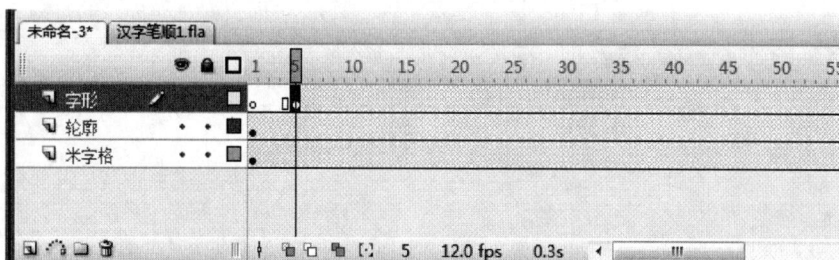

图3-80　"字形"图层

第二步，把"卡"字元件拖入舞台中，执行 修改 — 对齐 命令，先后选择"相对舞台分布"、"水平居中"与"垂直居中"选项，使字体居于舞台中央（如图3-81）；执行 修改 — 变形 命令，选择"任意变形"选项，在弹出的"变形"面板中按前面记录的数值将"约束"比例放大至适当大小，并调整其位置使其刚好处于下层"空心字"的包围中（如图3-82）。

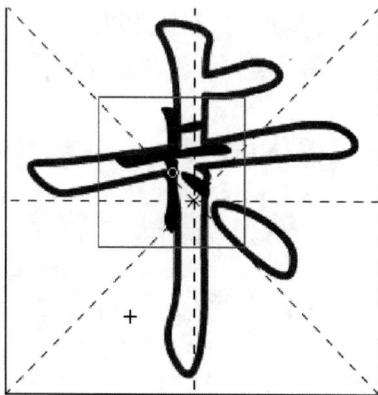

图3-81　"卡"字元件位于舞台中央

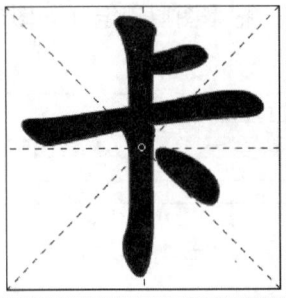

图 3 – 82   "卡"字位于空心字中

第三步，在本图层第 70 帧处右击鼠标，在弹出的快捷菜单中选择"插入帧"，延长其显示时间，单击 锁定 按钮把本图层锁定（如图 3 – 83）。

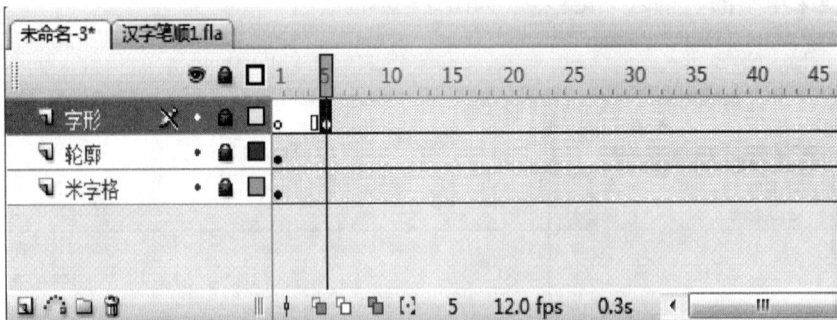

图 3 – 83   锁定"字形"图层

【步骤 6】制作遮罩层，具体操作步骤如下：

第一步，新增"逐帧遮罩"图层。方法同上（如图 3 – 84）。

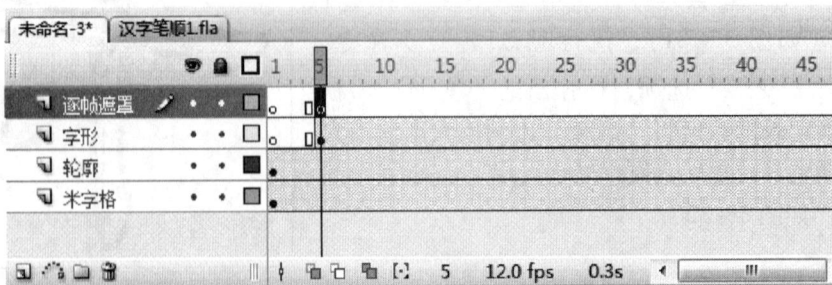

图 3 – 84   "逐帧遮罩"图层

第二步，在第 5 帧中用"矩形"工具█绘制一个长方形色块（如图 3 - 85），调整其角度和大小，并把其复制到剪贴板中。

第三步，用"选择"工具选取长方形色块，把长方形色块移动到"卡"字第一笔"｜"上，遮挡住"｜"的一部分（如图 3 - 86）。

图 3 - 85　长方形色块

图 3 - 86　遮住"｜"的一部分

第四步，在下一帧（第 6 帧）处右击鼠标，选择"插入关键帧"（如图 3 - 87），按 Ctrl + V 组合键把长方形色块粘贴进来，再把它移动到"｜"笔上，扩大遮挡范围（如图 3 - 88）。

图 3 - 87　"插入关键帧"

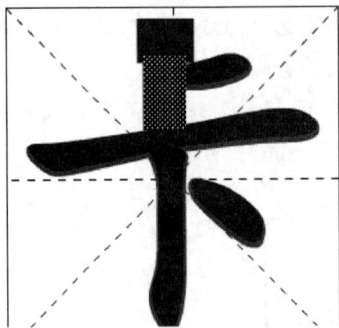

图3-88 扩大遮挡范围

第五步，用同样方法，按笔顺逐帧设置，直至全部笔画被遮挡起来，此时"时间轴"及遮挡范围的效果如图3-89所示。

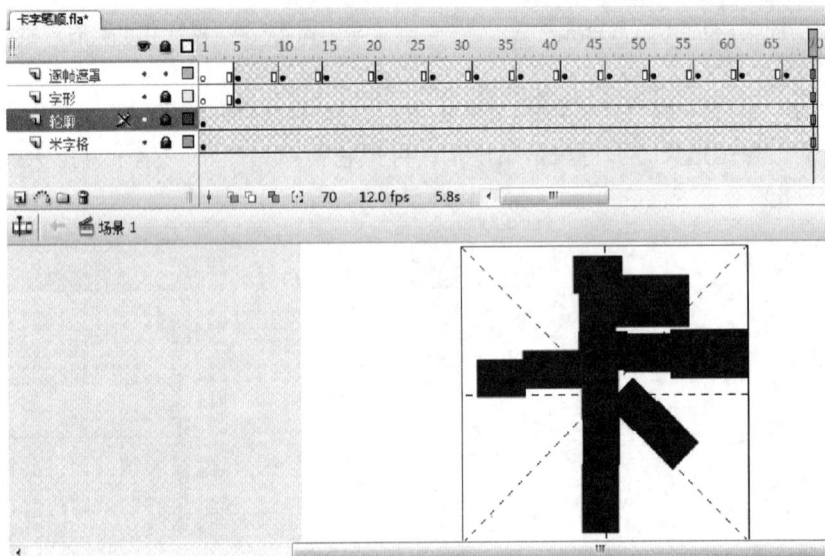

图3-89 "时间轴"及全部遮挡效果

· 制作"逐帧遮罩"图层时要注意：

第一，要根据汉字笔画的长短，灵活设置遮罩色块的个数（即关键帧个数），遮罩密度越大，动画效果越细腻；

第二，为使播放时笔画与笔画间产生间隔效果，相应的帧间就要"插入帧"以延长时间；

第三，随时调整遮挡色块的方向，使其与实际书写时的倾斜角度一致，播放时效果才更加逼真。

【步骤7】设置遮罩效果。鼠标右键单击"逐帧遮罩"图层，勾选菜单中的"遮罩层"（如图3-90），"时间轴"及最终效果如图3-91所示。

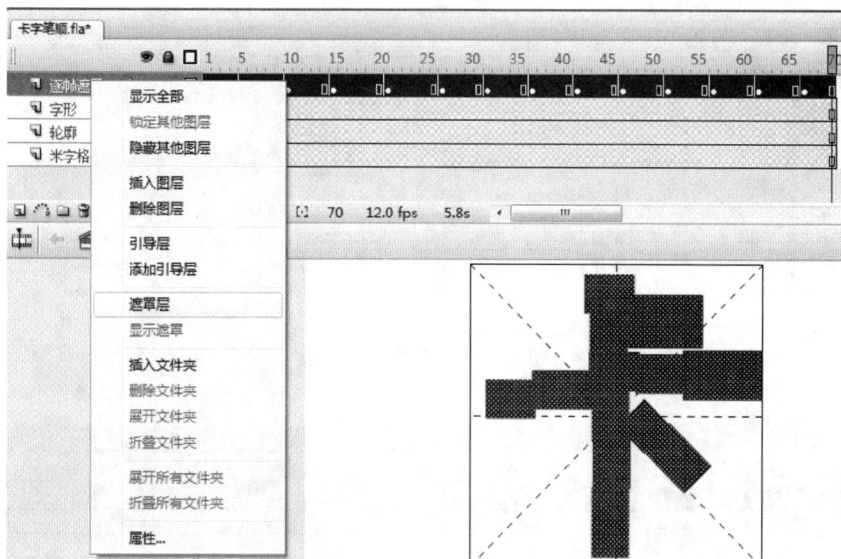

图3-90　"遮罩层"选项

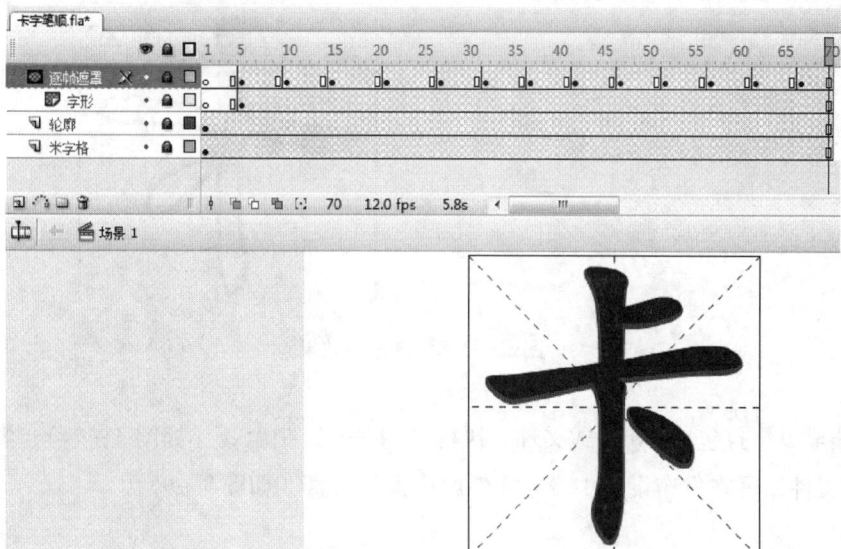

图3-91　"时间轴"及最终效果

【步骤8】保存动画，测试动画。执行 文件—保存，输入文件名称后单击 确定
按钮即可保存；把开始帧定位于第 1 帧，并选择"控制"菜单中的"播放"选项
（如图 3－92），即可观看到动画效果（如图 3－93）。

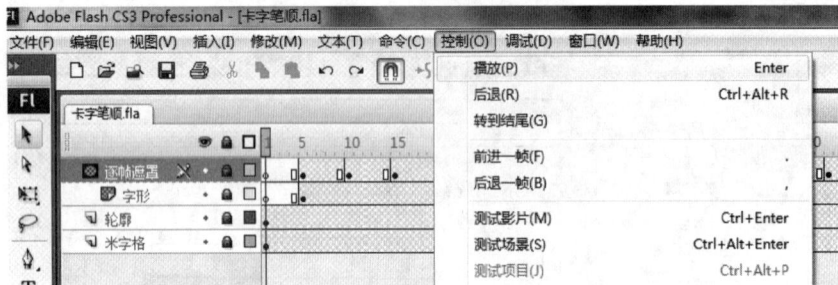

图 3－92　"播放"选项

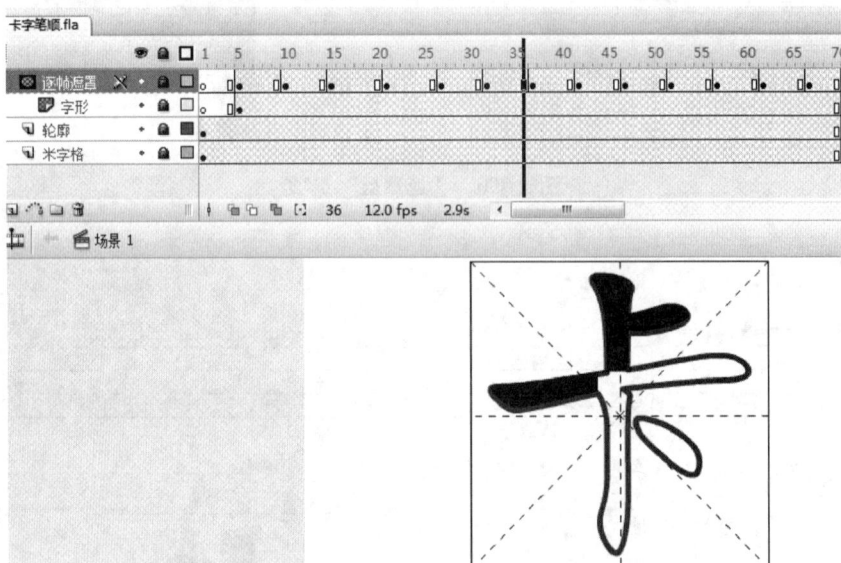

图 3－93　动画播放效果

【步骤9】打包成 swf 格式文件。执行 文件—发布 命令（如图 3－94），发布 swf
格式的文件，可在发布设置中设定文件的位置等信息（如图 3－95）。

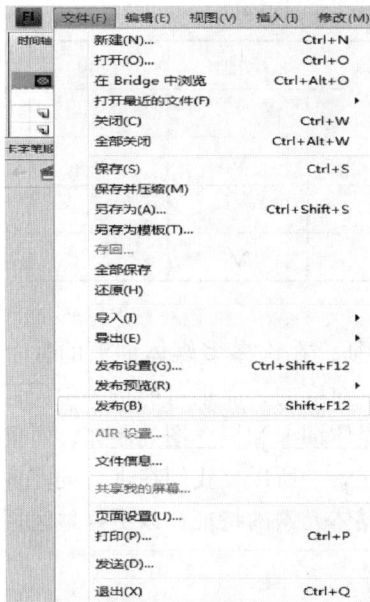

图 3 – 94　"发布"命令

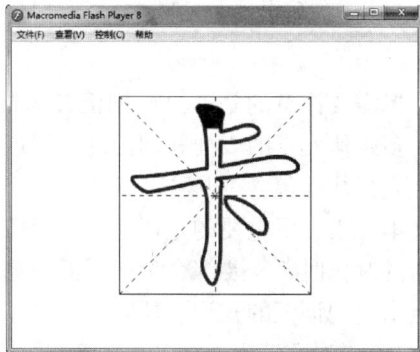

图 3 – 95　swf 格式文件

二、词汇多媒体教学素材设计与制作

1. 词汇知识点分析

词汇是汉语的建筑材料，词汇的教学贯穿了整个语言学习的始终，因而词汇教学是汉语教学的重要组成部分，一直以来都是备受学界关注的研究课题。词汇在教学中，主要的知识点包括词汇的读音、词汇的结构和书写、词汇的意义解释、词汇的性质以及词汇的应用等。

与汉字相比，词汇的某些知识点与汉字的知识点具有一定相似性：词汇的读音实际上是组成词汇的两个或几个汉字的读音，而词汇的结构书写也即是组成词汇的那几个汉字的笔顺和部件的书写。所以，从词汇本身的属性和特征来看，词汇的知识点主要表现在词汇意义的解释、词汇的性质以及词汇的应用等方面。

2. 词汇知识点的多媒体表征

多媒体技术时代下的词汇知识表征主要是指教师利用多媒体技术，如声音、画面、文字等方式或几种多媒体元素相结合的方式提供词汇的知识信息。在多媒体技术的支持下，学习者可以感性直观地获得词汇的各种信息，快速完成对词汇的音、形、义的认知建构，并加深对词汇的记忆，跨越词汇学习的记忆难点。根据统计分析，现将已有的词汇知识点与多媒体的呈现特征对应如下：

表 3-5　词汇知识点与多媒体元素对应表

词汇知识	文本	图像	音频	动画	视频
读音	√		√		
释义	√	√		√	√
词性	√				
词语应用	√	√		√	√

　　但需要注意的是，由于词汇知识的属性和特征，在许多多媒体词汇的教学素材中，多媒体元素的表征和词汇的知识点并不是一一对应的，而很可能是一项词汇的知识点表征往往包含了几种多媒体元素，例如，多媒体词卡和概念图的制作，不仅包括了文本元素，更重要的是还应用了图像的多媒体元素。所以，我们在进行词汇多媒体素材的制作时，需要综合考虑词汇的知识点和多媒体元素的特征，以更好地运用多媒体技术呈现词汇的知识表征。

　　3. 词汇多媒体素材制作及案例

　　概念图是能够有效进行词汇表征的一种多媒体素材。它是一种用节点代表概念、用连线表示概念间关系的图示法。运用概念思维导图的方式，主要是指运用图像、文本的多媒体信息。用一幅大的图像，首先呈现词汇最笼统的概念意义，然后逐渐展现细节和具体的东西，建立词汇的意义网络，不断向网络增添新的内容，帮助学习者将新的知识和已经学过的词汇知识联系起来，完善词汇的知识网络认知。

　　·概念图与词群

　　【例】以《中文》第二册课文《买东西》中的词语"本子"和"笔"为例，制作有关"文具"的概念思维导图。

　　【步骤1】新建概念图。双击 Mind Manager 图标，打开 Mind Manager 软件。单击 Mind Manager 图标，在弹出的下拉表单中选择"新建"下的"默认图表"选项，如图3-96 所示。此时建立了一个默认的图表，如图3-97 所示。

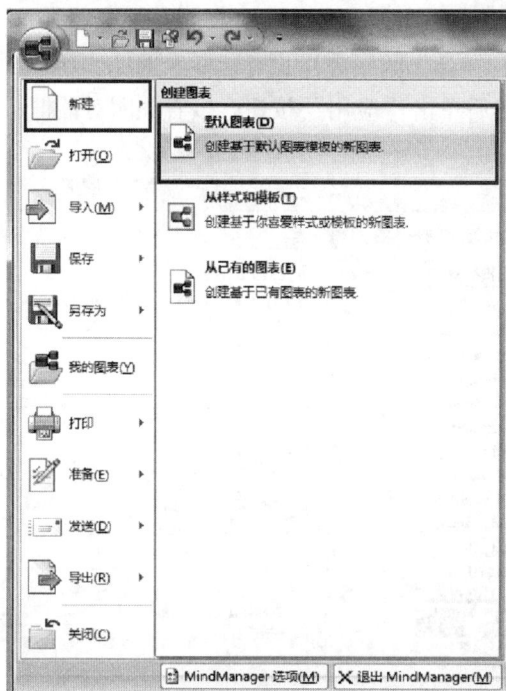

图 3 - 96　新建概念图

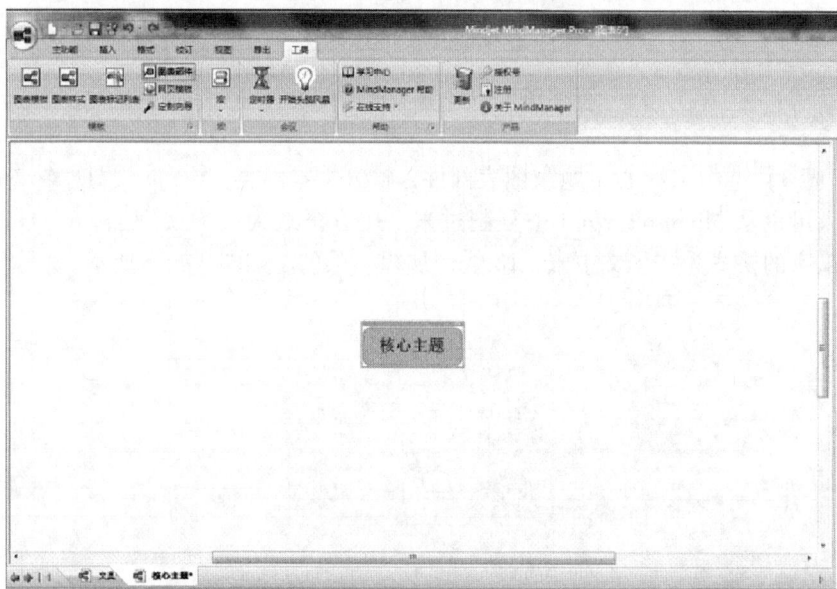

图 3 - 97　新建的默认图表

【步骤2】概念图设计。选中"核心主题"图表部件，然后选取"工具"菜单下的"样式模板"按钮，在弹出的图表样式对话框中选择"Default（brown）"样式作为本图表的设计样式，然后单击"应用"按钮，接着关闭对话框，如图3-98所示。

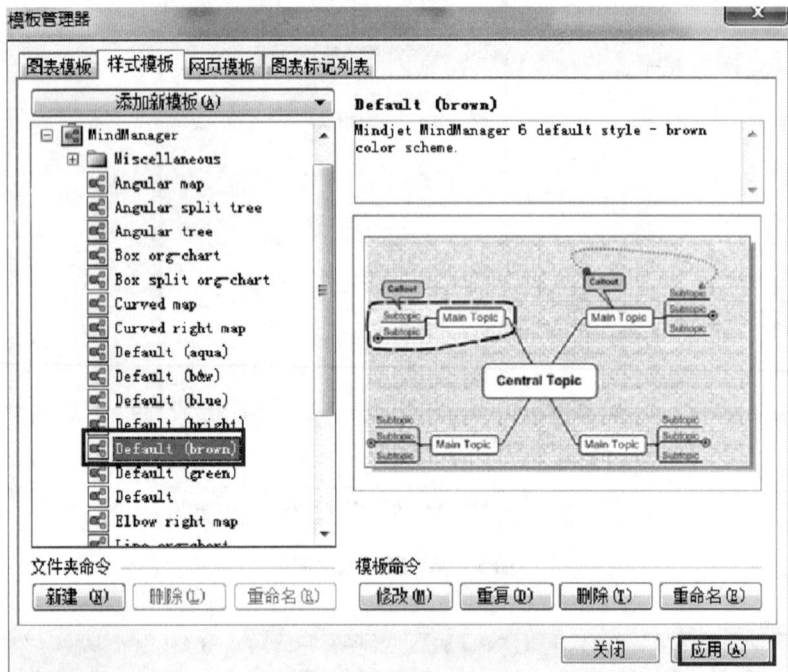

图3-98　图表样式模板

【步骤3】选中"核心主题"图表部件，输入文本内容：wénjù 文具。"wénjù"拼音的输入可以从 Microsoft Word 中复制过来。拼音格式为：华文细黑，16号，加粗，红色；汉字的格式为：华文中宋，18号，加粗，黑色。如图3-99所示。

图3-99　核心主题效果

【步骤4】选中"wénjù 文具"图表部件，单击鼠标右键，选取"插入"下的"子主题"选项，即在图表中插入了一个子主题。选中"子主题"选项，输入文本内容：běnzi 本子。字体的格式同"wénjù 文具"所述。

选中"běnzi 本子"图表部件，选取"主功能"菜单，单击"图像"下拉按钮，选取"从文件中插入图像"，在弹出的"添加图像"对话框中选择要插入的图像：本子.jpg。单击"插入"按钮，如图 3 – 100 所示。调整图片的大小以及文本的位置，如图 3 – 101 所示。

图 3 – 100　插入图像对话框

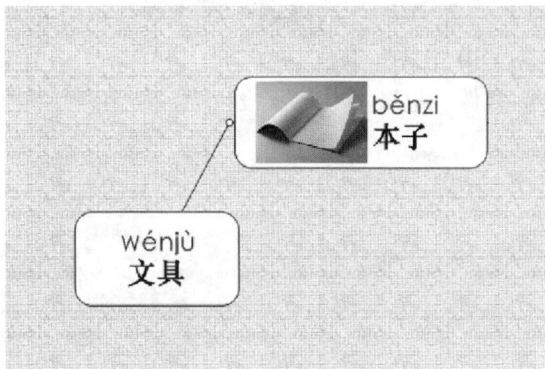

图 3 – 101　调整后的效果

以同样的方法为"wénjù 文具"添加另一个子主题，子主题的文本内容为：bǐ 笔。字体设置与上述相同。同时，插入图片"笔.jpg"。最后效果如图 3 – 102 所示。

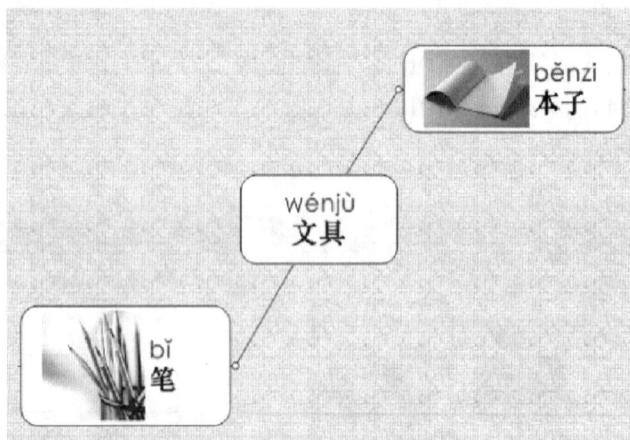

图 3 – 102   图表的最终效果

【步骤 5】选取 Mind Manager 图标，选取"保存"选项，将文件保存为"文具.mmap"文件，也可以保存为"文具.jpg"文件。

学习活动建议

1. 运用 Microsoft Word 拼音标注法，对《买东西》一课中"今年我六岁了，昨天是我的生日，我们一家去买东西"这句话进行拼音标注。

2. 运用 Photoshop 软件，将汉字"昨"的部首设计成红色，并将文件保存为 PSD 格式和 JPEG 格式。

3. 选择《买东西》一课中你认为容易出错的汉字，运用 Photoshop 软件进行错字设计，并将文件保存为 PSD 格式和 JPEG 格式。

4. 运用 Photoshop 软件，把汉字"包"设计为描红字，并将文件保存为 PSD 格式和 JPEG 格式。

5. 设计汉字"二"的笔顺动画。

第四章　对象化华文资源的设计与制作

内容提要

　　基于学习对象的数字化教学资源设计是关联可用性教学资源和有效资源共享环境建设的纽带。对象化资源是在新一代信息技术发展下进行华文学习的基本条件。本章阐明了设计、制作对象化华文资源的支撑理论，分析了对象化华文资源的设计流程，包括华文学习者的分析、学习内容的分析、学习对象粒度的分析以及学习对象资源类型的分析；并以《中文》第二册第五课《买东西》为例，示范了如何制作对象化华文教学资源，包括汉字、词语、语法、课文的学习模块的设计与制作过程。

内容框架

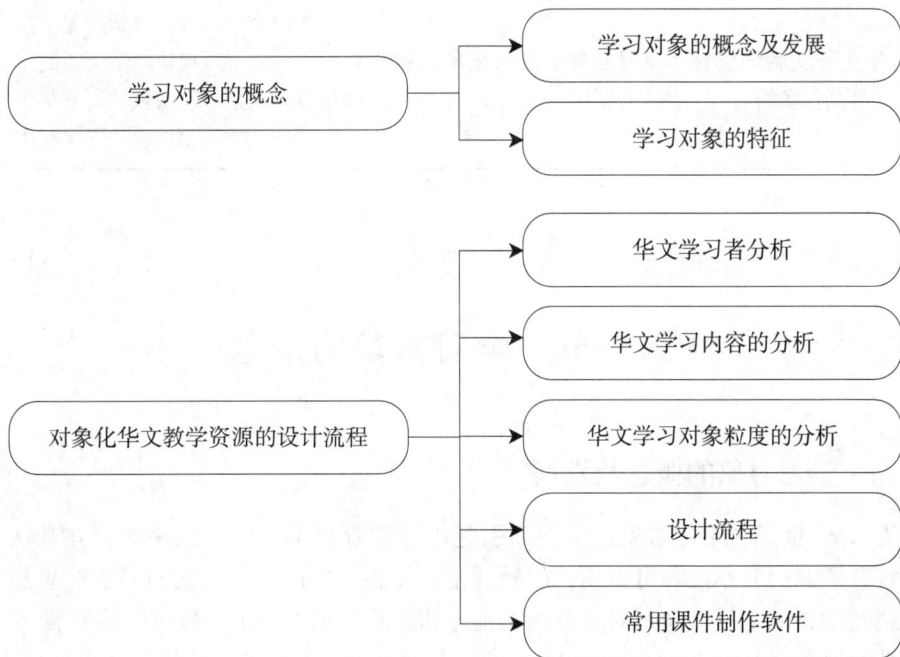

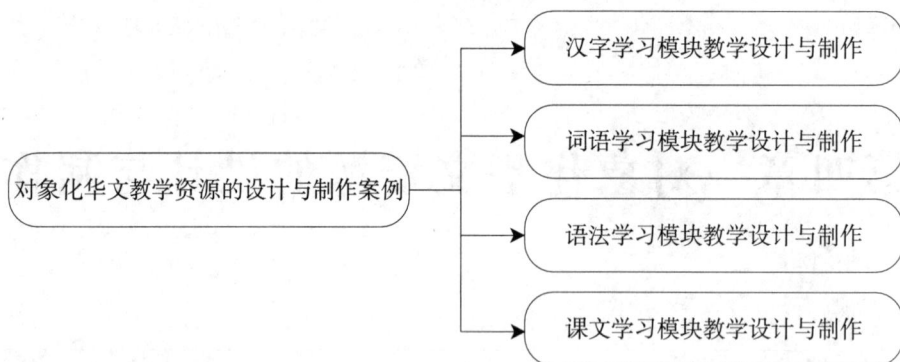

```
                                              ┌──→  汉字学习模块教学设计与制作

                                              ├──→  词语学习模块教学设计与制作
   对象化华文教学资源的设计与制作案例  ──┤
                                              ├──→  语法学习模块教学设计与制作

                                              └──→  课文学习模块教学设计与制作
```

学习目标

学习内容	学习目标	应用实践
1. 学习对象的概念	熟悉学习对象的概念	
2. 对象化华文教学对象的设计流程	掌握对象化华文教学资源的设计步骤	①汉字学习模块教学资源设计流程 ②词语学习模块教学资源设计流程 ③语法学习模块教学资源设计流程 ④课文学习模块教学资源设计流程
3. 对象化华文教学资源的设计与制作案例	学习各类型对象化华文教学资源的制作	①汉字学习模块教学资源制作 ②词语学习模块教学资源制作 ③语法学习模块教学资源制作 ④课文学习模块教学资源制作

第一节　学习对象的概念

一、学习对象的概念及发展

进入 21 世纪，学习对象技术逐渐引起国际教育技术界的广泛关注，并被认为是解决教育资源的共享性和可重用性问题的重要途径。实际上，将面向对象的思想理念引入到教学领域之后，学习对象资源在理论和实践上都经历了一段时间的发展。

学习对象（Learning Object，LO）最早是结合面向对象的计算机科学思想提出的，它作为一种新型的计算机辅助教学构件，能够在多种情境下重复有效地使用。CEdMA（Computer Education Management Association）协会会长 Wayne Hodgins 于 1994 年发表了一篇名为 *Learning Architectures，API's，and Learning Objects* 的文章，"Learning Objects" 即 "学习对象" 最早出现在人们的视野中。而六年后的 2000 年，"Learning Object" 一词被国际性组织 "学习技术标准委员会（LTSC）" 的 IEEE（电气电子工程师协会）学习对象元数据工作小组用来描述可重用的学习资源构件，并对学习对象加以定义。但是，由于他们给出的定义过于宽泛，不能在具体的实践中对其进行有效指导，故出现了其他组织对 "学习对象" 进行定义的热潮。其中，影响比较大的是美国 Utah State University（犹他州立大学）的 David A. Wiley 以及国际数据公司（IDC）对其所下的定义，为 "学习对象" 在教育领域的发展起到了一定的促进作用。

我们综合各家的学说，对 "学习对象" 的概念进行探讨。从广义上看，学习对象是指在技术支持的学习中被利用、重用或参考的数字或非数字实体。随着 e-Learning 的深入发展和应用，学习对象的内涵也在不断发展，它融合了教育教学原理，成为 "具有教育单元含义" 的数字化教学资源。对象化资源设计的基本理念是教学设计者可以建立适当大小的数字化教学构件，这种构件在不同学习情境下易于获取且能多次重复使用。由此可见，对象化的资源具有 "独立"、"可重构"、"适当大小" 等特征。

近年来，随着云计算、语义网、移动技术等新技术的发展，以 "构件"、"学习对象" 进行资源构建的技术也得到不断完善。在学习理念和信息技术发展的驱动下，基于 "学习元" 的资源设计更加关注学习的情境性、个性化、非正式等特点，将学习活动、人际信息、生成性信息、语义本体信息等要素纳入学习资源的共享范围，可以实现知识的自我与协同建构、人与人之间的联通、平台间学习信息的共享以及语义层面的资源描述。国际上的许多国家包括加拿大、澳大利亚等，都进行了有关学习对象资源库建设的 Edusource 项目、EdNA 的相关应用研究，这些研究成果在实践上也为促进学习对象资源的共享创造了良好的基础和条件。

二、学习对象的特征

学习对象的定义具有多样性，而针对学习对象的特性，不同的学者也从不同的角度对此进行了概括。ADL SCORM 2004 规范重点从技术特性的角度将学习对象的特征描述为可重用性（Reusability）、可访问性（Accessibility）、适应性（Adaptability）、可承受性（Affordability）、持久性（Durability）和互操作性（Interoperability）等。胡晓勇等则从技术特性和教育特性两个方面综合描述了学习对象的 10 类特性，即可重用性、数字化、教学性、自足内聚、以元数据标识、可共享可搜索易接触、可聚合、跨平台兼容性、目标指向、灵活性可改制。

现在我们就以应用仍比较广泛的 ADL SCORM 2004 规范重点的特征描述为例，对学习对象的特征进行详细梳理。

1. 可重用性

可重用性是学习对象最根本、最重要的特性，也是统领其他特性的关键。胡晓勇、祝智庭（2002）认为："从某种程度上说，其他特性都是为了保证学习对象可重用而加以突出的。"可重用性是指在不同的应用环境下，学习对象可以重复使用，这里既包括不同的人出于不同目的对资源的重复使用，也包括在不同时间和空间上对资源的重用。

2. 可访问性

可访问性指的是学习者在世界各地都可以对学习内容进行访问，获取相关的资源，可以轻松搜索，易接触。这一点也是学习对象可以重复使用的重要前提和保证。

3. 适应性

学习对象是一种有效的数字化教学资源构件，教学者和学习者可以根据自身的经验和需要，并以一定的教学设计原理、学习策略等理论为指导，对其进行调整或重组。单个的学习对象可重组为更多层次的学习对象或编组成更大的学习内容序列，而这些新形成的学习内容则能够更好地帮助学习者进行弹性学习。

4. 可承受性

学习对象可以以经济有效的方式对教学资源或教材进行开发，帮助使用者在花费最少的情况下，获得自己需要的相关学习资源。在考虑使用者承受性的情况下，尽力满足受众的多元需求。

5. 持久性

学习对象的持久性是指在技术和平台发展或改变的情况下，不需要重新修改相应的应用程序或者教材，保证学习对象资源构件的持久耐用。

6. 互操作性

学习对象定义的教学内容可以在不同的开发系统和教学平台上兼容使用，为使用者在不同的情境、时间、空间上重用学习对象构件提供前提保障，实现真正意义上的方便管理和互相沟通。

第二节　对象化华文教学资源的设计流程

一、华文学习者分析

对学习者的分析是指了解学习者的学习准备情况及其学习风格，可以为教学资源内容的选择与组织、学习目标的阐明、教学方法与媒体的选用等提供依据，从而使教学能够真正促进学习者智力和能力的发展。所谓学习准备是教育心理学中的一个概念，指学习者在进行新的学习时，原有的知识水平或心理发展水平对新的学习的适合性。华文学习者的年龄、汉语学习时间、是否华裔、国籍和学习目的（动机）等特征都会影响华文教学的效果。此外，不同学习者在认知结构和学习风格上存在明显的个体差异，认知结构的不同为资源内容的设计提供了参考，如可借助概念图方法设计知识结构的关联；学习风格的差异影响资源的选择，如是反思型还是动画型，是偏好文字型还是视频动画型。

二、华文学习内容的分析

对学习内容的分析是学习对象资源设计的基础。首先，分析学习内容的重点和难点；其次，分析传统教学方法为什么不能或没能很好地解决教学中这一重点和难点；最后，分析利用多媒体教学资源怎样解决教学中的重点和难点。分析设计华文学习内容是多方面的，详见第三章第一节华文多媒体教学素材设计流程。

1. 从语言知识的角度分析

语言知识包括语音、汉字、词汇、语法以及语篇知识等。如设计汉字教学资源时，要对汉字的知识结构进行分析，知道学生应该掌握哪些汉字及知识点，教师需要哪些汉字教学材料和工具，学生需要哪些汉字学习资源，由此确定汉字教学资源的类型和相关知识。

2. 从言语技能的角度分析

言语技能的分析包括在华文教学过程中，学生在听、说、读、写方面分别需要达到什么水平、掌握哪些微技能，学生已具有什么样的水平和微技能，还需要从什么方面进行训练，才能完成言语技能的教学目标。在此基础上，设计相应的多媒体教材和网络课程，满足不同水平的教学需要。

3. 从言语交际技能的角度分析

华文教学的目标是培养学习者的言语交际能力，学生需要掌握在不同的场合、对不同的人、用不同的方式进行交际的能力。多媒体教学资源可以通过创设不同的交际情境，加强交际的训练。

4. 从情感态度的角度分析

情感领域的教学目标从价值内化的角度由低到高共分五级，分别为接受、反应、价值化、组织和性格化。情感态度教学目标是教学目标中不可或缺的组成部分。

5. 从学习者策略的角度分析

学习者策略指学习者为有效获取、储存、检索和使用信息所采用的各种计划、行为、步骤和程式等。它包括学习策略、交际策略和社交策略。如设计形声字教学任务时，可以引导学生在认识声符与字音、形符与字义之间的联系的基础上，掌握根据字形推测字音、字义的策略。

以上五个维度不是孤立的，而是相互融合的，共同构建了一个立体的华文教学资源任务体系。语言知识、言语技能的教学任务是言语交际技能教学的基础，言语交际技能的教学任务中包含着语音、词汇、句式、语体等知识和听说读写等技能，而情感态度教学任务则为语言知识、言语技能以及言语交际技能教学任务的实现提供动力。在分析教学目标的基础上，要针对具体教学内容对教学目标进行描述。在分析教学内容和教学目标的基础上设计的资源，综合了所有相关的要素，使资源更具有针对性和实用性。

三、华文学习对象粒度的分析

学习对象的粒度是指单个学习对象的大小，这里的大小既包含知识内容层面的，也包含多媒体信息表征的多媒体素材大小的需求。应充分考虑学习对象的模块化思想，考虑素材的可重用性。

四、对象化华文教学资源的设计流程

华文课件是指通过辅助教师的"教"或促进学生自主的"学"来突破课堂教学的重点、难点，从而提高课堂教学质量与效率的多媒体教学软件。它可以只涉及一、两个知识点；也可以涉及众多知识点，如一个教学单元或一课。其一般的设计流程如下：

教学资源

分析

内容分析   目标分析

设计

教学设计   系统设计

内容与目标描述　分析学学生特征　选择媒体信息　知识结构设计　内容分析

结构与功能　交互方式　导航策略　友好界面

修改

制作

华文知识要素
多媒体素材

文本　　图像　　音频　　视频　　动画

多媒体集成

发布

测试

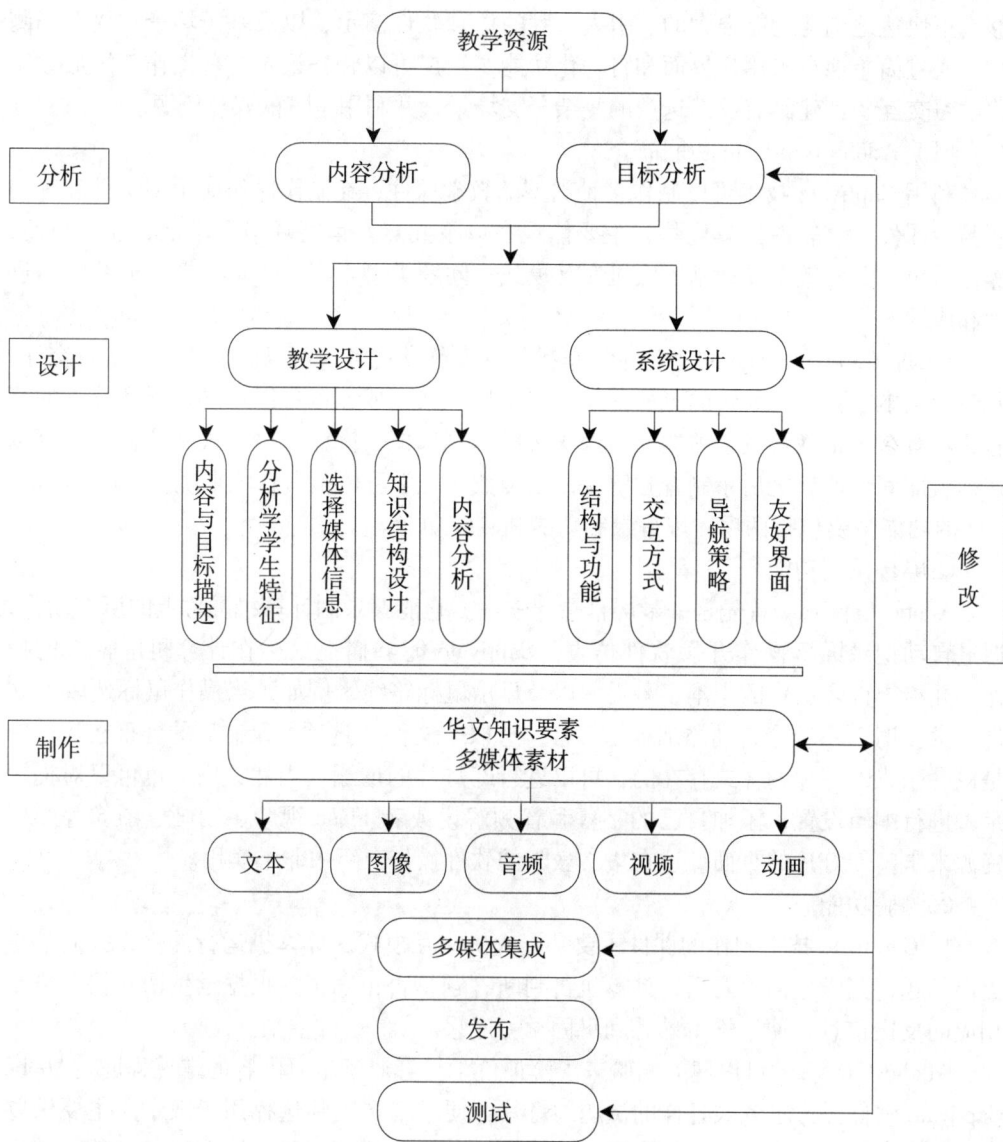

图 4-1 华文课件设计流程图

五、常用课件制作软件

1. Adobe Captivate

Adobe Captivate 是 Macromedia 公司推出的一套专业建立互动式模拟和软件展示的系统，能录制计算机屏幕上的所有动作，任何不具有编程知识或多媒体技能的人都能够真正快速地创建功能强大的、引人入胜的仿真软件演示，以及基于场景的培训和测验。通过简单地点击用户界面和自动化功能，用户可以轻松记录屏幕操作、添加数字化学习交互、创建具有反馈选项的复杂分支场景，并利用丰富的媒体资源。

（1）Adobe Captivate 功能简介。

利用 Captivate 技术可以制作多种类型的教学课件，在制作操作演示型课件和练习测验型课件上该软件独具优势，主要体现在以下几点：运行环境要求低，播放简便；操作简单，开发效率高；基于人机交互模式；问题类型丰富；自动反馈；追踪学习进度和成绩。

Adobe Captivate 通过自动记录屏幕操作开发软件仿真，可以添加数字化学习交互，并使用文本字幕、可编辑的鼠标移动和突出显示来完成；也可以包含计分和分支的测验、具有多个正确答案选项的文本输入字段、复选框、键盘快捷方式和按钮；还可以在捕获期间、捕获之后录制音频解说以增强数字化学习体验。总的来说，Adobe Captivate 的功能主要包括两项：屏幕录制功能和测验功能。

①屏幕录制功能。

Adobe Captivate 首先是一款屏幕录制软件。它能够录制计算机屏幕上的所有动作，通过自动记录屏幕操作开发软件仿真。Captivate 能够捕捉鼠标在计算机屏幕上的操作，并给予许多操作的文本字幕提示以及显示鼠标路线，例如，当操作鼠标选取"文件"菜单时，系统会自动添加提示字幕：选取"文件"选项。录制后的屏幕在软件中是以一张张幻灯片的样式存在的，可以进行幻灯片的增删。当然，用户也可以对提示字幕进行编辑设置，添加自己的字幕和音频解说或者 Flash 视频、动画、图像等媒体资源来丰富幻灯片的页面。这在华文教学的软件操作介绍中非常实用。

②测验功能。

用 Captivate 技术制作的课件主要基于人机交互模式，计算机运行课件，并向学生提出问题；当学生回答之后，计算机再判断答题是否正确，并根据学生回答情况给予相应的反馈信息，便于学生熟悉和巩固学习成果。

Adobe Captivate 可以建立测验来了解评价学习者对于学习内容的掌握程度。Adobe Captivate 软件提供了各式各样的试题幻灯片，便于华文教师选择用于教学。主要试题类型包括选择题、是非题、填空题、简答题、相符连线题、热点题和排序题等。用户可以通过建立问题，组建问题集区；建立试题集后，可以从试题集中随机挑选试题。

对每一个测验问题，该软件可以为作答后填写的答案进行反馈设置。反馈的显示项目内容主要有文字字幕、图像、动画以及 Flash 视频等。教师可选择学习者的不同回答给予相应的反馈，以便更好地分析教学情况，评估教学目标，为每一位学生制定个性化的学习方案。

Captivate 还会自动新增互动计分和指导意见回应，判断学习者的表现。如：追踪尝试次数、正确和不正确的回应、发送通过或不通过的信息到学习管理系统

（LMS）等。

（2）Adobe Captivate 界面说明。

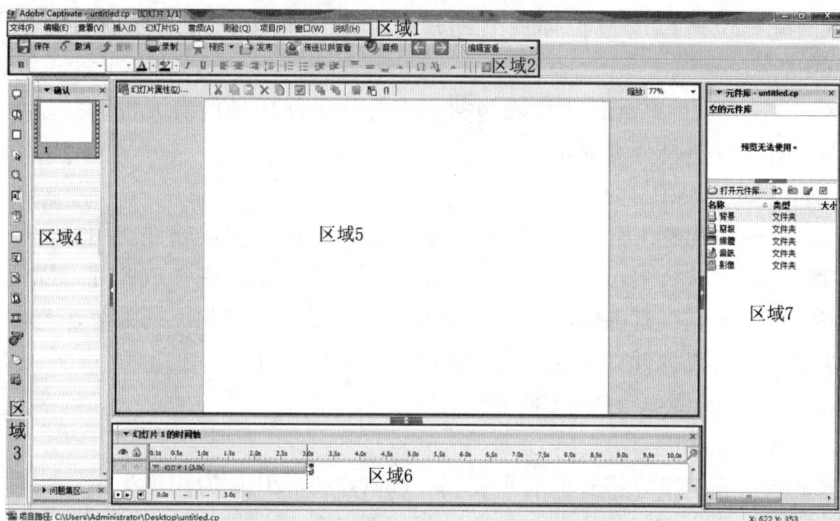

图 4 – 2 Adobe Captivate 软件界面

如图 4 - 2 所示，将整个软件的界面分为七个区域。区域介绍如下：

①区域 1：软件的菜单栏区域，主要包括"文件"、"编辑"、"查看"、"插入"、"幻灯片"、"音频"、"测验"、"项目"、"窗口"以及"说明"十项菜单。其中，在"文件"菜单中，可以创建以及发布项目；在"编辑"菜单中，可以对幻灯片进行复制、粘贴以及首选项设置等操作；在"查看"菜单中，可以设置缩放比率和幻灯片网格线；在"插入"菜单中，可以插入幻灯片、图像、动画、Flash 视频等；在"幻灯片"菜单中，可以设置幻灯片隐藏、过渡效果、属性、鼠标动作等；在"音频"菜单中，可以设置背景音频，进行音频、语音管理等；在"测验"菜单中，可以进行插入问题幻灯片、进入问题集区、设置测试首选项等操作；在"窗口"菜单中，可以通过调整窗口的选项，设置整个软件界面的窗体内容。

②区域 2：软件的工具栏，主要包括一些常用操作的快捷方式，比如保存、撤销、重做、录制、预览、发布、字体设置等。

③区域 3：向幻灯片中插入对象项目的快捷工具栏。其插入对象包括字幕、高亮条、文本框、点击框、按钮、文本动画、图像、动画、Flash 视频、Widget 等。通过单击其中的任意一项图标，就会弹出相应的设置对话框。

④区域 4：幻灯片的缩略呈现区域，包括确认和问题集区两个部分。在确认中，以缩略图的形式显示所有的幻灯片；问题集区中显示所有的问题集区，包含每个集区

中的所有测验问题。

⑤区域5：工作区。主要显示文件中的单个幻灯片，可以在幻灯片中进行各种操作。

⑥区域6：时间轴。通过拖动对象项目的时间轴，可以调整项目开始播放或者播放完毕的时间；也可以通过拉伸或者缩短时间轴的长度，来改变项目显示的时间长度。

⑦区域7：元件库。元件库里面包括了幻灯片中使用的所有元件，并显示元件使用的次数，对元件进行分类显示。

2. PowerPoint 2010

"PowerPoint" 简称PPT，是 Microsoft 公司推出的演示文稿软件。用户不仅能在投影仪或者计算机上进行演示，还可以将演示文稿打印出来，制作成胶片，以便应用到更广泛的领域中。它具有强大的文本、图形图像、动画、音频、视频等多媒体信息和超媒体处理功能，成为现在最受欢迎的常用课件制作软件之一。

（1）PowerPoint 2010 在华文教学中的应用。

①自定义主题功能。

主题是指预先定义好格式的演示文稿。PowerPoint 2010 为用户提供了两种类型的主题：设计主题和内容版式主题。设计主题包括各种预定义的格式和配色方案，它支持用户创建自定义的文稿外观；内容版式主题提供了针对不同主题的建议内容，因此其内容受到一定的限制。华文教师在制作PPT时，可以根据不同课程的教学需要，选用相应的主题，使教学内容的编排更加美观。

②支持多个版式应用。

演示文稿中的每张幻灯片都是基于某种自动版式创建的。用户在新建幻灯片时，系统自动为其设定一种默认版式，如标题幻灯片或标题和文本幻灯片。PowerPoint 2010 支持在一个演示文稿中使用多个模板，用户可从幻灯片版式任务窗格中选择一种版式来更改版式。这方便教师灵活选用，使版面不会太单调。

③添加对象功能。

PowerPoint 2010 可以添加多种媒体信息，如文字、图片、音频、视频等。用户可以根据需要设置文本框的大小，调整图片大小，插入艺术字，插入图表，这为教师的课堂教学和教学管理工作提供了便利。在实际的教学过程中，教师可以充分将多种媒体元素应用到PPT中，提高教学效果。

④幻灯片视图功能。

在视图方式上可以选择幻灯片浏览，便于幻灯片的重新排列、添加或删除。在放映方式上，可以选择从第一张开始放映和从当前页开始放映。此外，PowerPoint 2010 还为用户提供了多种不同的切换效果，便于教师根据教学情况进行选择。

⑤自定义动画功能。

PowerPoint 2010 为幻灯片中的每个元素提供了动画效果，主要包括进入动画、退出动画、强调动画以及动作路径。用户可以设置文本、图片等的动画效果，如飞入式、放大、字幕式等，教师可以利用这一点对知识点进行有组织的编排，如学习语音时，可以设计拼音文本、声调、读音依次出现。

⑥自动播放功能。

PowerPoint 2010 还可以进行幻灯片自动切换，可为每个幻灯片设置相应时间，让它到达预定时间后自动切换而无需手工单击切换，这可以帮助教师把握好上课的节奏。

（2）幻灯片界面说明。

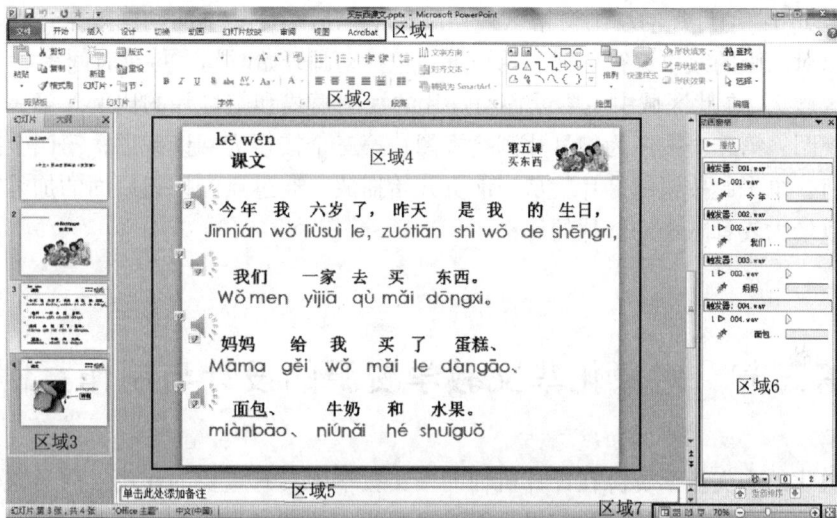

图 4 - 3　PowerPoint 2010 幻灯片界面

如图 4 - 3 所示为 PowerPoint 2010 的界面，将其分为以下七个区域：

①区域 1：PowerPoint 2010 的菜单栏区域。主要菜单有"文件"、"开始"、"插入"、"设计"、"切换"、"动画"、"幻灯片放映"、"审阅"和"视图"。当选中某一张图片或者某一个艺术字、文本框的时候，在菜单栏中还会显示"格式"菜单。其中，"文件"菜单主要是设置文档的保存、新建、打印、发送、加载项等操作；"开始"菜单主要是进行字体设置、形状设置、对齐设置、复制与剪切、粘贴等操作；"插入"菜单主要是进行插入表格、图片、形状、SmartArt、图表、超链接、页眉页脚、视频、音频以及公式、符号等操作；"设计"菜单主要是幻灯片设计版式和幻灯片方向的设置操作；"切换"菜单主要是实现幻灯片的切换效果；"动画"菜单主要是实现元素的动画效果；"幻灯片放映"菜单可以设置放映方式、排练计时以及旁白和时间等操作；"审阅"菜单主要是进行拼写检查、批注等功能；在"视图"菜单中

可以切换视图模式，进行幻灯片母版设计等操作。

②区域2：PPT 2010 的工具栏。根据打开菜单的不同，工具栏中所显示的内容不同。它显示的是可以在菜单中进行的设置或者操作。

③区域3：幻灯片的缩略图显示区域，可以查看幻灯片或者大纲中的视图。在幻灯片模式下，可以拖动幻灯片来更改幻灯片的顺序，对幻灯片进行增删、复制、隐藏等操作。

④区域4：幻灯片的呈现区域，即工作区。可以在幻灯片中进行各种操作和设置。

⑤区域5：备注区。可以为工作区的幻灯片添加相应的备注，备注在幻灯片播放的时候是不呈现的。

⑥区域6：幻灯片的动画窗格区。动画窗格包括幻灯片中的动画效果，在动画窗格中可以对动画的效果进行更详细的设置，包括动画开始时间、持续时间等。

⑦区域7：在此区域中主要设置幻灯片的视图模式和幻灯片的比例。第一个按钮为普通视图；第二个按钮为幻灯片浏览视图；第三个按钮为阅读视图；第四个按钮为播放按钮，单击此按钮幻灯片就从当前页开始播放。通过点击按钮后面的加号或减号按钮可以增大或者减小幻灯片的比例。

第三节　对象化华文教学资源的设计与制作案例

对象化的华文教学资源在计算机辅助华文教学中具有重要的作用。而对象化华文教学资源在具体教学中使用的前提是能够根据相应的学习目标进行媒体选择，设计出能呈现一定的学习内容和学习情境的教学资源。现主要以《中文》教材第二册第五课《买东西》一文为教学内容，将其中的对象化华文教学资源分为汉字、词语、语法和课文四个学习模块，分别对设计和制作案例加以介绍。

一、汉字学习模块教学设计与制作

1. 教学设计

（1）汉字学习内容分析。

汉字是世界上历史最为悠久的文字之一，是记录汉语的书写符号系统，属于表意性质的语素文字，是形、音、义的统一体。因此，对于《买东西》一课中的汉字知识点，我们主要从音、形、义三方面进行分析。

表 4-1　《中文》第二册第五课《买东西》生字表

买	岁	昨	给	蛋	包	果
玩	具	哥	姐	张	卡	唱

表 4-2　《中文》第二册第五课《买东西》生字知识内容分析表

知识点	学习内容	具体学习内容举例
拼音	课文生字的正确读音 特殊韵母和声调的认读 对具有相近或相同读音汉字的辨别	如"玩"字的认读 如"兴"后鼻韵母的认读 如"兴—新—心"等字读音的区别
结构	汉字结构（左右结构、上下结构、半包围结构、独体字）	如"买"字的字形结构为上下结构
部件	汉字部首（纟、冂、王）	如"王"部的部首学习："玩"
笔顺	汉字笔顺（课文生字的正确笔顺）	如"包"的笔顺是从外到内
笔画	汉字笔画（课文生字的正确笔画）	如"买"共 12 画

（2）《中文》教材第二册第五课《买东西》汉字学习目标描述。

针对《中文》第二册第五课《买东西》一文中汉字学习内容的分析，我们可以将汉字学习目标描述如下：

表 4-3　《中文》第二册第五课《买东西》生字学习目标描述表

汉字学习目标水平	汉字学习目标内容
识记	正确认读以及书写生字； 掌握生字的正确笔顺、笔画； 掌握生字中的主要部首（纟、冂、王）以及结构（左右、上下、半包围、独体）； 能够正确进行生字的听写。

（3）汉字学习对象粒度的分析。

学习对象是"任何具有可重用特性并用来支持学习的数字化资源"。学习对象的粒度指的是单个学习对象的大小，既包含知识内容层面的，也包含适用于媒体表征的数字资源大小的需求。从数字化汉字资源来看，汉字学习对象可以分为汉字多媒体素材库和汉字工具，其中，多媒体素材库包括网络教材、教学视频和课件、笔顺动画、字源动画、写字帖、汉字游戏、儿歌童谣等。

《买东西》一课中的汉字学习对象的类型可以分为汉字生字和汉字练习。其中，生字部分的知识点又可进一步细化；汉字练习也是在分析汉字学习对象粒度的基础之上设计的。根据以上对本课汉字学习内容和学习目标的分析，可对汉字学习对象的粒度作如下划分：

①汉字主题概念及层次的划分。

本课对汉字知识点的总体要求是正确认读及书写生字，认写三个部首：纟、勹、王。读写生字要求学生掌握相应的汉字知识点，包括拼音、结构、部首、笔画、笔顺。确定了主题概念之后，还要分析它们之间的层次关系，一方面为学习对象的检索和再利用提供基础；另一方面，也为学习对象的动态重组、重用提供基本支撑，如图4－4。

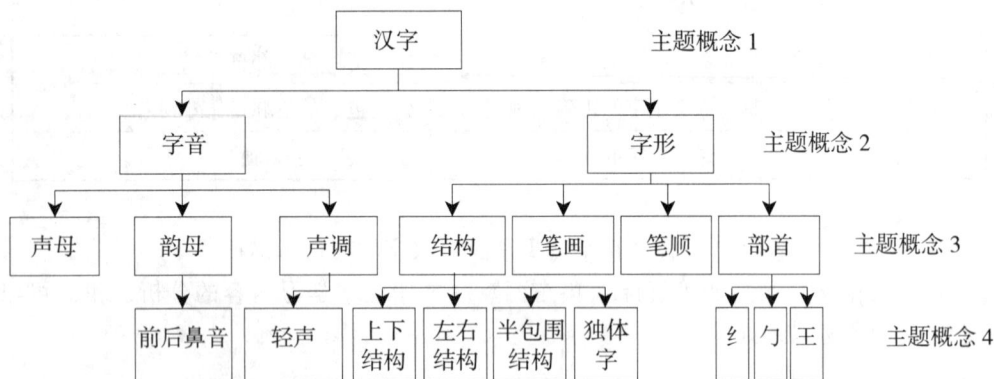

图4－4　汉字的主题概念及层次关系图

②重难点分析。

确立汉字主题概念后，还要继续对这些知识点进行重难点分析，这样在教师教学和学生学习过程中才能更好地把握。《中文》教材针对的学习对象是地区周末制中文学校的华裔小学生，本课是教材第二册第五课的内容，在以上对汉字学习目标的描述中也分析了只要求学生达到识记的水平。因此，认读和书写生字是本课的核心内容，其中生字的主要部首及结构是重点；对生字读音的掌握，尤其前后鼻音和轻声是教学的难点，如图4－5。

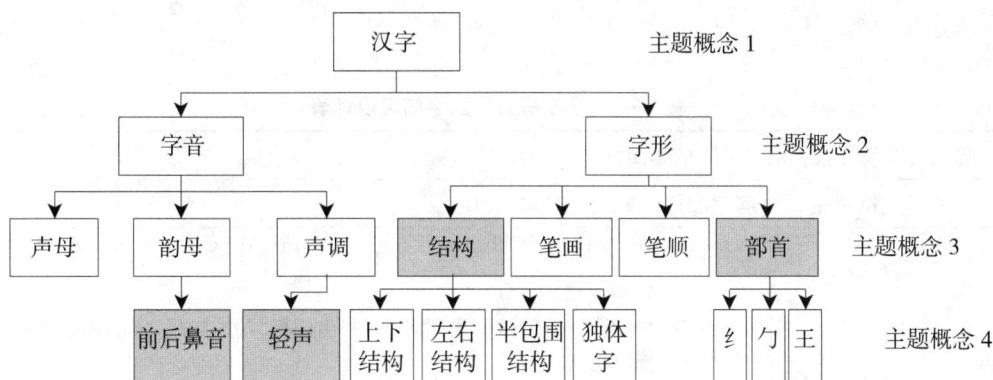

图 4 -5　带有重难点标记的汉字主题概念图

（"结构"和"部首"为重点；"前后鼻音"和"轻声"为难点）

（4）汉字学习媒体选择。

在设计多媒体教学软件时，关于媒体信息的选择与设计，要根据对教学内容与教学目标进行分析的结果和各类媒体信息的特性，合理选择适当的媒体信息（如文本、图形、图像、动画、视频、解说、效果声等）和具体内容，实现原定的媒体使用目标，并把它们作为要素分别安排在不同的教学内容（知识点）中。现以《买东西》中汉字的教学内容和教学目标为依据，并结合各类媒体的特征，对汉字对象化汉语资源的设计进行媒体选择。

表 4 -4　《中文》第二册第五课《买东西》汉字学习内容媒体选择表

知识点	文本	图形	图像	视频	音频	动画
拼音	√				√	
意义	√	√	√			
结构	√	√	√			
部件	√	√	√			
笔顺	√	√		√		√
笔画	√	√			√	

（5）汉字形成性练习设计。

现在主要以《买东西》一课中的汉字学习内容和相应的学习目标为依据，将课文中的汉字学习模块分为数笔画、标拼音、找部首和听音认字等几种题型，并通过以下几个步骤完成对汉字形成性练习的设计。

①数笔画。

表 4-5   "数笔画"汉字练习设计表

提问（情境创设）	"岁"的第四画是（ ）
作答（人机交互）	答案设置：A. ｜ B. ｜ㄥ C. ㄱ D. 丿
反馈（评价设计）	选择：A. 显示错误的符号标记"×"，并出现相应的"岁"字的笔顺动画加以提示。 B. 显示错误的符号标记"×"，并出现相应的"岁"字的笔顺动画加以提示。 C. 显示错误的符号标记"×"，并出现相应的"岁"字的笔顺动画加以提示。 D. 显示正确的符号标记"√"，并出现相应的"岁"字的笔顺动画、音频加以强化。

②标拼音。

表 4-6   "标拼音"汉字练习设计表

提问（情境创设）	给汉字"张"选择正确的拼音：（ ）
作答（人机交互）	答案设置：A. zhāng B. zhàng C. chàng D. zhān
反馈（评价设计）	选择：A. 显示正确的符号标记"√"，播放"张"的笔顺动画、音频加以强化。 B. 显示错误的符号标记"×"，旁边出现文本字幕：注意声调。 C. 显示错误的符号标记"×"，旁边出现文本字幕：注意声母。 D. 显示错误的符号标记"×"，旁边出现文本字幕：注意韵母。

③找部首。

表 4-7   "找部首"汉字练习设计表

提问（情境创设）	连一连，找出正确的部首。 昨　　日 星　　勹 给　　王 包　　日 玩　　纟

（续上表）

作答（人机交互）	先单击左边的汉字，再单击右边的部首。
反馈（评价设计）	匹配错误： 昨　　　日 星　　　勹 给　　　王 包　　　日 玩　　　纟　　（给出错误标记"×"，连线不成立） 匹配正确： 昨　　　日 星　　　勹 给　　　王 包　　　日　（给出正确标记"√"，连线成功，显示"昨"字的笔顺动画） 玩　　　纟

④听音认字。

表 4 – 8　"听音认字"汉字练习设计表

选择，提问 （情境创设）	听读音，选出正确的汉字。 音频：xìng
作答（人机交互）	答案设置：A. xīng　B. xìn　C. xì　D. xìng
反馈（评价设计）	选择：A. 显示错误标记"×"，用不同颜色显示正确选项 D. xìng，不可二次作答。 　　　B. 显示错误标记"×"，用不同颜色显示正确选项 D. xìng，不可二次作答。 　　　C. 显示错误标记"×"，用不同颜色显示正确选项 D. xìng，不可二次作答。 　　　D. 显示正确标记"√"，播放"xìng"的音频加以强化，同时给出本课中该读音的汉字"兴"。

2. 课件制作方法及案例

（1）演示型课件制作。

【步骤1】素材准备。

表4-9　《中文》第二册第五课《买东西》汉字课件制作素材准备表

生字知识点	媒体形式	媒体文件
拼音	文本	无
读音	文本、音频	买.wav
部首	图片	买.jpg、买部首.jpg
笔顺	动画	买.swf

【步骤2】新建一个 PowerPoint 文档，命名为"中文第二册第五课生字 PPT 制作步骤"。双击打开 PPT 文档，在"单击此处添加第一张幻灯片"处，单击鼠标左键，即新建了一张幻灯片。

【步骤3】幻灯片模板设计。选取"视图"选项，然后单击"幻灯片母版"按钮。选中第2张幻灯片，在幻灯片中选取"插入"菜单，单击"形状"下拉按钮，选取"矩形"选项。在幻灯片中拖动鼠标，画出矩形。选取"格式"菜单，通过"形状填充"和"形状轮廓"的颜色设置，作出如图4-6所示的效果。

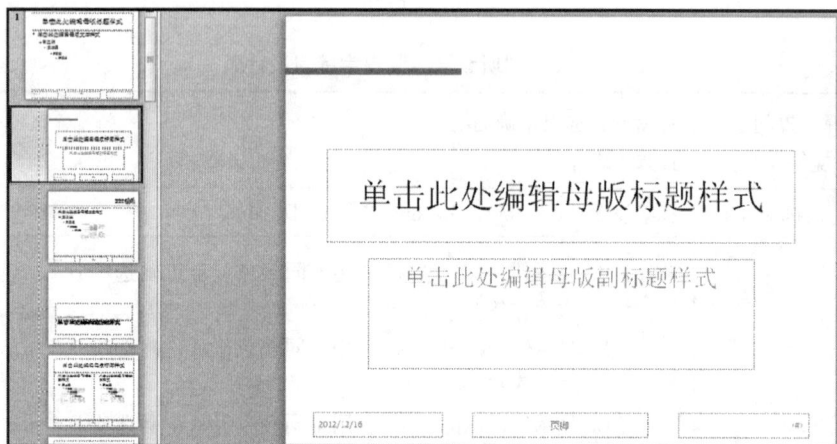

图4-6　第3张幻灯片母版设计

【步骤4】选中第3张幻灯片，如上所述插入一个矩形，并进行格式设置。选取"插入"菜单，单击"图片"按钮，在弹出的对话框中选取要插入的图片"封面图.jpg"，如图4-7所示。

图4-7　插入图片对话框

用同样方式插入图片"图片1.jpg"，并调整图片的大小和位置。选取"插入"菜单，单击"文本框"按钮，在幻灯片中单击鼠标，在文本框中输入"第五课买东西"。设置"买东西"字体颜色为"红色"，如图4-8所示。选取"幻灯片母版"菜单，单击"关闭母版视图"按钮，返回到幻灯片视图。

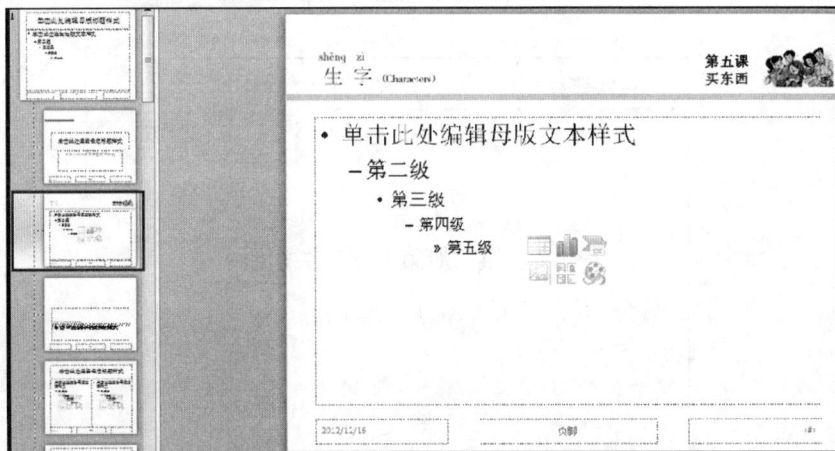

图4-8　第3张幻灯片母版设计

【步骤 5】进行第 1 张幻灯片设计。选取"插入"菜单，单击"文本框"按钮，在幻灯片中插入一个文本框，输入文本内容"生字课件"。选中文本"生字课件"，在工具栏中设置字体格式为：华文中宋，32 号，加粗，阴影，蓝色字体效果。如图 4 - 9 所示。

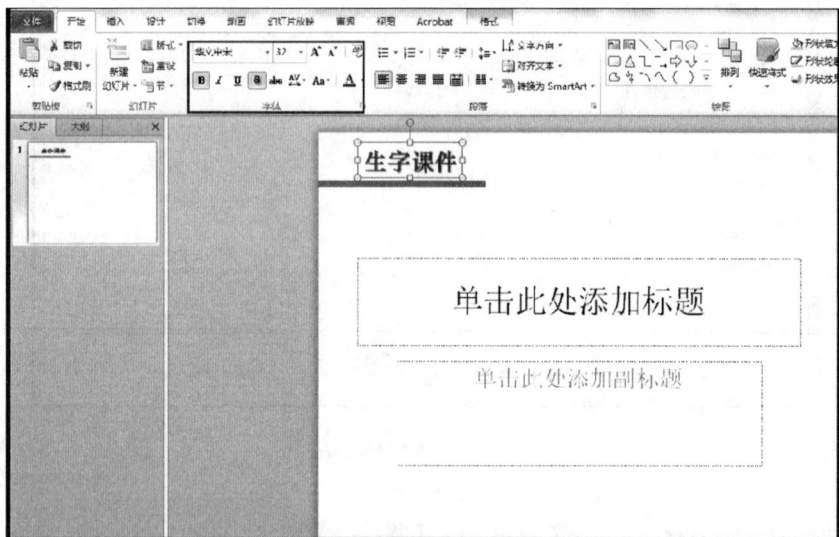

图 4 - 9　文本"生字课件"的设置

同样，再插入一个文本框。文本内容为"《中文》第二册第五课《买东西》"，字体设置格式为：华文中宋，36 号。调整文本框的位置，如图 4 - 10 所示。

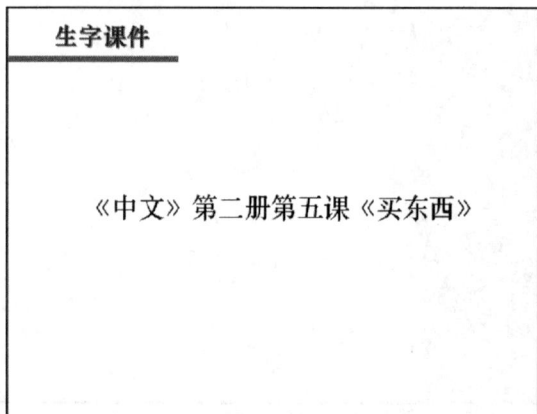

图 4 - 10　第 1 张幻灯片效果

【步骤 6】第 2 张幻灯片设计。选取"开始"菜单，单击"新建幻灯片"按钮，即新建了第 2 张幻灯片。在幻灯片中插入一个文本框，文本为"买 东 西"，文本格式为：华文中宋，32 号，加粗。选取"插入"菜单，单击"图片"按钮，在弹出的对话框中选取插入的图片。设置文本框与图片的大小和位置，如图 4 – 11 所示。

图 4 – 11　第 2 张幻灯片效果

【步骤 7】第 3 张幻灯片的设计。选取"开始"菜单，单击"新建幻灯片"按钮，即新建了第 3 张幻灯片。在幻灯片中插入一个文本框，文本内容为"买"，设置文本的格式为：楷体_GB2312，36 号。选中文本框，单击鼠标右键，选取"设置形状格式"选项，在弹出来的对话框中，单击选取"线型"选项，设置"短划线类型"为第一个样式，如图 4 – 12 所示。

选取"线条颜色"选项，设置线条颜色为"浅蓝色"。如图 4 – 13 所示。同样，插入

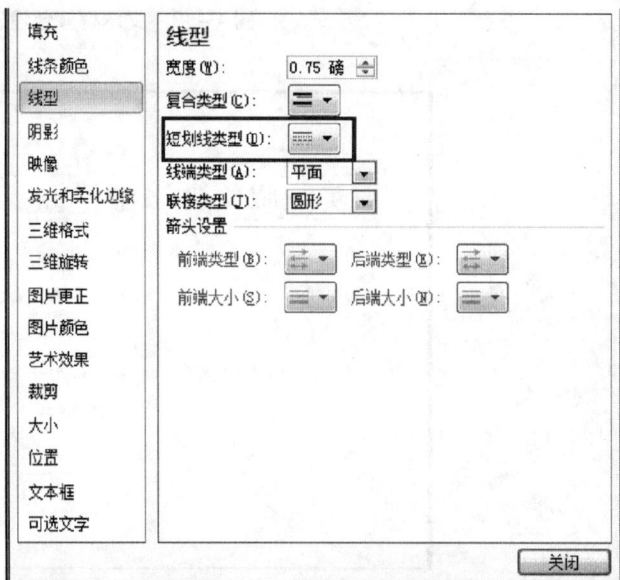

图 4 – 12　文本框线型设置

6 个文本框,内容分别为:"岁"、"昨"、"给"、"蛋"、"包"、"果",文本格式与文本框格式设置与"买"相同。调整文本框的位置,如图 4-14 所示。

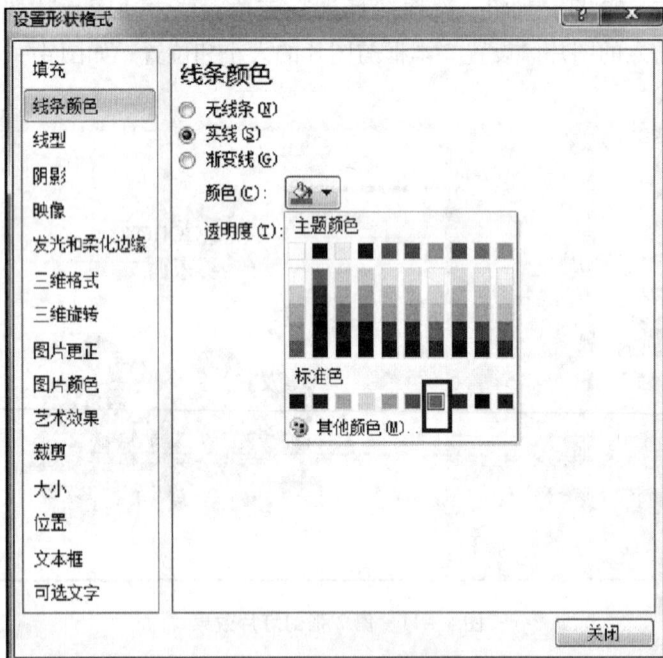

图 4-13　文本框颜色设置

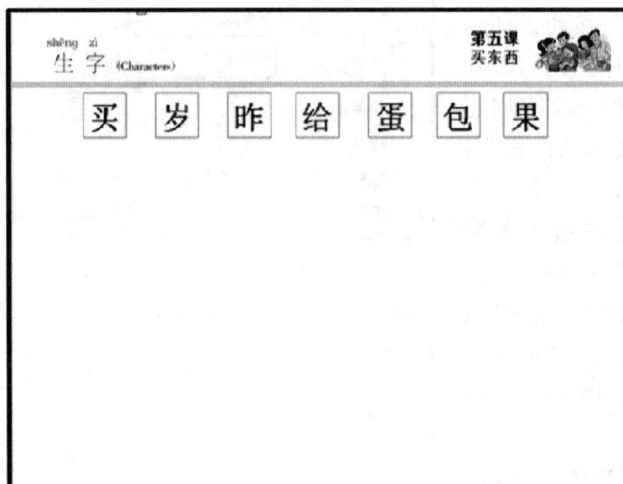

图 4-14　第 3 张幻灯片效果

【步骤8】第4张幻灯片设计。在左侧幻灯片视图中选中第3张幻灯片，单击鼠标右键，选取"复制"选项，如图4－15所示。然后再单击鼠标右键，选取"粘贴"选项，复制第3张幻灯片为第4张幻灯片。

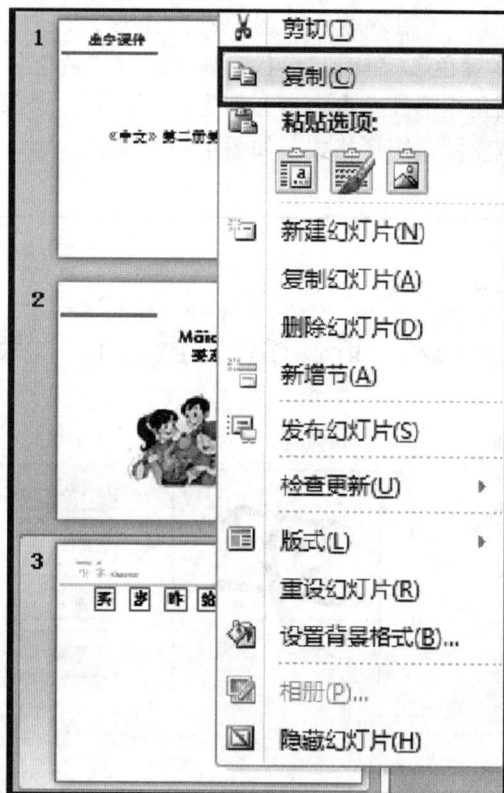

图4－15　复制幻灯片

选取"插入"菜单，单击"音频"下拉按钮，选取"文件中的音频"，如图4－16所示。选择插入的音频"买.wav"。

图4－16　插入音频

选取"插入"菜单，单击"图片"按钮，在弹出的对话框中选取插入的图片"买.jpg"，调整图片的大小和位置。选取"插入"菜单，单击"形状"下拉按钮，选取"圆角矩形"选项。按住鼠标左键在幻灯片中拖动，画出一个圆角矩形。选中圆角矩形，单击鼠标右键选取"编辑文字"选项，在矩形中输入文本"读音"。设置文本格式为：宋体，18号，加粗，黑色。选中圆角矩形，选取"格式"菜单，单击"形状填充"，选取"水绿色"。单击"形状轮廓"选取"蓝色"。

同样，插入3个圆角矩形，文本内容分别为："拼音"、"部首"和"笔顺"。圆角矩形的设置同上。调整圆角矩形格式，如图4-17所示。

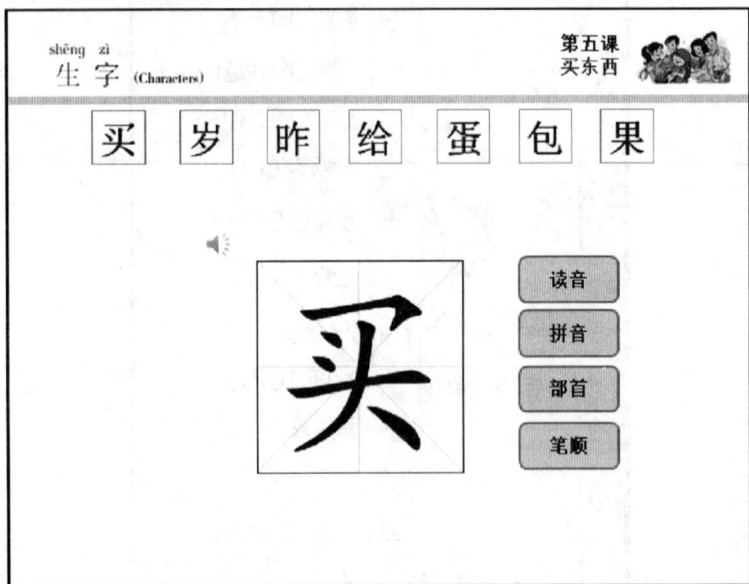

图4-17 第4张幻灯片效果

【步骤9】第5张幻灯片设计。在左侧幻灯片视图中选中第4张幻灯片，单击鼠标右键，选取"复制"选项。然后再单击鼠标右键，选取"粘贴"选项，复制第4张幻灯片为第5张幻灯片。选中第5张幻灯片，插入"mi"文本，文本格式为：华文细黑，48号，加粗。鼠标位于"mi"的中间位置，选取"插入"菜单，单击"符号"按钮，在弹出的对话框中选取"ǎ"，单击"插入"按钮，如图4-18所示。调整文本框的位置，如图4-19所示。

图 4 – 18　符号对话框

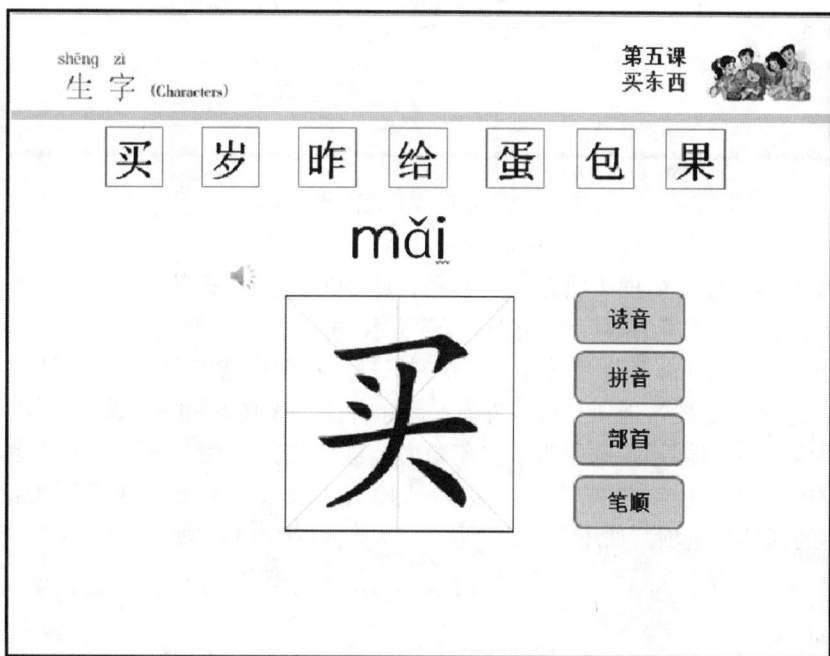

图 4 – 19　第 5 张幻灯片效果

【步骤 10】第 6 张幻灯片设计。在左侧幻灯片视图中选中第 5 张幻灯片，单击鼠标右键，选取"复制"选项。然后再单击鼠标右键，选取"粘贴"选项，复制第 5 张幻灯片为第 6 张幻灯片。选中第 6 张幻灯片。单击鼠标左键选中图片"买.jpg"，然后单击鼠标右键，选择"更改图片"选项，如图 4-20 所示。

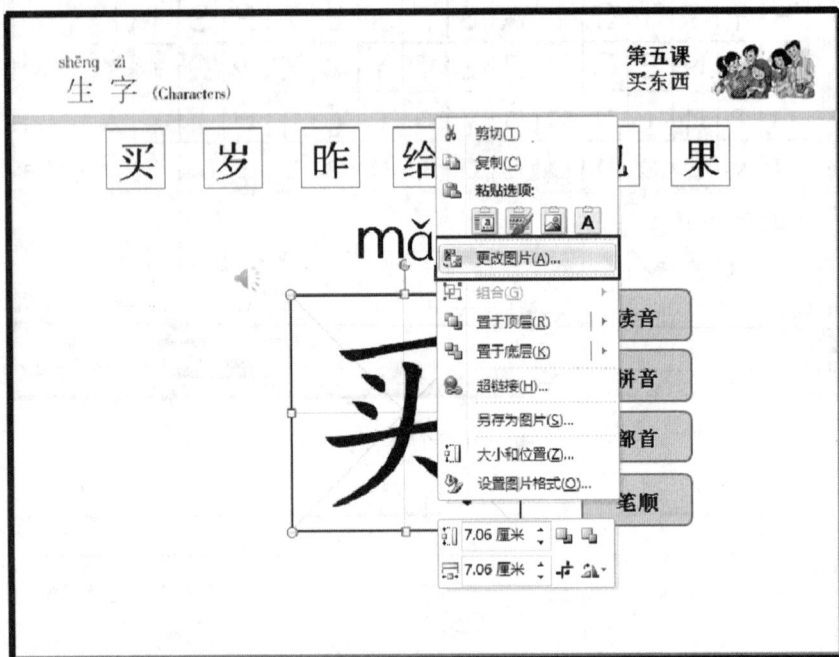

图 4-20　选取"更改图片"选项

在弹出的图片对话框中更改文件路径，找到并选择"买部首.jpg"图片，单击"插入"按钮。修改后的幻灯片如图 4-21 所示。

【步骤 11】第 7 张幻灯片设计。在左侧幻灯片视图中选中第 6 张幻灯片，单击鼠标右键，选取"复制"选项。然后再单击鼠标右键，选取"粘贴"选项，复制第 6 张幻灯片为第 7 张幻灯片。选中第 7 张幻灯片，删除幻灯片中的图片"买部首.jpg"，在相同的位置插入视频"买.swf"。选取"插入"菜单，单击"视频"按钮，选取"文件中的视频"选项，如图 4-22 所示。

图 4 - 21　第 6 张幻灯片效果

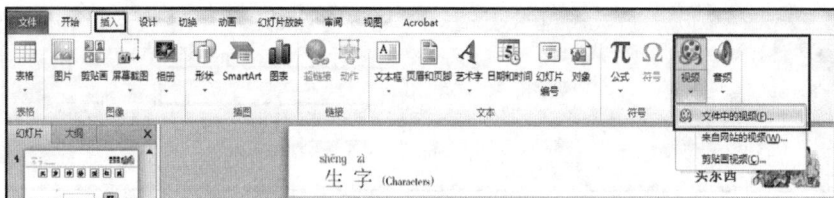

图 4 - 22　插入视频

在弹出的插入视频对话框中，修改文件路径，选择"买.swf"文件，单击"插入"按钮，如图 4 - 23 所示。选取"播放"菜单，设置"开始"选项的值为"单击时"，如图 4 - 24 所示。调整视频的位置和大小，如图 4 - 25 所示。

图 4-23　插入"买.swf"视频文件

图 4-24　视频的播放设置

【步骤12】超链接的设置。选中第4张幻灯片。单击选中"读音"文本框，单击鼠标右键，选取"超链接"选项，弹出"插入超链接"对话框，在对话框中选取"本文档中的位置"，然后在"请选择文档中的位置"中选取"4.幻灯片4"选项，单击"确定"按钮，如图4-26所示。超链接设置完毕。

图 4 – 25　第 7 张幻灯片效果

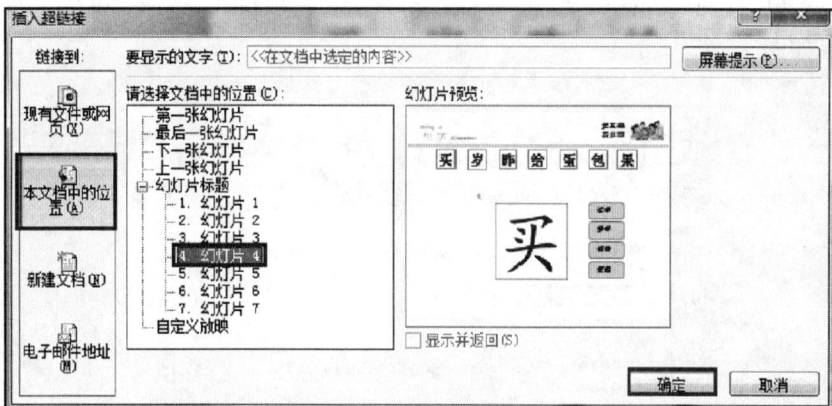

图 4 – 26　超链接设置

　　同样，对"拼音"、"部首"、"笔顺"文本框进行超链接设置。其中，"拼音"文本框链接的位置是"5. 幻灯片 5"，"部首"文本框的链接位置是"6. 幻灯片 6"，"笔顺"文本框的链接位置是"7. 幻灯片 7"。

　　同样，对幻灯片 5、6、7 中的"读音"、"拼音"、"部首"、"笔顺"设置与第 4

张幻灯片一样的链接效果。

对汉字"岁"、"昨"、"给"、"蛋"、"包"、"果"六个字的读音、拼音、部首、笔顺及其链接的设置方法和对汉字"买"的设置方法相同，只是所采用的素材不同，详情可参考上文。

（2）练习课件制作。

①"数笔画"制作步骤。

【步骤1】素材准备。

表4-10　"数笔画"汉字练习制作素材准备表

分类	内容	媒体形式	媒体文件
提问部分	"岁"的第四画是（　）	文本	无
作答部分	A.丨　B.凵　C.フ　D.丿	文本	无
反馈部分	正确：显示正确的符号标记"√"，并出现相应的"岁"字的笔顺动画加以强化 错误：显示错误的符号标记"×"，并出现相应的"岁"字的笔顺动画加以提示	图片和动画	√.jpg ×.jpg 岁.swf

【步骤2】打开 Adobe Captivate 软件，新建"空白项目"，选取合适的分辨率，单击确定，如图4-27所示。

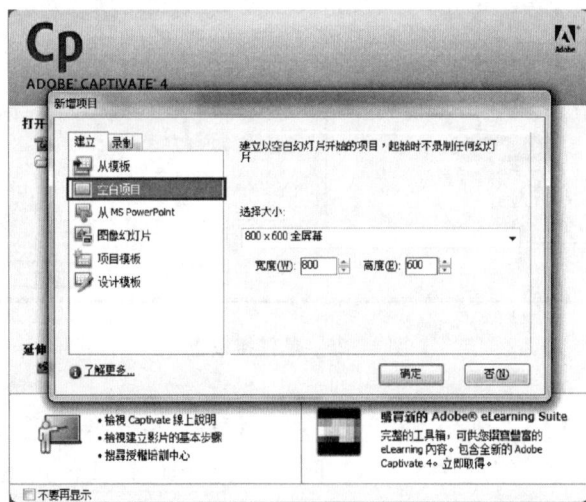

图4-27　新建空白项目

【步骤3】单击菜单栏的"插入"选项，然后选取"幻灯片"▶"问题幻灯片"，在弹出的"问题类型"对话框中选择"选择"选项。单击"分级问题"进行下一步，如图4-28所示。

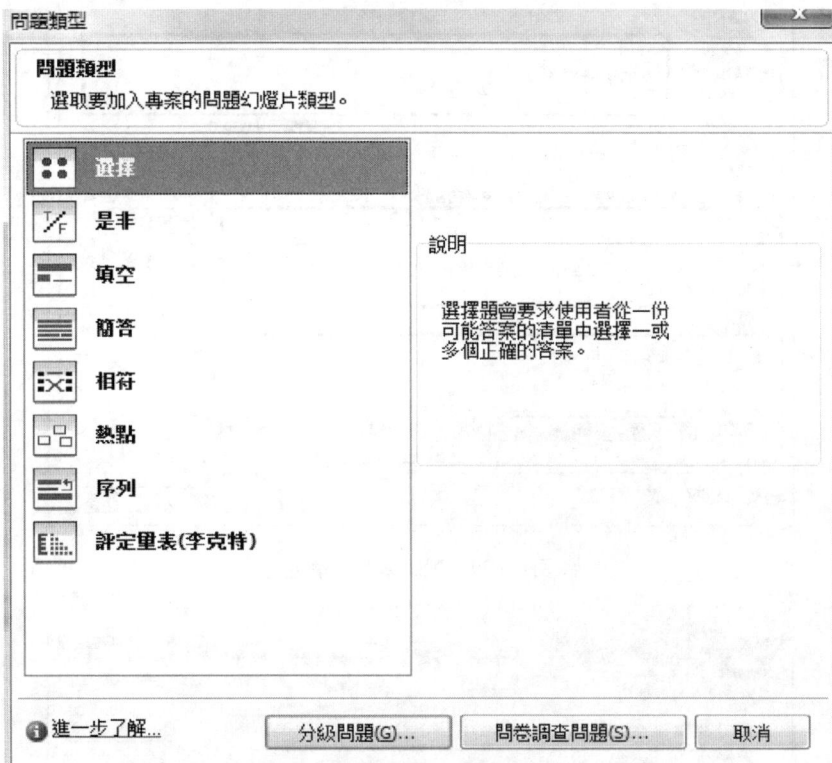

图4-28 "问题类型"对话框

【步骤4】在弹出的"选择题"对话框中，输入试题的名称、问题以及答案，如图4-29所示。其中，在输入答案时，单击"加入"按钮来添加选择题选项，并且选中"D"选项作为题目的正确答案，单击"确定"按钮。

【步骤5】进入"问题幻灯片"的幻灯片界面。单击"插入"▶"图像"菜单选项，在弹出的对话框中，选取要插入的图片"叉号.jpg"。双击插入幻灯片中的叉号图片，在弹出的"图像"对话框中选择"选项"按钮，然后修改项目名称为"wrong1"，如图4-30所示。

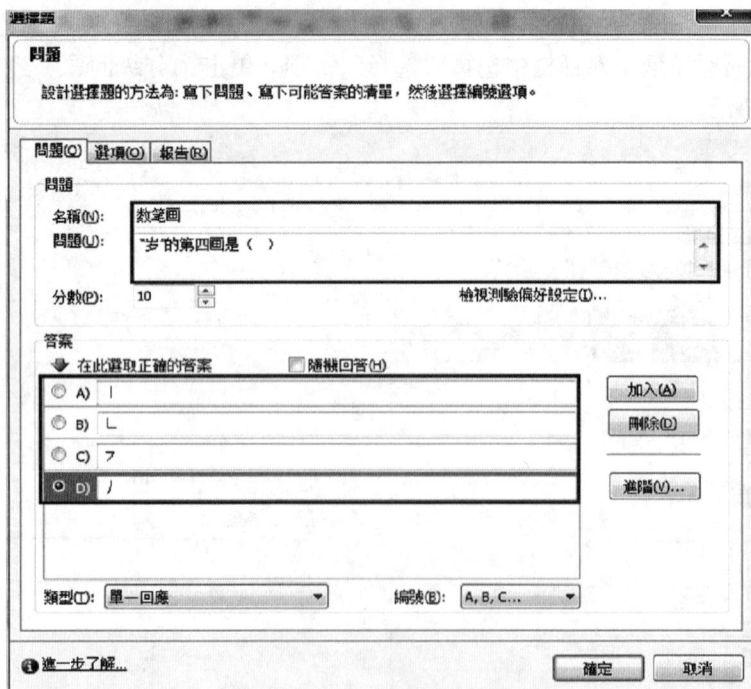

图 4 - 29　试题编辑对话框

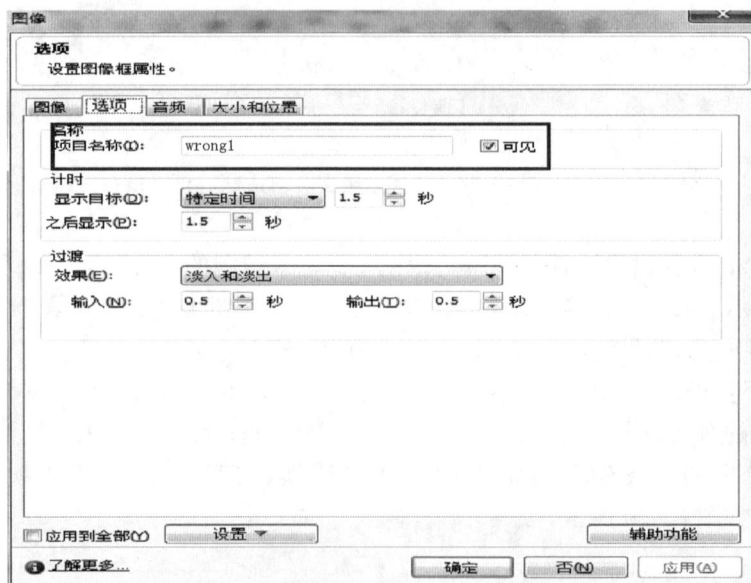

图 4 - 30　修改图像的项目名称

同样，依次设置选项 B、C、D 的相应反馈信息的图片，其项目名称依次为"wrong2"、"wrong3"和"right"。其中，B、C 相应的反馈信息图片仍是叉号，D 选项的反馈信息图片是对号。调整四张图片的位置，使其在幻灯片中的位置如图 4 – 31 所示。

回到"问题幻灯片"的幻灯片界面。单击"插入"▶"动画"菜单选项，在弹出的对话框中，选取要插入的动画"岁.swf"。双击插入幻灯片中的动画项目，在弹出的"动画"对话框中选择

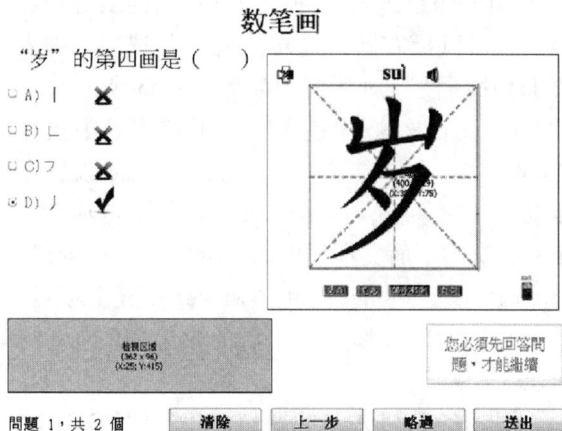

图 4 – 31 各项目在幻灯片中的位置

"选项"，然后修改项目名称为"suiswf"；设置 swf 动画的"显示目标"属性为"特定时间"，时间为"60 秒"，如图 4 – 32 所示。调整动画的大小和位置。

图 4 – 32 动画的名称和时间设置

【步骤6】进入"问题幻灯片"的幻灯片界面，单击鼠标右键，选择"属性"选项，进入"幻灯片属性"对话框，如图4-33所示。在"导航"的"幻灯片进入时"下拉列表中选择"多重动作"，单击"…"按钮，进入"设置多重动作"对话框，单击选取"隐藏"选项。接下来，选中下面文本框中的"right"、"suiswf"、"wrong1"、"wrong2"和"wrong3"五个项目，单击"添加"按钮。添加后的效果如图4-34所示。

【步骤7】进入"问题幻灯片"的幻灯片界面，单击"幻灯片"▶"编辑问题"，在"选择题"界面选中"A）|"选项；单击"进阶"，在"进阶答案选项"对话框中的"动作"下拉列表中选择"多重动作"；单击"…"按钮，打开"设置多重动作"对话框，单击"显示"选项，选择"wrong1"以及"suiswf"两个项目，单击"加入"按钮，然后确定。如下图4-35、图4-36、图4-37所示。

图4-33　幻灯片属性对话框

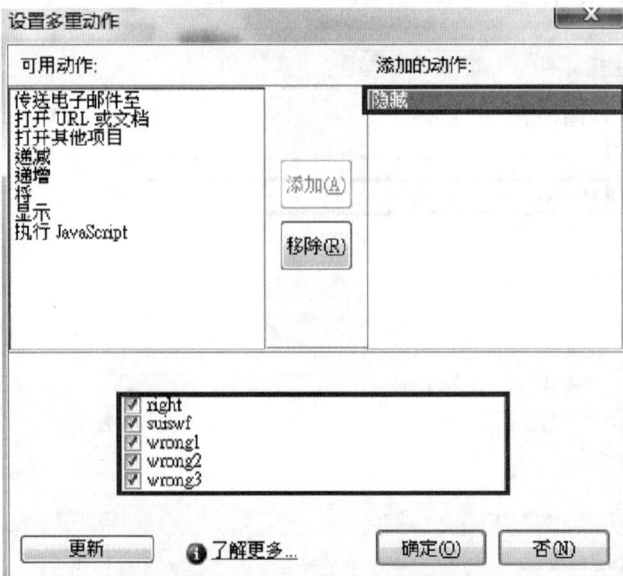

图4-34　添加"隐藏"动作

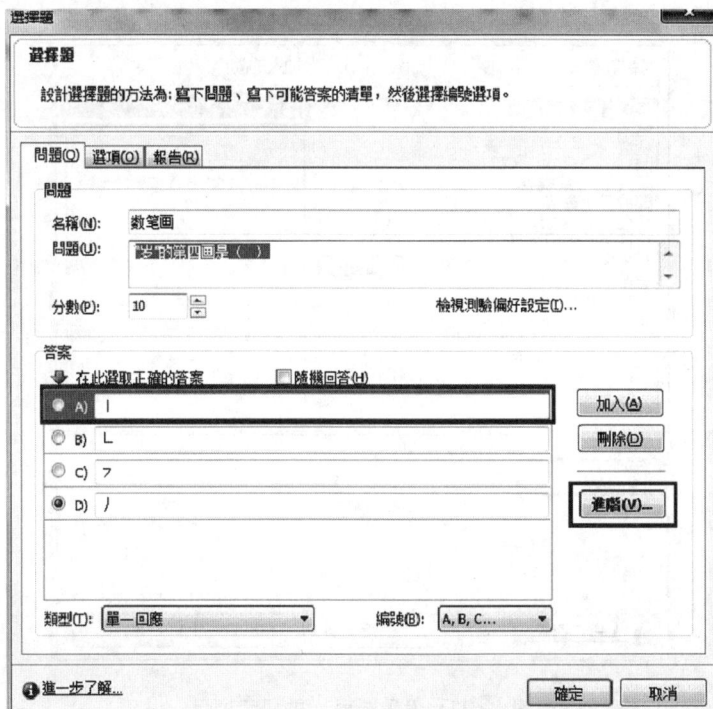

图 4-35 选取选项 A 及"进阶"按钮

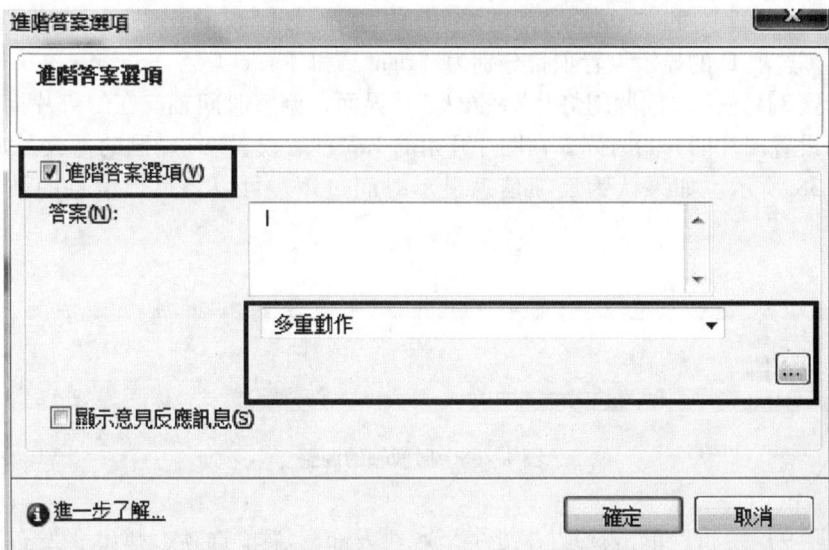

图 4-36 在"进阶答案选项"对话框中的设置

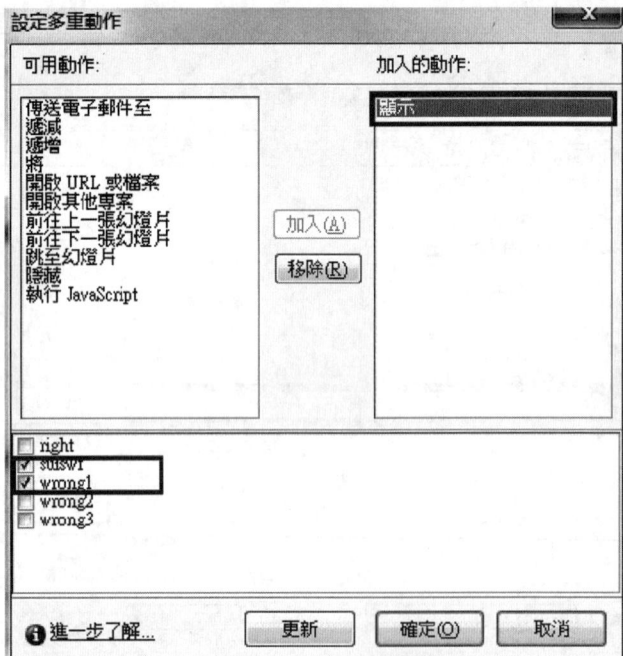

图 4 - 37　设置选项 A 的显示项目

　　同样，对剩下的三个选项（B、C、D）也做相似的设置。选项 B 的显示设置项目分别为"wrong2"和"suiswf"，选项 C 的显示设置项目分别为"wrong3"和"suiswf"，选项 D 的显示设置项目分别为"right"和"suiswf"。

　　【步骤 8】进入"问题幻灯片"的幻灯片界面，调整时间轴。在幻灯片播放开始 1.5 秒后设置图片的开始时间，在图片开始的 1.5 秒后设置 swf 动画的播放开始时间，如图 4 - 38 所示。如果认为反馈信息显示时间过短，可以将反馈信息的结束时间延长。

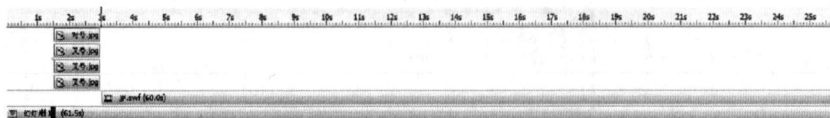

图 4 - 38　时间轴的调整

　　【步骤 9】发布。单击选取"文件"▶"发布"菜单选项，弹出"发布"对话框，选取"Flash（SWF）"选项，设置发布最终文件格式为 swf 的动画文件。然后设置"Flash（SWF）选项"，在"项目标题"中输入发布后动画的文件名。单击"浏览"按钮，选取文件发布的路径。单击"发布项目至文件夹"，使发布的所有文件都保存在一个文件夹中。

在"输出选项"中，单击选中"导出 HTML"文件，可以发布 HTML 格式的文件。单击"Flash Player 版本"下拉列表，选中 Flash 播放器的版本，这里选择默认的Flash Player 8。单击"发布"按钮开始发布文件，如图 4-39 所示。

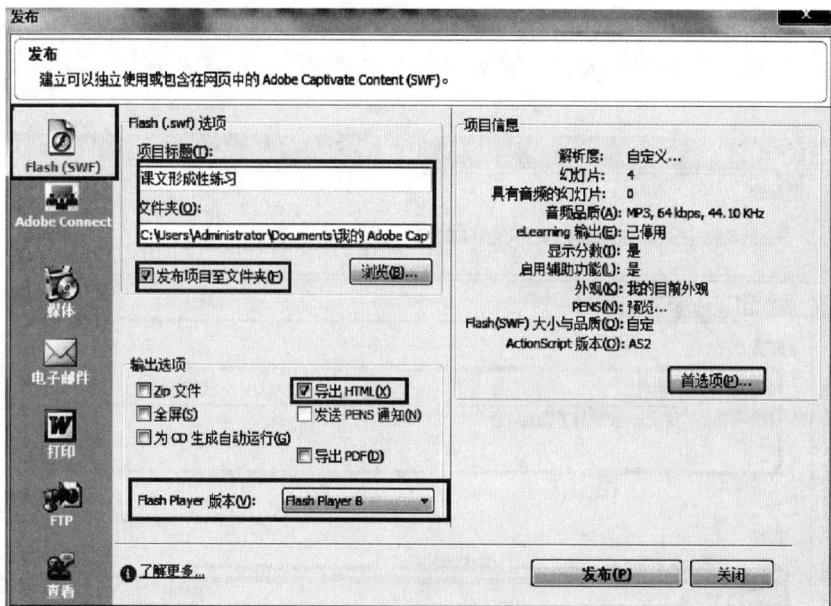

图 4-39　文件发布设置

②"标拼音"制作步骤。

【步骤1】素材准备。

表 4-11　"标拼音"汉字练习制作素材准备表

分类	内容	媒体形式	媒体文件
提问部分	给汉字"张"选择正确的拼音：（　　）	文本	无
作答部分	A. zhāng　B. zhàng　C. chàng　D. zhān	文本	无
反馈部分	正确：显示正确的符号标记"√"，并出现"张"字的笔顺动画加以强化 错误：显示错误的符号标记"×"，并出现相应的文本提示	图片、动画、文本	√.jpg ×.jpg 张.swf

【步骤2】打开 Adobe Captivate 软件，新建"空白项目"，选取合适的分辨率，单击确定，如①中相应步骤图所示。

【步骤3】单击菜单栏的"插入"选项，然后选取"幻灯片"▶"问题幻灯片"，在弹出的"问题类型"对话框中选择"选择"选项。单击"分级问题"进行下一步，如①中相应步骤图所示。

【步骤4】在弹出的"选择题"对话框中，输入试题的名称、问题以及答案，如图4-40所示。其中，在输入答案时，单击"加入"按钮来添加选择题选项，并选中"A）zhāng"选项作为题目的正确答案。单击"确定"按钮。

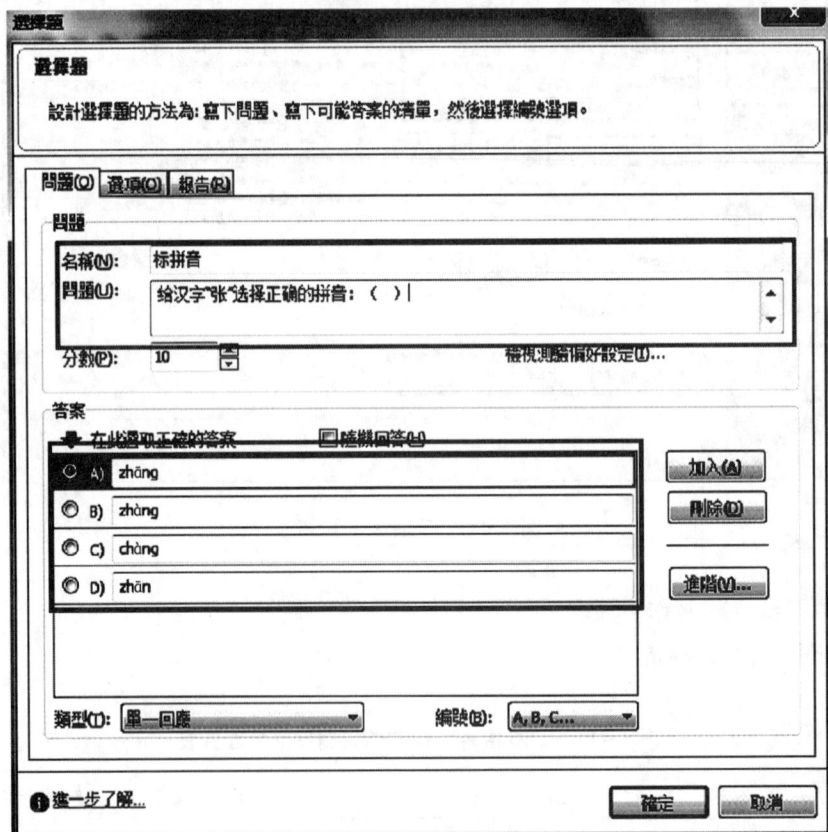

图4-40　试题编辑对话框

【步骤5】进入"问题幻灯片"的幻灯片界面。单击"插入"▶"图像"菜单选项，在弹出的对话框中，选取要插入的图片"对号.jpg"。双击插入幻灯片中的对号图片，在弹出的"图像"对话框中选择"选项"按钮，然后修改项目名称为

"right2"，用来作为选取选项 A 的反馈图片，如图 4 - 41 所示。

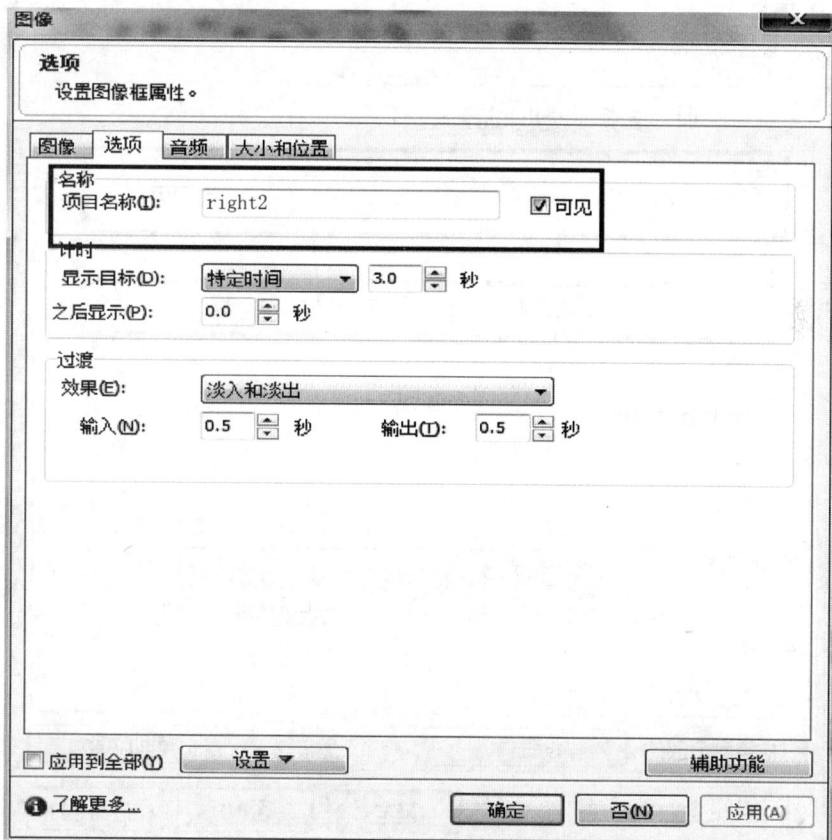

图 4 - 41　修改图像的项目名称

依次设置选项 B、C、D 的相应反馈信息的图片，其项目名称依次定为"wrongB2"、"wrongC2"和"wrongD2"。B、C、D 相应的反馈信息图片都是"×"。

【步骤6】回到"问题幻灯片"的幻灯片界面。单击"插入"▶"动画"菜单选项，在弹出的对话框中，选取要插入的动画"张 . swf"。双击插入幻灯片中的动画项目，在弹出的"动画"对话框中选择"选项"，然后修改项目名称为"zhangswf"；设置 swf 动画的"显示目标"属性为"特定时间"，时间为"60 秒"，如图 4 - 42 所示。调整图片和动画的大小和位置。

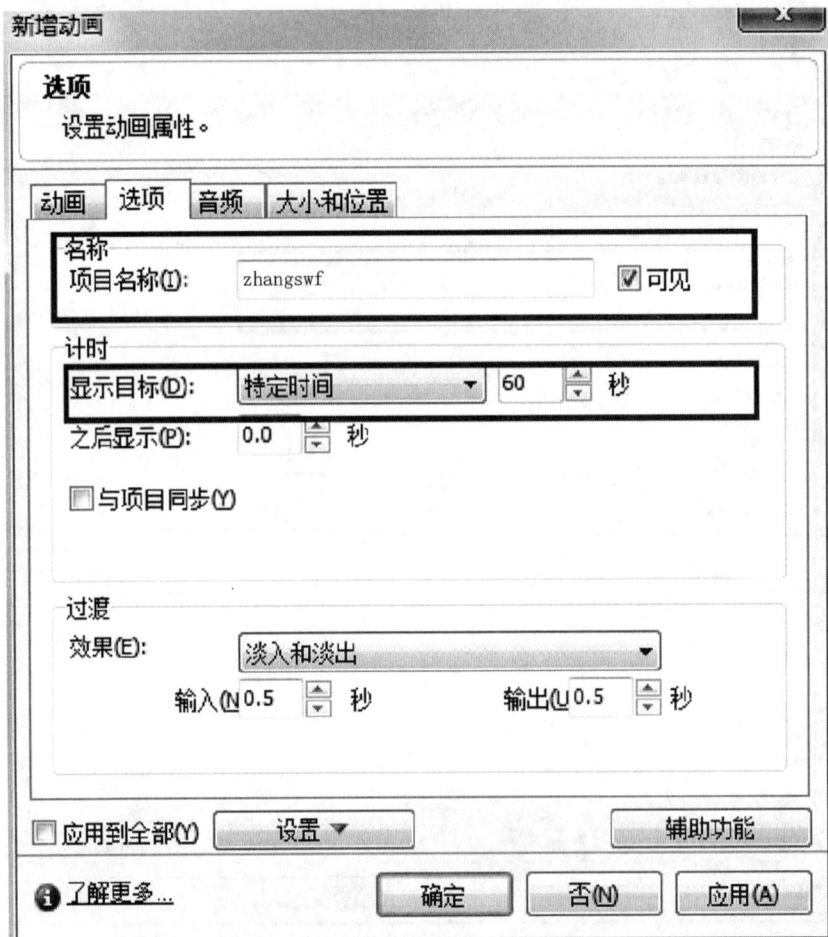

图 4-42　动画选项的名称和时间设置

【步骤 7】再次回到"问题幻灯片"界面。单击软件界面左侧的"字幕"快捷方式，为幻灯片添加字幕。在弹出的"新建文字字幕"对话框中，输入字幕以及对其类型、字体、大小、颜色进行设置，如图 4-43 所示。设置此字幕项目的名称为"shengdiao"，如图 4-44 所示。利用同样的方法，新建文字字幕，字幕分别为"注意声母"和"注意韵母"，项目名称分别为"shengmu"和"yunmu"，并调整字幕的位置，使之显示如图 4-45 所示的效果。

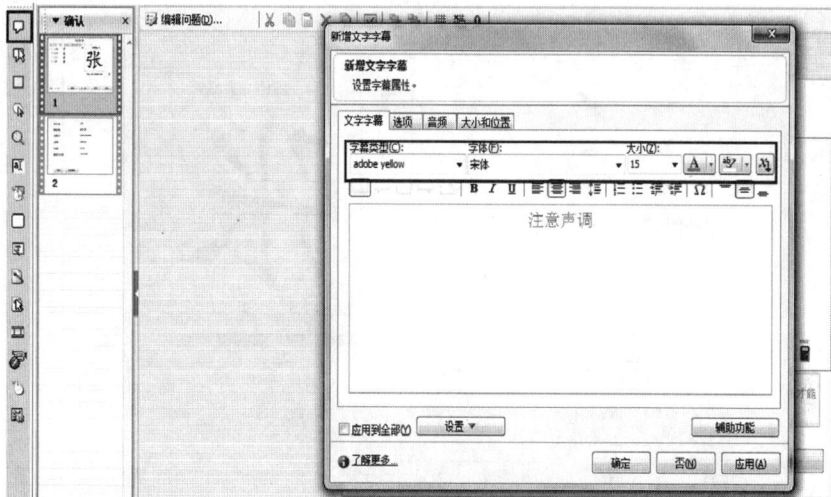

图 4 – 43　反馈字幕的建立与设置

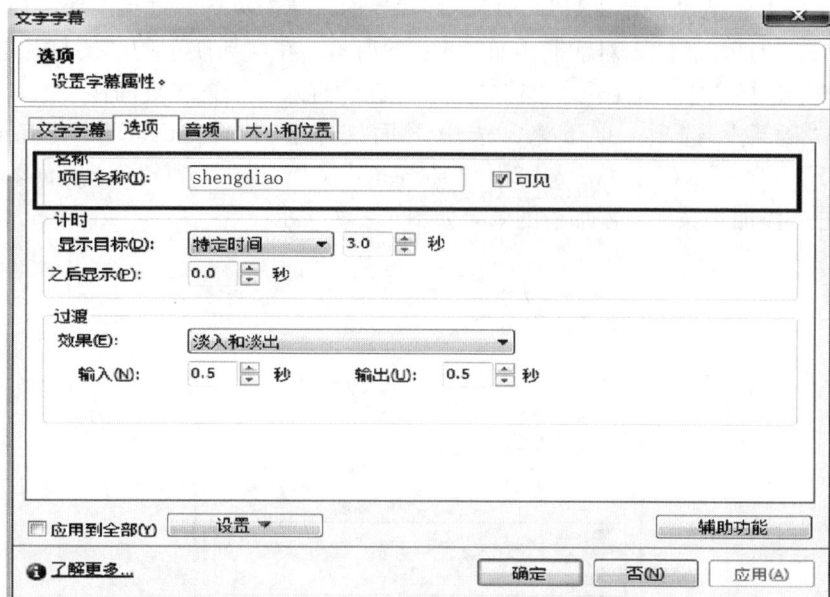

图 4 – 44　文字字幕项目名称的修改

标拼音

给汉字"张"选择正确的拼音：（　　　　）

A) zhāng　✔

B) zhàng　✘　　注意声调

C) chàng　✘　　注意声母

D) zhān　✘　　注意韵母

zhōng

张

检视区域
(362×96)
(X:25; Y:416)

您必须先回答問題，才能
繼續

問題 1，共 1 個　　　清除　　　上一步　　　略過　　　送出

图 4 - 45　各项目在幻灯片中的相对位置

【步骤 8】进入"问题幻灯片"的幻灯片界面，单击鼠标右键，选择"属性"选项，进入"幻灯片属性"对话框，如图 4 - 46 所示。在"导航"的"幻灯片进入时"下拉列表中选择"多重动作"，单击"…"按钮，进入"设置多重动作"对话框，单击选取"隐藏"选项。接下来，选中下面文本框中的"right2"、"zhangswf"、"wrongB2"、"wrongC2"、"wrongD2"、"shengmu"、"yunmu"和"shengdiao"八个项目，单击"添加"按钮。添加后的效果如图 4 - 47 所示。

幻灯片属性
设置幻灯片属性。

幻灯片　音频

幻灯片设置

标签(L)：

显示时间(D)：　60.0　　秒

过渡(C)：　无过渡

品质(Q)：　高品质

颜色：　项目(E)　　自定(C)

隐藏幻灯片(H)　锁定幻灯片(K)

更改背景图像(B)…

导航

幻灯片进入时：　多重动作

导航(N)：　前往下一张幻灯片

备注(O)…　可访问性(A)…

应用到全部(T)　设置

了解更多　　　　　确定　　取消

图 4 - 46　幻灯片属性对话框

154

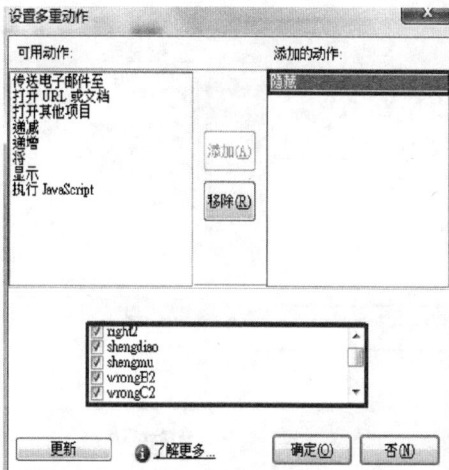

图 4-47　添加"隐藏"后的效果

【步骤 9】进入"问题幻灯片"的幻灯片界面，单击"幻灯片" > "编辑问题"，在"选择题"界面，选中"A）zhāng"选项；单击"进阶"，在"进阶答案选项"对话框中的"动作"下拉列表选择"多重动作"；单击"…"按钮，打开"设定多重动作"对话框，单击"显示"选项，选择"right2"和"zhangswf"两个项目，单击"加入"按钮，然后单击"确定"按钮。如下图 4-48、图 4-49、图 4-50 所示。

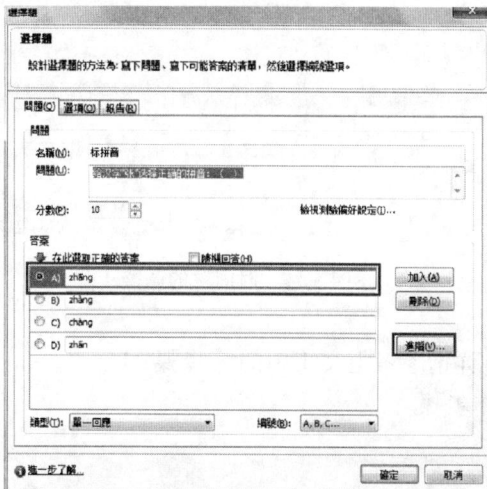

图 4-48　选取选项 A 及"进阶"按钮

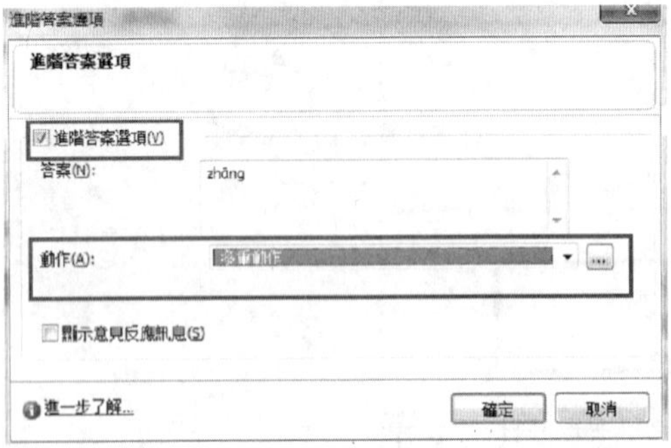

图 4-49　在"进阶答案选项"对话框中的设置

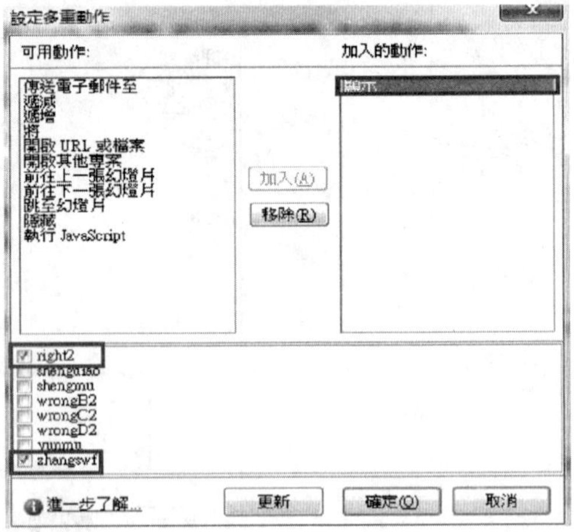

图 4-50　设置选项 A 的显示项目

　　分别选取 B、C、D 选项，设置多重动作中显示的项目。选项 B 的显示设置项目分别为"wrongB2"和"shengdiao"，选项 C 的显示设置项目分别为"wrongC2"和"shengmu"，选项 D 的显示设置项目分别为"wrongD2"和"yunmu"。

　　【步骤10】进入"问题幻灯片"的幻灯片界面，调整时间轴。在幻灯片播放开始 1.5 秒后设置图片开始播放，在图片开始的 2 秒后设置 swf 动画以及文本反馈信息的播放开始时间，如图 4-51 所示。如果认为反馈信息显示时间过短，可以将反馈信息的结束时间延长。

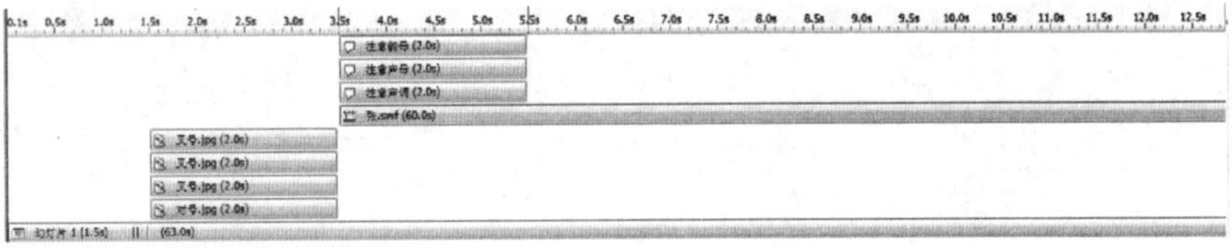

图 4-51　时间轴的调整

　　【步骤11】发布。详情参考上文①中的【步骤9】。

　　③"找部首"制作步骤。

　　【步骤1】素材准备。

表4-12　"找部首"汉字练习制作素材准备表

分类	内容	媒体形式	媒体文件
提问部分	连一连，找出正确的部首。	文本	无
作答部分	（　）昨　　A. 勹 （　）给　　B. 日 （　）包　　C. 纟	文本	无
反馈部分	正确：显示正确的符号标记"√"，并出现"昨"、"给"、"包"字的笔顺动画加以强化 错误：显示错误的符号标记"×"	图片、动画	√.jpg ×.jpg 昨.swf 给.swf 包.swf

【步骤2】打开 Adobe Captivate 软件，新建"空白项目"，选取合适的分辨率，单击确定，如①中相应步骤图所示。

【步骤3】单击菜单栏的"插入"选项，然后选取"幻灯片"▶"问题幻灯片"，在弹出的"问题类型"对话框中选择"相符"选项。单击"分级问题"进行下一步，如下图4-52所示。

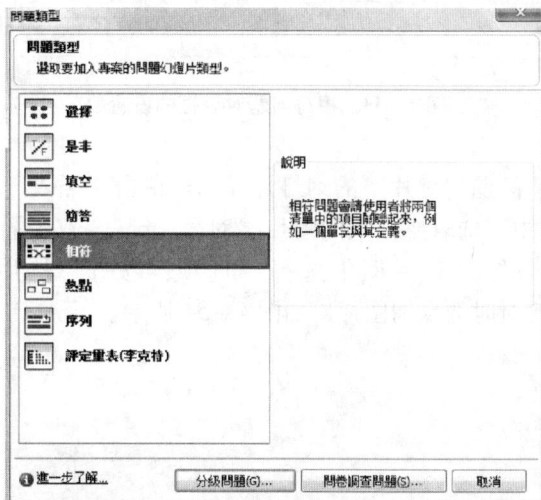

图4-52　"问题类型"对话框

【步骤4】在弹出的"相符问题"对话框中，输入试题的名称、问题以及答案。在答案的匹配符合中，拖动左栏的一个汉字到右栏中正确的部首上面，松开鼠标，即连好正确的匹配线，如下图所示。

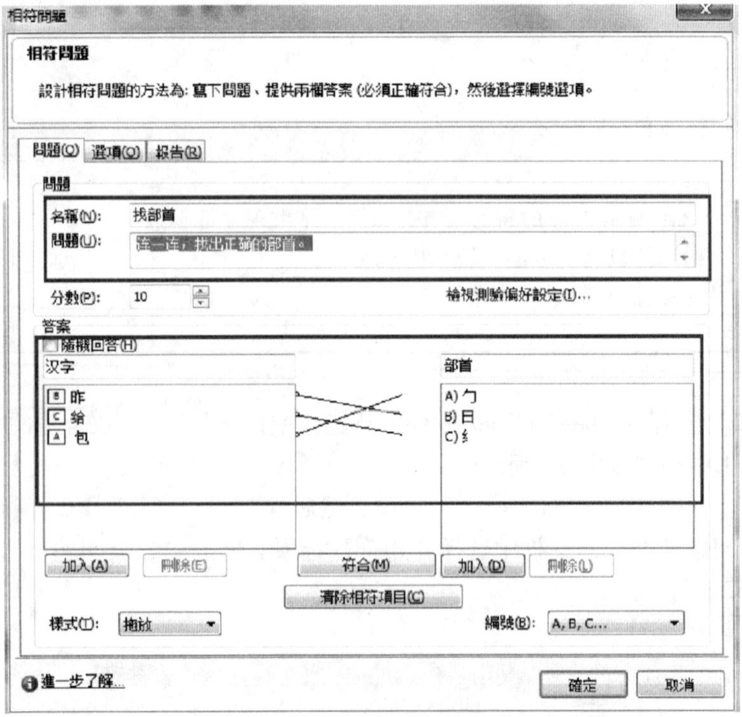

图4-53　相符问题对话框的设置

【步骤5】进入"问题幻灯片"的幻灯片界面。单击"插入"▶"图像"菜单选项，在弹出的对话框中，选取要插入的图片"对号.jpg"。双击插入幻灯片中的对号图片，在弹出的"图像"对话框中选择"选项"按钮，然后修改项目名称为"right3"，用来作为答对时的反馈图片，如图4-54所示。

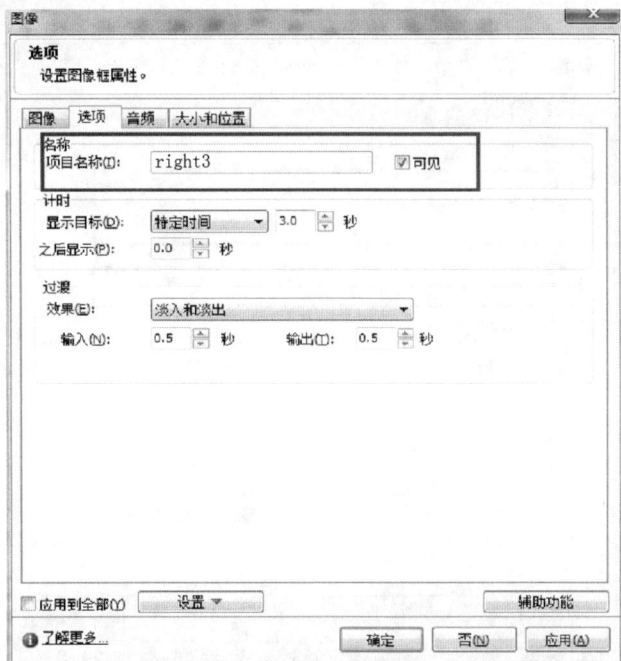

图 4 – 54 修改图像的项目名称

　　将插入的图片复制 2 次，分别修改项目名称为"right32"和"right33"，用来作为各个连线答对时的反馈图片。同样，插入图片文件"叉号 . jpg"，作为答错时的反馈图片。设置叉号图片的项目名称为"wrong3"。

　　【步骤 6】回到"问题幻灯片"的幻灯片界面。单击"插入"＞"动画"菜单选项，在弹出的对话框中，选取要插入的动画"昨 . swf"。双击插入幻灯片中的动画项目，在弹出的"动画"对话框中选择"选项"，然后修改项目名称为"zuoswf"；设置swf 动画"显示目标"属性为"特定时间"，时间为"60 秒"，如图 4 – 55 所示。以同样的方法将动画文件"包 . swf"和"给 . swf"导入到幻灯片中，并分别设置项目名称为"baoswf"和"geiswf"。

　　确定之后，单击软件界面左侧的"字幕"快捷方式，为幻灯片添加字幕。在弹出的"新建文字字幕"对话框中，输入字幕以及对其类型、字体、大小、颜色进行设置，如图 4 – 56 所示。设置此字幕项目的名称为"cuowutishi"，如图 4 – 57 所示。调整幻灯片中各个项目的位置，得到如图 4 –58 所示的效果。

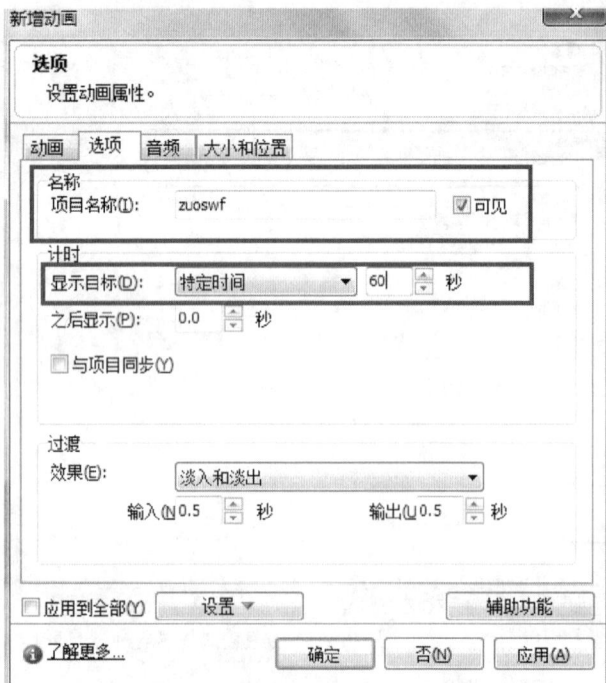

图 4 - 55　动画选项的名称和时间设置

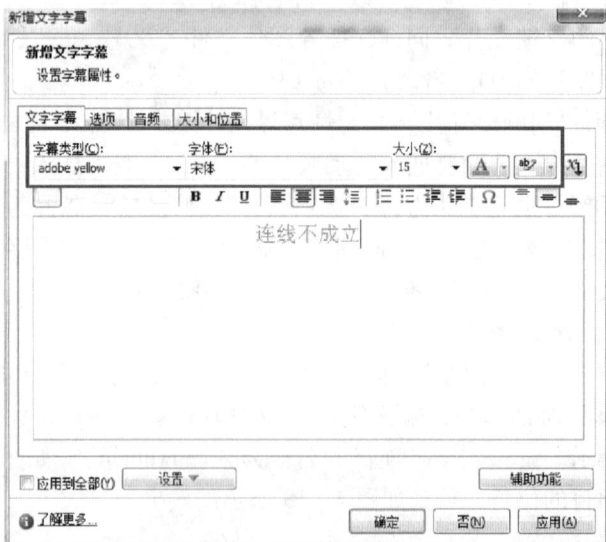

图 4 - 56　反馈字幕的建立与设置

图 4 - 57　文字字幕项目名称的修改

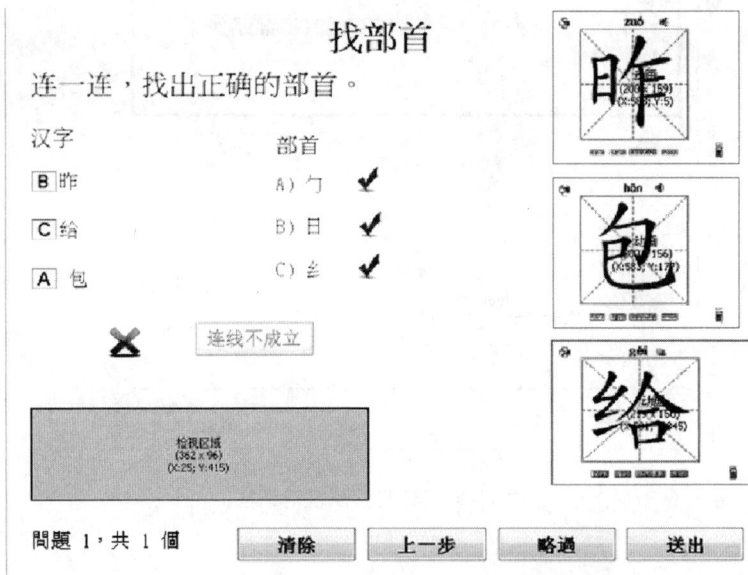

图 4 - 58　幻灯片中各个项目的位置

【步骤7】进入"问题幻灯片"的幻灯片界面，单击鼠标右键，选择"属性"选项，进入"幻灯片属性"对话框，如图4－59所示。在"导航"的"幻灯片进入时"下拉列表中选择"多重动作"，单击"…"按钮，进入"设置多重动作"对话框，单击选取"隐藏"选项。接下来，选中下面文本框中的"zuoswf"、"geiswf"、"baoswf"、"right3"、"right32"、"right33"、"wrong3"和"cuowutishi"8个项目，单击"添加"按钮。添加后的效果如图4－60所示。

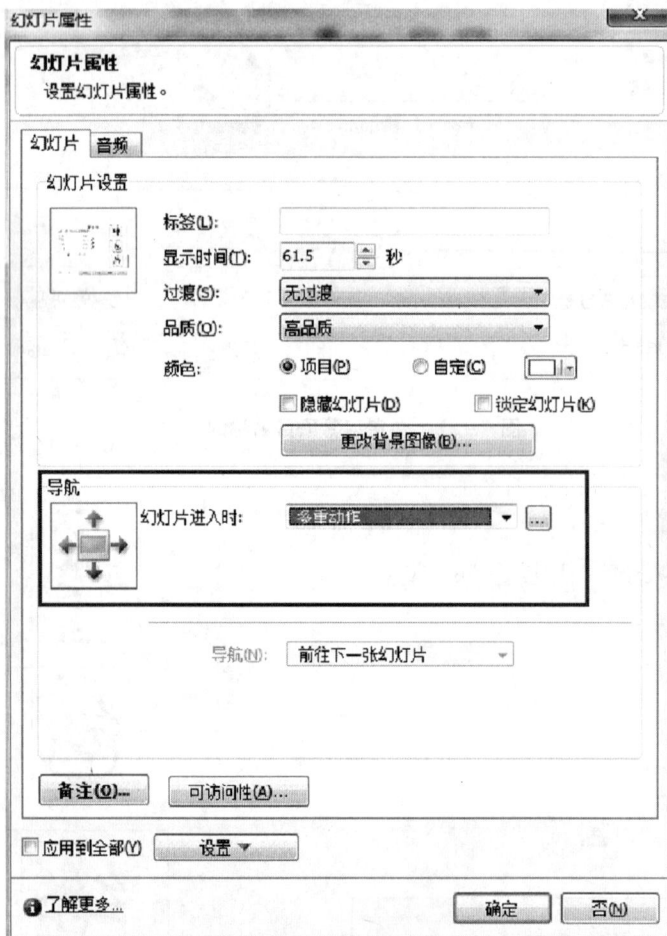

图4－59　幻灯片属性对话框

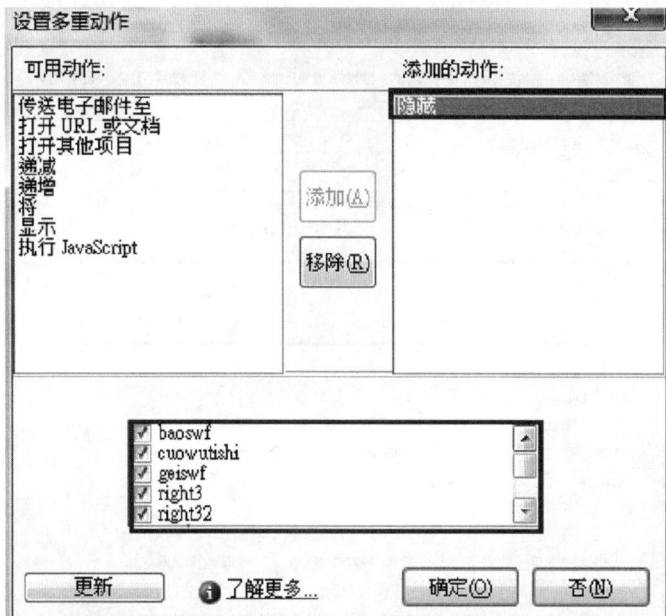

图 4 - 60　添加"隐藏"动作

【步骤8】进入"问题幻灯片"的幻灯片界面，单击"幻灯片"▶"编辑问题"，在"相符问题"界面，单击选取"选项"按钮，在"如果答题正确"一栏中，单击"动作"下拉列表，并选择"多重动作"；单击"…"按钮，打开"设定多重动作"对话框，单击"显示"选项，选择"zuoswf"、"geiswf"、"baoswf"、"right3"、"right32"以及"right33"6个项目，单击"加入"按钮，然后单击"确定"按钮，如图 4 - 61、图 4 - 62 所示。同样，设置答案错误时，给出反馈。如果答案错误，给出的反馈中显示的是"cuowutishi"和"wrong3"项目。

【步骤9】进入"问题幻灯片"的幻灯片界面，调整时间轴。在幻灯片播放开始1.5秒后设置图片、字幕和swf动画的播放开始时间，如图 4 - 63 所示。如果认为反馈信息显示时间过短，可以将反馈信息的结束时间延长。

图 4 - 61　在"相符问题"对话框中设置

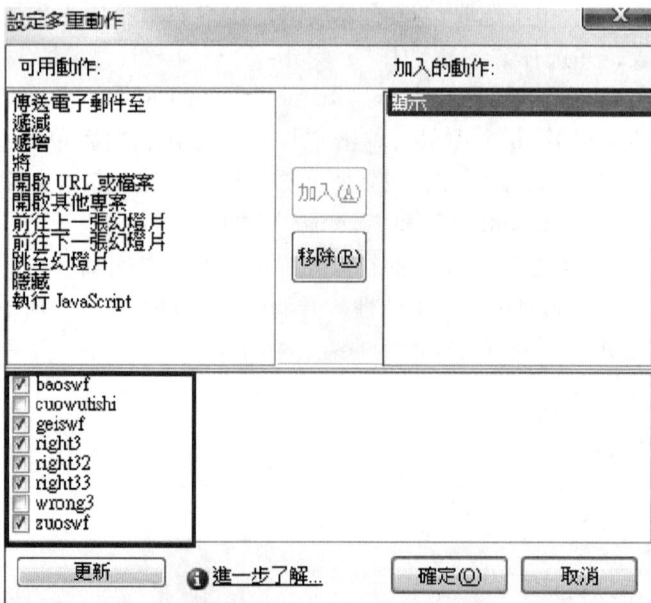

图 4 - 62　设置答案正确时的显示项目

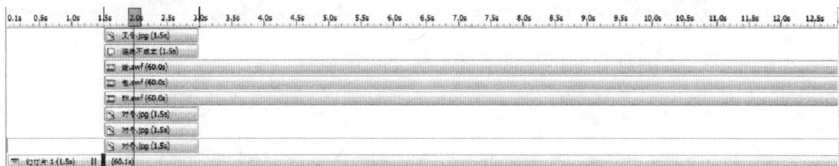

图4-63 时间轴的调整

【步骤10】发布：详情见上文。

④"听音认字"制作步骤。

【步骤1】素材准备。

表4-13 "听音认字"汉字练习制作素材准备表

分类	内容	媒体形式	媒体文件
提问部分	听读音，选出正确的汉字。 音频：xìng	文本、音频	兴.swf
作答部分	A. xīng B. xìn C. xì D. xìng	文本	无
反馈部分	正确：显示正确的符号标记"√"，并出现"兴"字的笔顺动画加以强化 错误：显示错误的符号标记"×"，并出现"兴"的拼音加以提示	图片、动画	√.jpg ×.jpg 兴.swf

【步骤2】打开 Adobe Captivate 软件，新建"空白项目"，选取合适的分辨率，单击确定，如上文。

【步骤3】单击菜单栏的"插入"选项，然后选取"幻灯片" ▶ "问题幻灯片"，在弹出的"问题类型"对话框中选择"选择"选项。单击"分级问题"进行下一步，如上文。

在弹出的"选择题"对话框中，输入试题的名称、问题以及答案，如图4-64所示。其中，在输入答案时，单击"加入"按钮来添加选择题选项，并选中"D）xìng"选项作为题目的正确答案。单击"确定"按钮。

图 4 - 64　试题编辑的对话框

【步骤 4】进入"问题幻灯片"的幻灯片界面。单击"插入"▶"动画"菜单选项，在弹出的对话框中，选取要插入的动画"xing. swf"作为题目读音的发音音频，并设置 swf 动画的"显示目标"属性为"特定时间"，时间为"60 秒"。调整动画的大小和位置。

同样，插入动画"兴. swf"，双击插入幻灯片中的动画项目，在弹出的"动画"对话框中选择"选项"，然后修改项目名称为"xingswf"；设置 swf 动画的"显示目标"属性为"特定时间"，时间为"60 秒"，如图 4 - 65 所示。

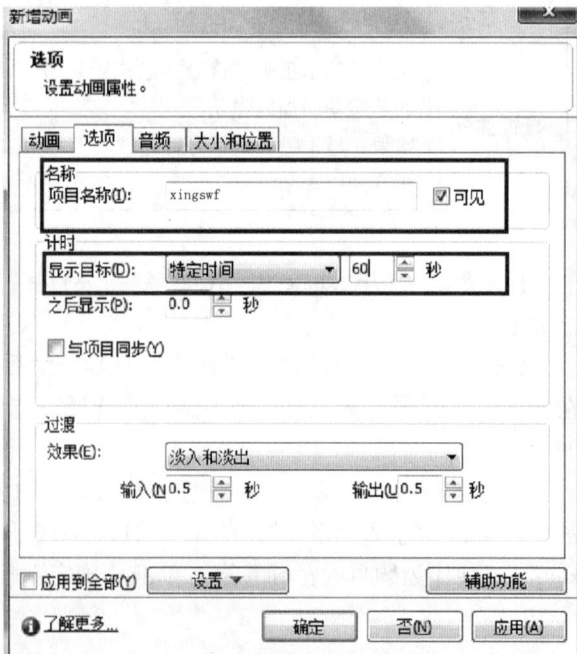

图 4 - 65　动画选项的名称和时间设置

【步骤5】回到"问题幻灯片"界面。单击软件界面左侧的"字幕"快捷方式，为幻灯片添加字幕。在弹出的"文字字幕"对话框中，输入字幕以及对其类型、字体、大小、颜色进行设置，如图 4 - 66 所示。设置此字幕项目的名称为"xing1"，如图 4 - 67 所示。将文字字幕复制 2 次，并将复制后的字幕的项目名称命名为"xing2"和"xing3"。调整字幕在幻灯片中的位置。

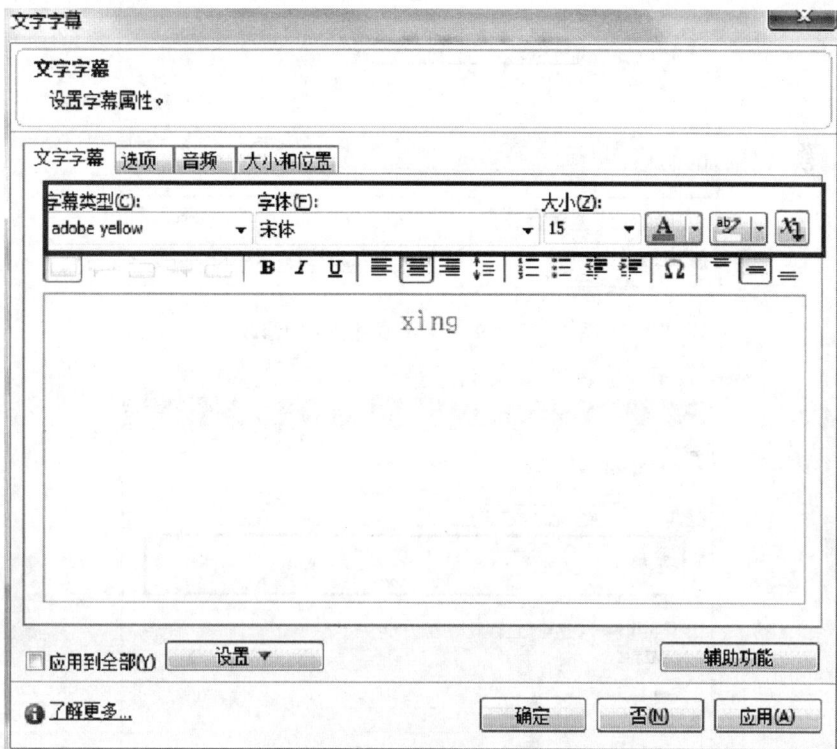

图 4 - 66　反馈字幕的建立与设置

【步骤6】回到"问题幻灯片"的幻灯片界面。单击"插入" ▶ "图像"菜单选项，在弹出的对话框中，选取要插入的图片"对号 . jpg"。双击插入幻灯片中的对号图片，在弹出的"图像"对话框中选择"选项"按钮，然后修改项目名称为"right4"，用来作为选取选项 D 的反馈图片，如图 4 - 68 所示。同样，插入 3 张"叉号 . jpg"，分别作为选择 A、B、C 错误选项的反馈图片，并分别命名为"wrongA4"、"wrongB4"和"wrongC4"。调整图片的位置和大小，如图 4 - 69 所示。

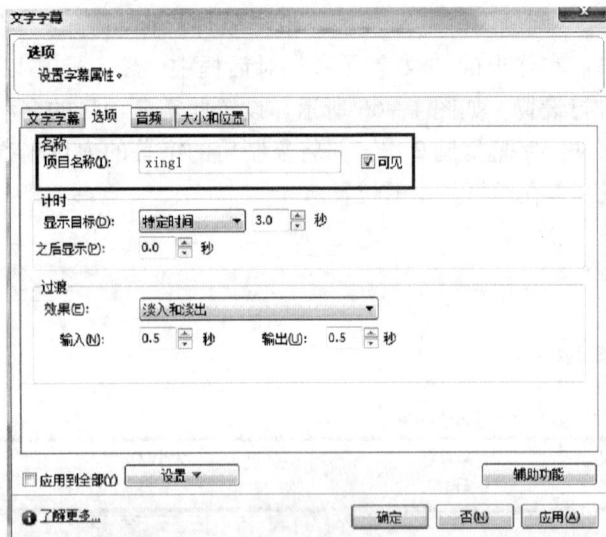

图 4 – 67　文字字幕项目名称的修改

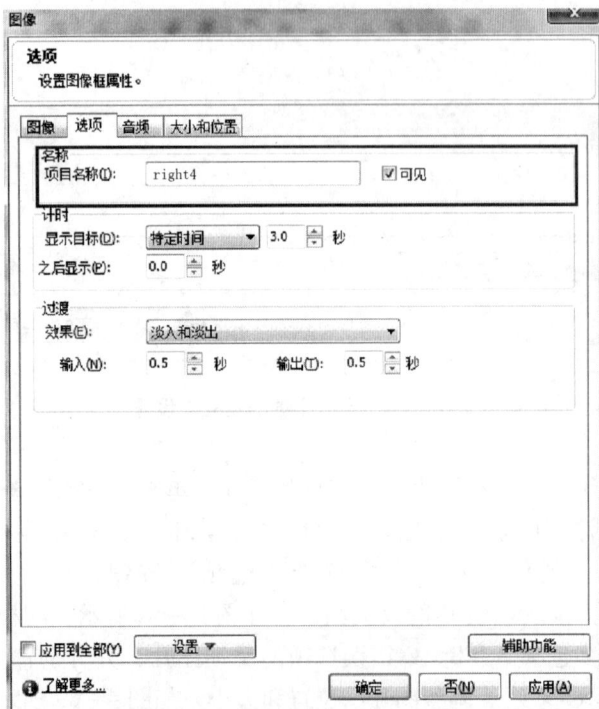

图 4 – 68　修改图像的项目名称

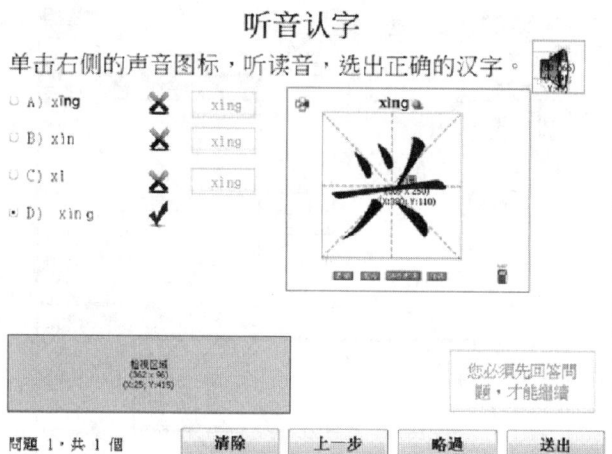

图 4-69　各项目在幻灯片中的位置

【步骤7】进入"问题幻灯片"的幻灯片界面，单击鼠标右键，选择"属性"，进入"幻灯片属性"对话框，如图4-70所示。在"导航"的"幻灯片进入时"下拉列表中选择"多重动作"，单击"…"按钮，进入"设置多重动作"对话框，单击选取"隐藏"选项。接下来，选中下面文本框中的"right4"、"wrongA4"、"wrongB4"、"wrongC4"、"xing1"、"xing2"、"xing3"和"xingswf"8个项目，单击"添加"按钮。添加后的效果如图4-71所示。

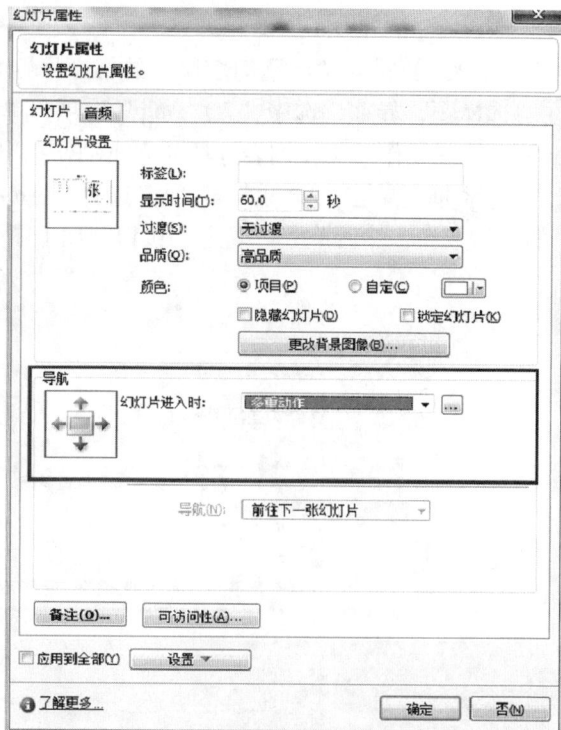

图 4-70　幻灯片属性对话框

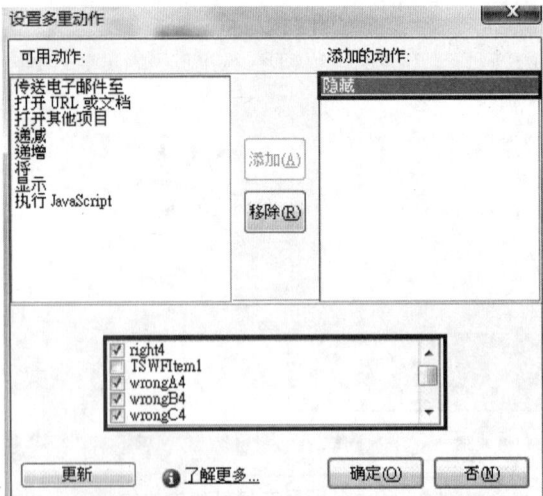

图 4 - 71　添加"隐藏"动作

【步骤 8】进入"问题幻灯片"的幻灯片界面，单击"幻灯片"▶"编辑问题"，在"选择题"界面，选中"A）xīng"选项；单击"进阶"，在"进阶答案选项"对话框中的"动作"下拉列表选择"多重动作"；单击"…"按钮，打开"设置多重动作"对话框，单击"显示"选项，选择"wrongA4"和"xing1"两个项目，单击"加入"按钮，然后单击"确定"按钮。如下图 4 - 72、图 4 - 73、图 4 - 74 所示。

图 4 - 72　选取选项 A 及"进阶"按钮

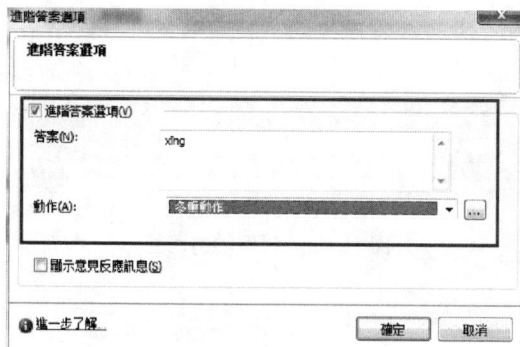

图 4-73 "进阶答案选项"对话框的设置

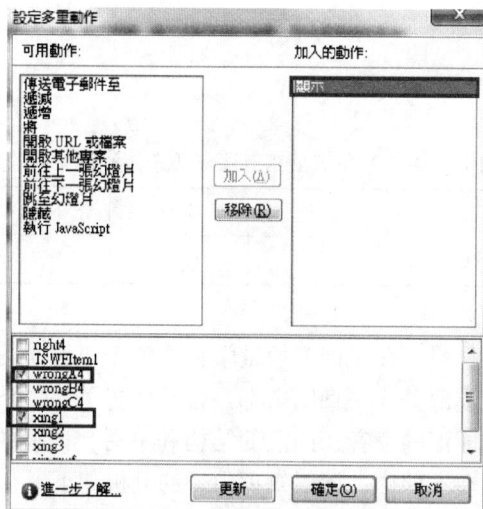

图 4-74 设置选项 A 的显示项目

同样，分别选取 B、C、D 选项，设置多重动作中显示的项目。选项 B 的显示设置项目分别为"wrongB4"和"xing2"，选项 C 的显示设置项目分别为"wrongC4"和"xing3"，选项 D 的显示设置项目分别为"right4"和"xingswf"。

【步骤9】进入"问题幻灯片"的幻灯片界面，调整时间轴。在幻灯片播放的同时开始播放动画文件"xing.swf"，开始播放幻灯片 1.5 秒后设置图片开始播放，在图片开始的 1.5 秒后设置动画"兴.swf"和文字字幕开始播放，如图 4-75 所示。如果认为反馈信息显示时间过短，可以将反馈信息的结束时间延长。

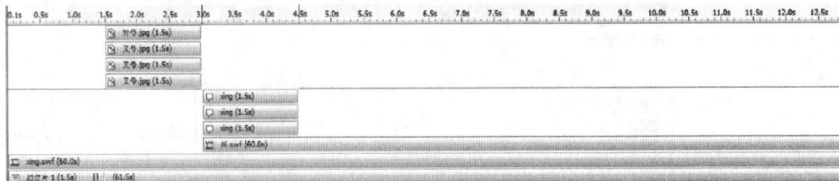

图 4 - 75　时间轴的调整

【步骤 10】发布：如上文。

二、词语学习模块教学设计与制作

1. 教学设计

（1）词语学习内容分析。

表 4 - 14　《中文》第二册第五课《买东西》课文中的词语表

东西	今年	昨天	生日	面包	牛奶
水果	玩具	哥哥	姐姐	唱歌	

　　词汇是汉语的建筑材料，关于词汇的教学贯穿整个语言学习的始终，因而词汇教学是汉语教学的重要组成部分，一直以来都是备受学界关注的研究课题。在词汇教学中，主要的知识点包括词汇的读音、词汇的结构和书写、词汇的意义解释、词汇的性质以及词汇的应用等。在本课中，词语知识内容的分析如下：

表 4 - 15　《中文》第二册第五课《买东西》词语知识内容分析表

知识点	学习内容	具体学习内容举例
读音	课文词语的正确读音	如词语"生日"的认读
字形	词语中汉字的正确书写	如词语"昨天"中汉字的正确书写
意义	词语的正确意义	如词语"今年"的正确意义
应用	重要词语的正确应用	如词语"买"的词性及正确应用

（2）词语学习目标描述。

根据对课文词汇知识内容的分析，可将本课词语学习目标描述如下：

表4-16　《中文》第二册第五课《买东西》词语学习目标描述表

内容 水平	词语
识记	正确认读以及书写词语；能够正确进行词语的听写（东西、今年、昨天、生日、面包、牛奶、水果、玩具、哥哥、姐姐、唱歌）
领会/理解	正确理解词语的意义，根据给出的词语进行相应的解释（东西、今年、昨天、生日、面包、牛奶、水果、玩具、哥哥、姐姐、唱歌）
应用	正确应用词语，给出相应的情境能够选用正确的词语（买、岁、给、张、卡、高兴）

（3）词语学习对象粒度的分析。

从数字化词语资源来看，词语学习对象可以分为数字化词典（包括在线类和软件类）、多媒体词汇教材以及词汇卡片和主题词卡等几类小工具。

《买东西》一课中，词语学习对象的类型可以分为词语学习和词语练习。其中，词语学习模块的知识点又可进一步细化；词语练习也是在对词语学习对象粒度的分析的基础之上设计的。根据以上对本课词语学习内容和学习目标的分析，可对词语学习对象的粒度作如下划分：

①词语主题概念及层次的划分。

本课对词语知识点的总体要求是：掌握本课的11个词语，正确认读、书写、理解和应用，包括词性、基本词义、词语搭配结构和近、反义词等。这些知识点之间的层次关系如图4-76所示。

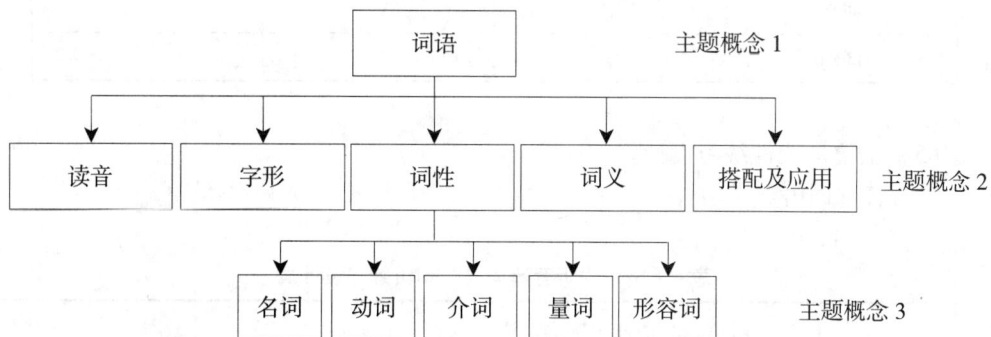

图4-76　词语的主题概念及层次关系图

②重难点分析。

确立词语主题概念后，还要继续对这些知识点进行重难点分析，这样在教师教学和学生学习过程中才能更好地把握。从以上对词语学习目标的描述中可以看出，词语的认读和书写是基础，在这个基础上再掌握词义和词语的搭配及应用，如图4-77。

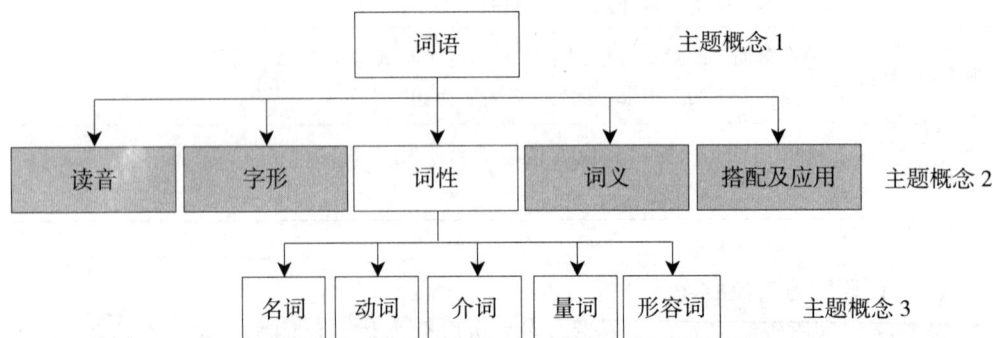

图4-77　带有重难点标记的词语主题概念图

（"读音"和"字形"为重点；"词义"和"搭配及应用"为难点）

（4）词语学习媒体选择。

表4-17　《中文》第二册第五课《买东西》词语学习媒体选择表

知识点	文本	图像	音频
拼音	√		
汉字	√		√
词义	√	√	
例句	√		√

（5）词语形成性练习设计。

①听音选词语。

表4-18　"听音选词语"词语练习设计表

提问（情境创设）	听读音，选择正确的词语（　　） 音频："哥哥"
作答（人机交互）	答案设置：A. 唱歌　　B. 姐姐　　C. 爸爸　　D. 哥哥

（续上表）

反馈（评价设计）	选择：A. 显示错误的符号标记"×"，出现词语"唱歌"的拼音文本 B. 显示错误的符号标记"×"，出现词语"姐姐"的拼音文本 C. 显示错误的符号标记"×"，出现词语"爸爸"的拼音文本 D. 显示正确的符号标记"√"，并重复词语"哥哥"的音频加以强化

②听音选图片。

表 4 – 19　"听音选图片"词语练习设计表

提问（情境创设）	听读音，选择正确的图片（　　） 音频："水果"
作答（人机交互）	答案设置：A. 　　　　　　　B.  C. 　　　　　　　D. 
反馈（评价设计）	选择：A. 显示错误的符号标记"×"，出现词语"面包"的拼音文本"miànbāo"。 B. 显示错误的符号标记"×"，出现词语"牛奶"的拼音文本"niúnǎi"。 C. 显示错误的符号标记"×"，出现词语"玩具"的拼音文本"wánjù"。 D. 显示正确的符号标记"√"，并重复词语"水果"的动画加以强化。

③看图选词语。

表 4–20 "看图选词语"词语练习设计表

提问（情境创设）	看图片，选择正确的词语（　） 爸爸买了（　）
作答（人机交互）	答案设置：A. 面包和牛奶　B. 水果和面包　C. 牛奶和水果 　　　　　D. 面包和玩具
反馈（评价设计）	选择：A. 显示正确的符号标记"√"，出现音频录音"爸爸买了面包和牛奶"加以强化。 　　　B. 显示错误的符号标记"×"，出现词语"水果和面包"的拼音文本"shuǐ guǒ hé miàn bāo"。 　　　C. 显示错误的符号标记"×"，出现词语"牛奶和水果"的拼音文本"niú nǎi hé shuǐ guǒ"。 　　　D. 显示错误的符号标记"×"，出现词语"面包和玩具"的拼音文本"miàn bāo hé wán jù"。

④选词填空。

表 4–21 "选词填空"词语练习设计表

提问（情境创设）	在下列词语中选择同一种类的词语（　）
作答（人机交互）	答案设置：A. 唱歌　B. 姐姐　C. 爸爸　D. 哥哥
反馈（评价设计）	选择： 　B、C、D：显示正确的符号标记"√"，出现音频录音"姐姐"、"爸爸"、"哥哥"加以强化 　其他答案：显示错误的符号标记"×"

2. 课件制作方法及案例

（1）演示型课件制作。

【步骤1】素材准备。

表 4 – 22　《中文》第二册第五课《买东西》词语课件制作素材准备表

词语知识点	媒体形式	媒体文件
读音	文本、音频	面包 . wma
汉字	文本	无
意义	图片	面包 . jpg
例句	文本、音频	我喜欢面包 . wma

【步骤 2】新建一个 PowerPoint 文档，命名为"中文第二册第五课词语 PPT 制作步骤"。双击打开 PPT 文档，在"单击此处添加第一张幻灯片"处，单击鼠标左键，即新建了一张幻灯片。

【步骤 3】幻灯片模板设计。选取"视图"选项，然后单击"幻灯片母版"按钮。选中第 2 张幻灯片，在幻灯片中选取"插入"菜单，单击"形状"下拉按钮，选取"矩形"选项。在幻灯片中拖动鼠标，画出矩形。单击"格式"菜单，通过选取"形状填充"和"形状轮廓"的颜色，设置成如图 4 – 78 所示的效果。

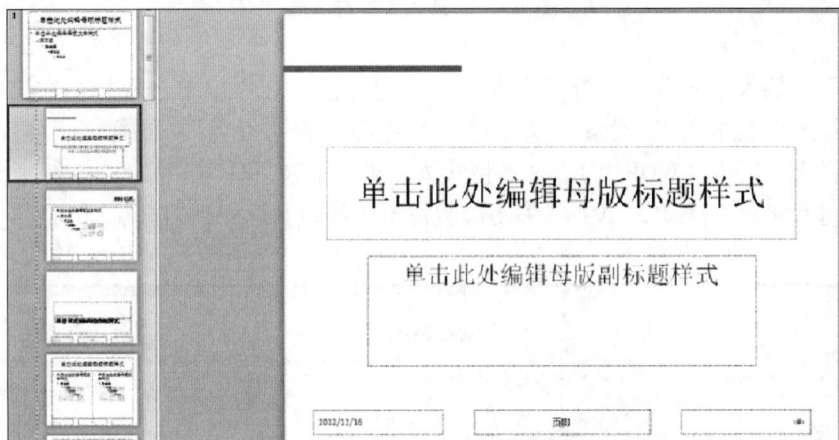

图 4 – 78　第 2 张幻灯片母版设计

选中第 3 张幻灯片，如上所述插入一个矩形，并进行格式设置。选取"插入"菜单，单击"图片"按钮，在弹出的对话框中选取要插入的图片"封面图 . jpg"，如图 4 – 79 所示。

图 4-79　插入图片对话框

选取"插入"菜单，单击"文本框"按钮，在幻灯片中单击鼠标，在文本框中输入"第五课买东西"。设置"买东西"字体颜色为"红色"。同样，新建文本框，输入内容为：词语（WORDS）；文本格式为：华文中宋，24 号。如图 4-80 所示。选取"幻灯片母版"菜单，单击"关闭母版视图"按钮，返回到幻灯片视图。

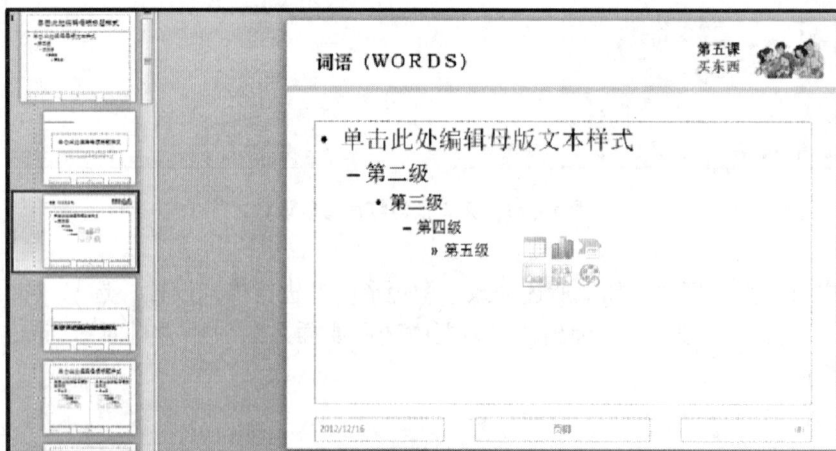

图 4-80　第 3 张幻灯片母版设计

【步骤 4】第 1 张幻灯片设计。选取"插入"菜单，单击"文本框"按钮，在幻灯片中插入一个文本框，输入文本内容"词语课件"。选中文本"词语课件"，在工具栏中设置字体格式为：华文中宋，32 号，加粗，阴影，蓝色字体效果。同样，再插入一个文本框，文本内容为"《中文》第二册第五课《买东西》"，字体设置格式为：华文中宋，36 号。调整文本框的位置，如图 4-81 所示。

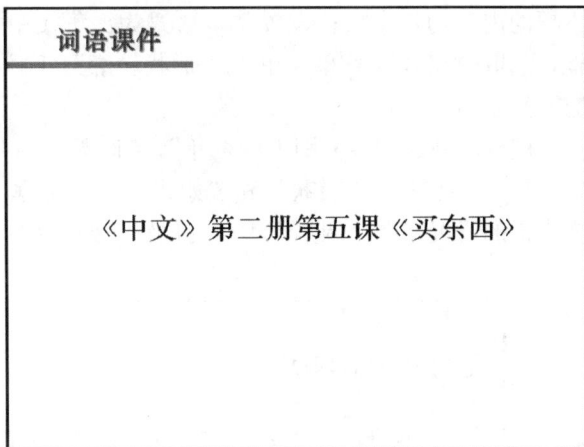

词语课件

《中文》第二册第五课《买东西》

图 4-81　第 1 张幻灯片效果

【步骤 5】第 2 张幻灯片设计。选取"开始"菜单，单击"新建幻灯片"按钮，即新建了第 2 张幻灯片。在幻灯片中插入一个文本框，文本为"买 东 西"，文本格式为：华文中宋，32 号，加粗。选取"插入"菜单，单击"图片"按钮，在弹出的对话框中选取插入的图片。设置文本框与图片的大小和位置，如图 4-82 所示。

măidōngxi
买东西

图 4-82　第 2 张幻灯片效果

【步骤 6】第 3 张幻灯片设计。选取"开始"菜单，单击"新建幻灯片"按钮，即新建了第 3 张幻灯片。选取"插入"菜单，单击"文本框"按钮，新建文本框，文本框的内容为：东西；设置文本格式为：华文中宋，28 号，加粗，黑色。选中文本框，选取"格式"菜单，单击"形状轮廓"下拉按钮，在弹出的下拉选项中，选取"橙色"。

同样，新建内容分别为"今年"、"昨天"、"生日"、"面包"、"牛奶"、"水果"、"玩具"、"哥哥"、"唱歌"和"姐姐"的文本框。字体以及文本框的设置与"东西"文本框的设置相同。调整文本框的位置，如图 4－83 所示。

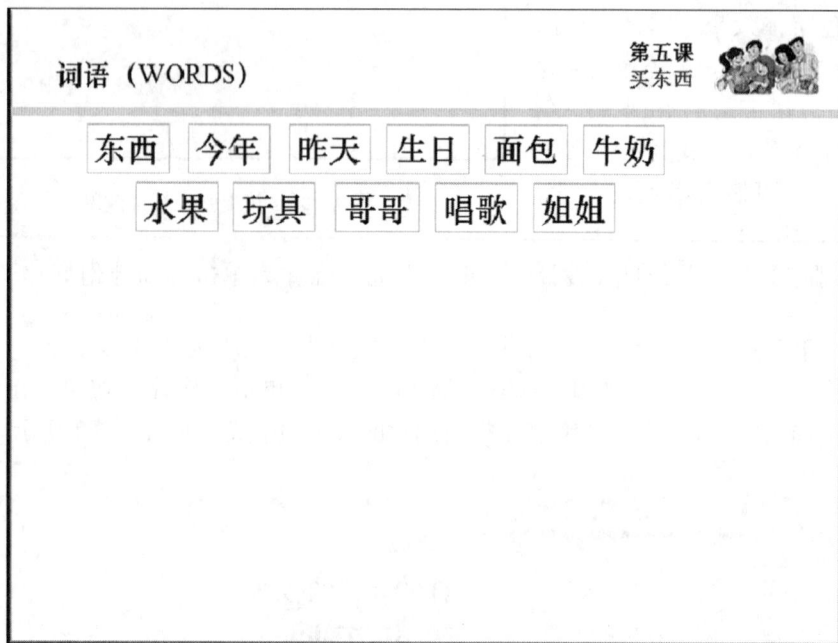

图 4－83　第 3 张幻灯片效果

【步骤 7】第 4 张幻灯片设计。在左侧幻灯片视图中选中第 3 张幻灯片，单击鼠标右键，选取"复制"选项，然后再单击鼠标右键，选取"粘贴"选项，复制第 3 张幻灯片为第 4 张幻灯片。

新建圆角矩形：选取"插入"菜单，单击"形状"按钮，选取"圆角矩形"选项，在幻灯片中画出一个圆角矩形。选中圆角矩形，选取"格式"菜单，单击"形状轮廓"按钮，选取"黑色"。单击"形状填充"按钮，选取"无颜色"选项。设置效果如图 4－84 所示。

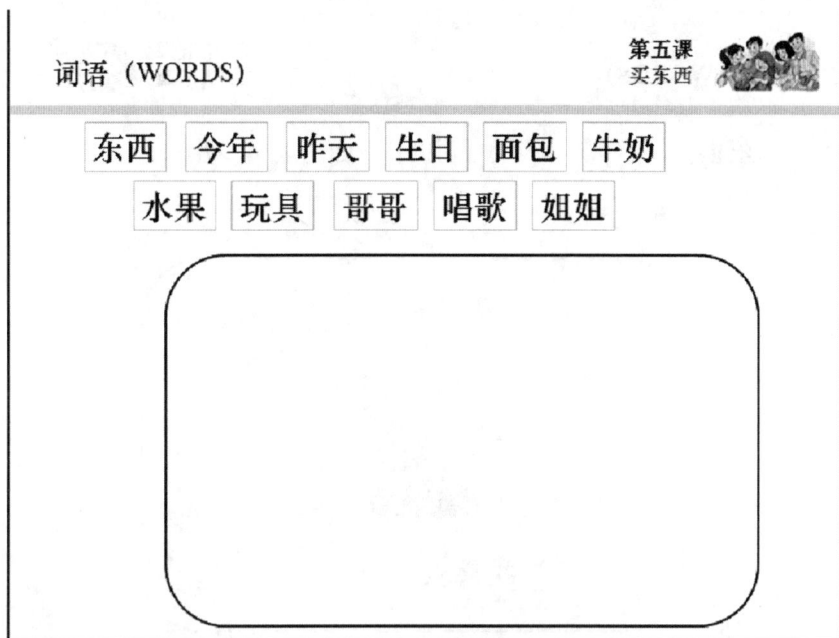

图 4 - 84　圆角矩形的设置效果

　　音频插入：选取"插入"菜单，单击"音频"下拉按钮，选取"文件中的音频"选项，在弹出的"插入音频"对话框中选取要插入的音频"面包.wav"。同样，插入音频"我喜欢面包.wav"。

　　文本框插入：选取"插入"菜单，单击"文本框"按钮，插入文本框，文本内容为：miànbāo；设置文本格式为：华文细黑，20 号，黑色。同样插入内容为"面包"和"我喜欢面包"的文本框，"面包"文本格式为：华文中宋，32 号，加粗，红色；"我喜欢面包"文本格式为：华文中宋，28 号，黑色。

　　图片插入：选取"插入"菜单，单击"图片"按钮，在弹出的"插入图片"对话框中，选取要插入的图片"面包.jpg"。调整音频图标、文本框以及图片的位置，如图 4 - 85 所示。

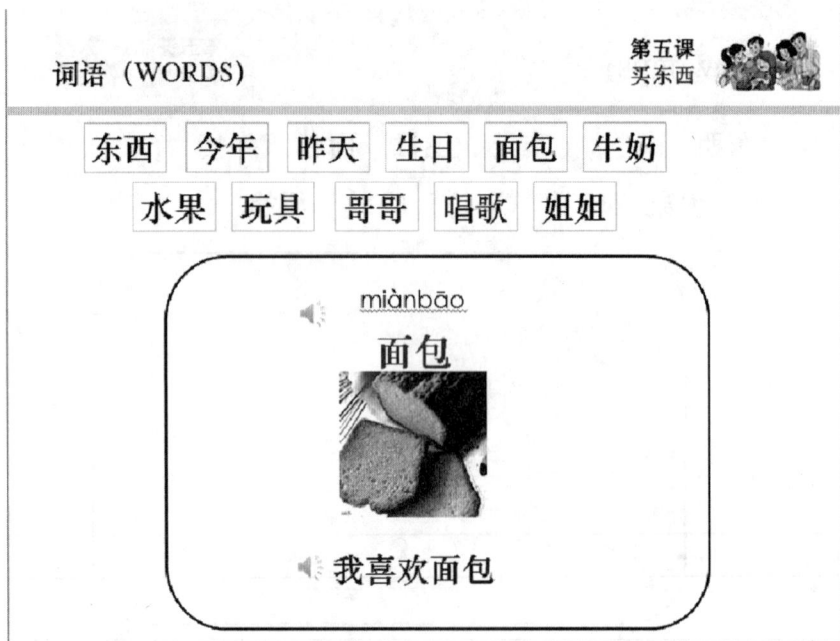

图 4-85 第 4 张幻灯片效果

【步骤 8】动画设置。选中第 4 张幻灯片中的"面包"文本框，选取"动画"菜单，在选项中选取"出现"动画效果，如图 4-86 所示。

图 4-86 动画设置

同样，依次为"miànbāo"和"我喜欢面包"设置相同的动画效果。设置后的幻灯片和动画窗格如图 4-87 所示。

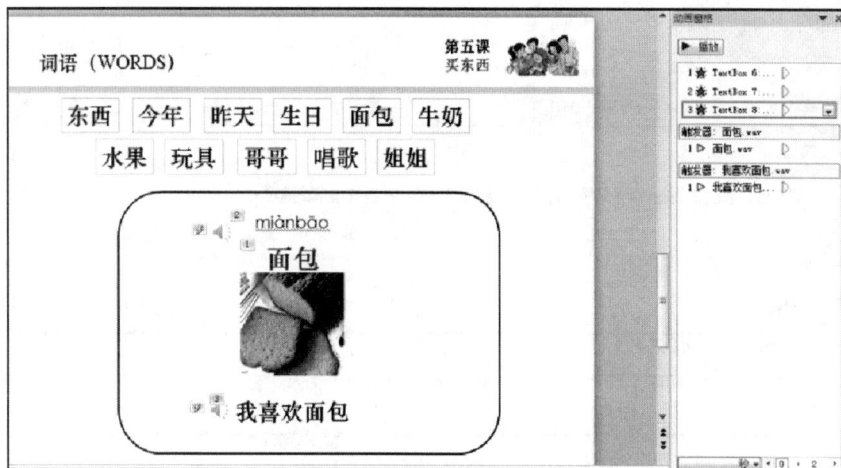

图 4-87 幻灯片最终效果以及动画窗格

（2）练习课件制作。

① "听音选单词"制作步骤。

【步骤 1】素材准备。

表 4-23 "听音选单词"词语练习制作素材准备表

分类	内容	媒体形式	媒体文件
提问部分	听读音，选择正确的词语（　）	文本、动画	哥哥.swf
作答部分	A. 唱歌　B. 姐姐　C. 爸爸　D. 哥哥	文本	无
反馈部分	正确：显示正确的符号标记 "√"，并出现 "哥哥" 的音频加以强化 错误：显示错误的符号标记 "×"，并出现相应词语的拼音文本给予提示	图片、文本、动画	√.jpg ×.jpg 哥哥.swf

【步骤 2】打开 Adobe Captivate 软件，新建 "空白项目"，选取合适的分辨率，单击确定，如上文。

【步骤 3】单击菜单栏的 "插入" 选项，然后选取 "幻灯片" ▶ "问题幻灯片"，在弹出的 "问题类型" 对话框中选择 "选择" 选项。单击 "分级问题" 进行下一步，如上文。

在弹出的 "选择题" 对话框中，输入试题的名称、问题以及答案，如图 4-88 所示。其中，在输入答案时，单击 "加入" 按钮来添加选择题选项，并选中 "D" 选项作为题目的正确答案。单击"确定"按钮。

图 4 - 88　试题编辑对话框

【步骤 4】进入"问题幻灯片"的幻灯片界面。单击"插入"▶"图像"菜单选项，在弹出的对话框中，选取要插入的图片"叉号.jpg"。双击插入幻灯片中的叉号图片，在弹出的"图像"对话框中选择"选项"按钮，然后修改项目名称为"WRONGA1"，用来作为选取选项 A 的反馈图片，如图 4 - 89 所示。将插入的图片复制两次，作为选择选项 B 和 C 的反馈图片，分别命名为"WRONGB1"和"WRONGC1"。同样，插入对号图片"对号.jpg"作为选择正确选项 D 的反馈图片，并将其命名为"RIGHT1"。

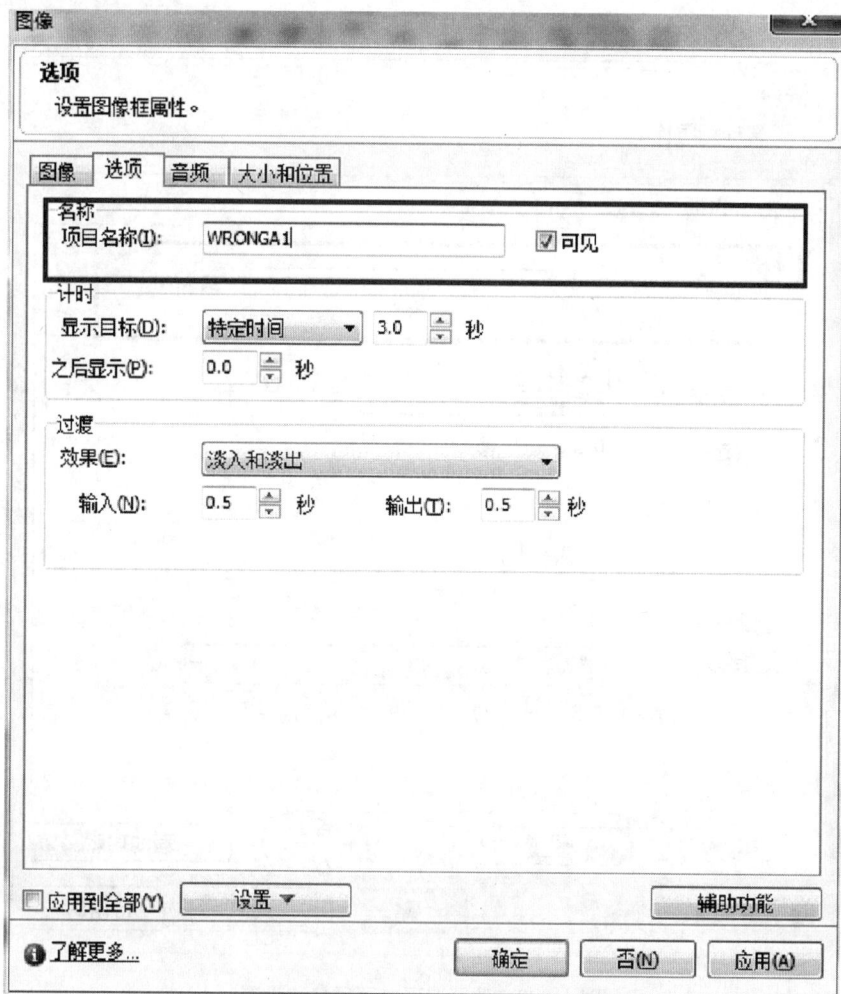

图 4-89 修改图像的项目名称

【步骤 5】回到"问题幻灯片"的幻灯片界面。单击"插入"▶"动画"菜单选项，在弹出的对话框中，选取要插入的动画"哥哥.swf"，作为题目中播放的音频文件。复制 swf 动画文件并粘贴到幻灯片中，双击复制的动画项目，在弹出的"动画"对话框中选择"选项"，然后修改项目名称为"gegeswf"，如图 4-90 所示。

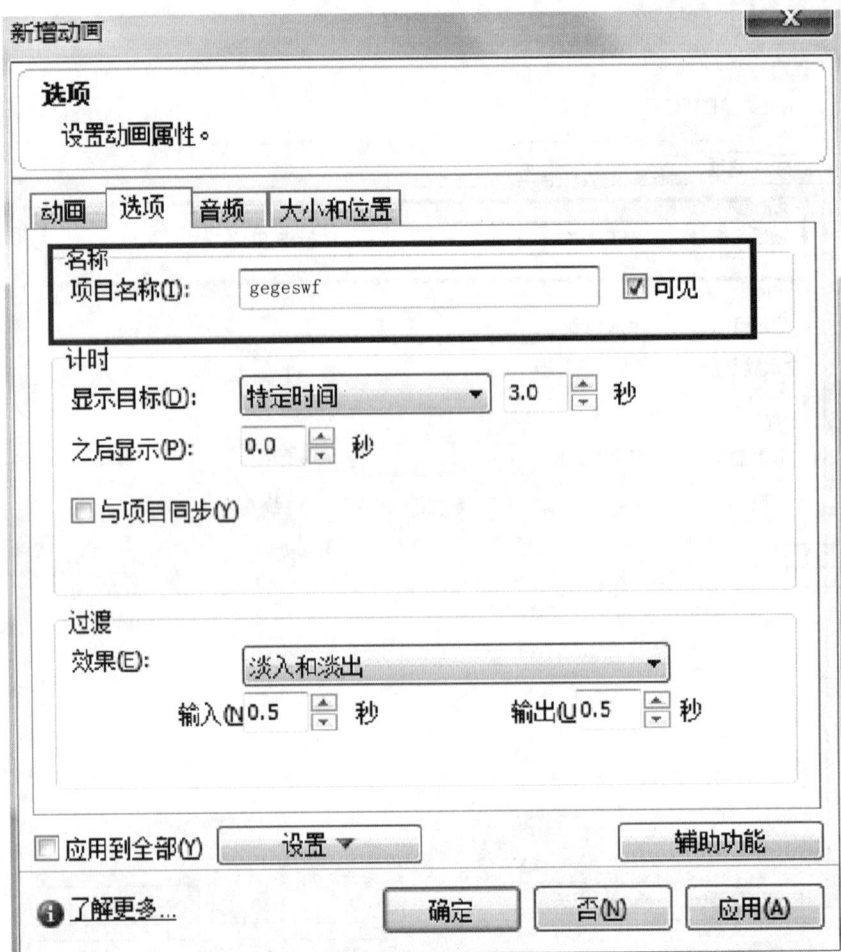

图 4 - 90 动画选项的项目名称设置

【步骤 6】回到"问题幻灯片"界面。单击软件界面左侧的"字幕"快捷方式，为幻灯片添加字幕。在弹出的"新增文字字幕"对话框中，输入字幕以及对其类型、字体、大小、颜色进行设置，如图 4 - 91 所示。设置此字幕项目的名称为"changge"，如图 4 - 92 所示。利用同样的方法，新建文字字幕，字幕分别为"jiě jie"和"bà ba"，项目名称分别为"jiejie"和"baba"。调整字幕、动画以及图片的位置和大小，使之显示如图 4 - 93 所示的效果。

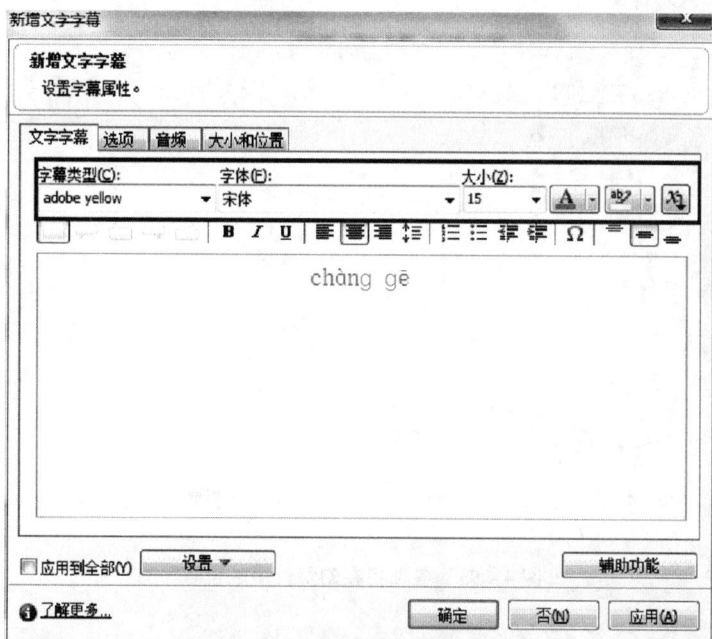

图 4 - 91　反馈字幕的建立与设置

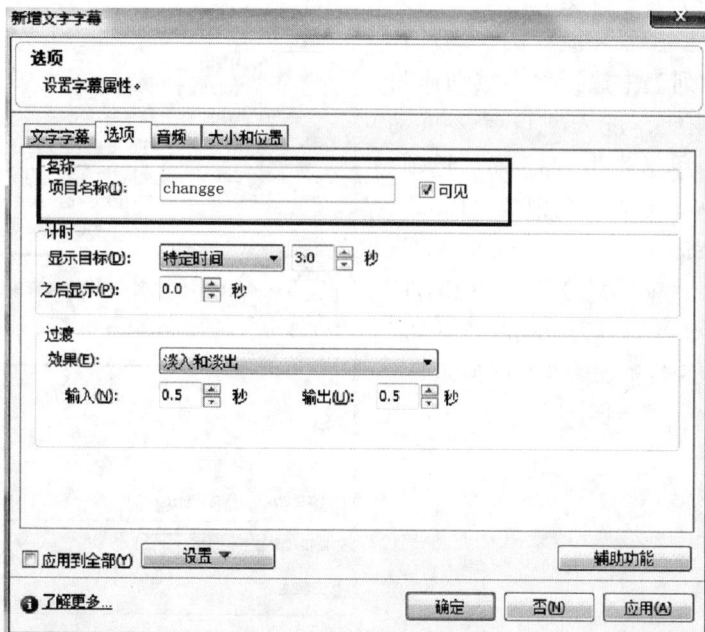

图 4 - 92　文字字幕项目名称的修改

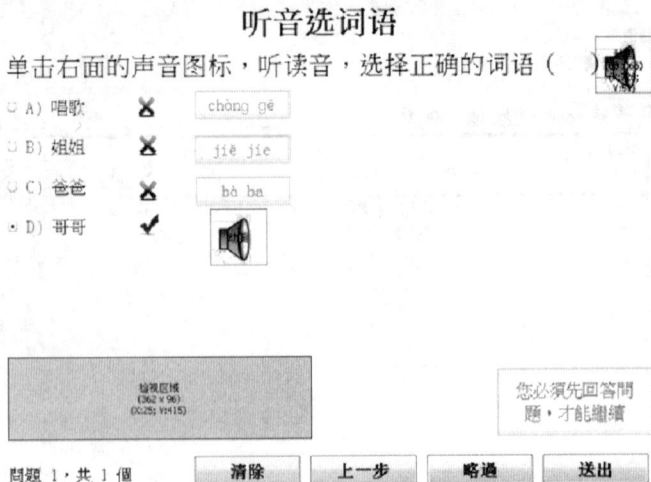

听音选词语

单击右面的声音图标，听读音，选择正确的词语（　　）

○ A) 唱歌　✗　chàng gē

○ B) 姐姐　✗　jiě jie

○ C) 爸爸　✗　bà ba

◉ D) 哥哥　✔　🔊

检视区域
(362 × 96)
(X:25；Y:415)

您必须先回答问题，才能继续

问题 1，共 1 个　　清除　上一步　略过　送出

图 4 – 93　各项目在幻灯片中的位置

【步骤7】进入"问题幻灯片"的幻灯片界面，单击鼠标右键，选择"属性"，进入"幻灯片属性"对话框，如图 4 – 94 所示。在"导航"的"幻灯片进入时"下拉列表中选择"多重动作"，单击"…"按钮，进入"设置多重动作"对话框，单击选取"隐藏"选项。接下来，选中下面文本框中的"baba"、"jiejie"、"changge"、"WRONGA1"、"WRONGB1"、"WRONGC1"、"RIGHT1"和"gegeswf"8 个项目，单击"添加"按钮。添加后的效果如图 4 – 95 所示。

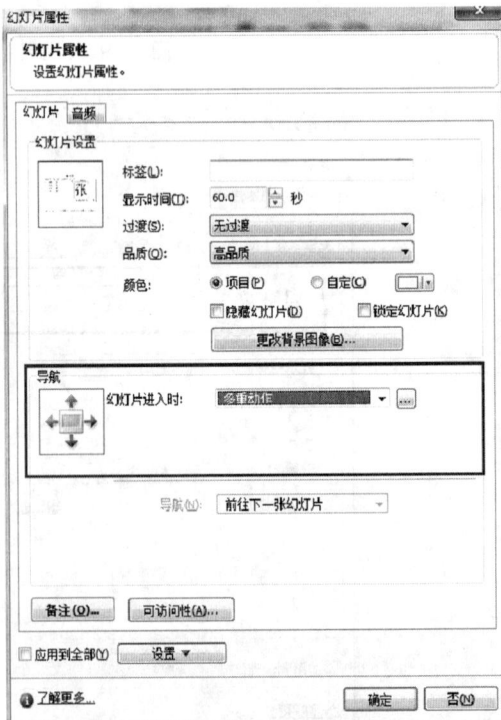

图 4 – 94　幻灯片属性对话框

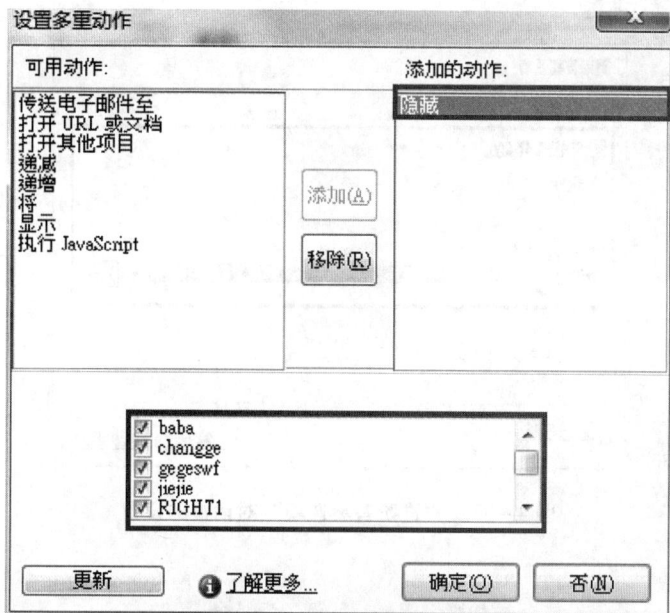

图 4 - 95　添加"隐藏"动作

【步骤 8】进入"问题幻灯片"的幻灯片界面，单击"幻灯片"▶"编辑问题"，在"选择题"界面，选中"A）唱歌"选项；单击"进阶"，在"进阶答案选项"对话框中的"动作"下拉列表选择"多重动作"，单击"…"按钮，打开"设定多重动作"对话框，单击"显示"选项，选择"WRONGA1"和"changge"两个项目，单击"加入"按钮，然后单击"确定"按钮。如下图 4 - 96、图 4 - 97、图 4 - 98 所示。

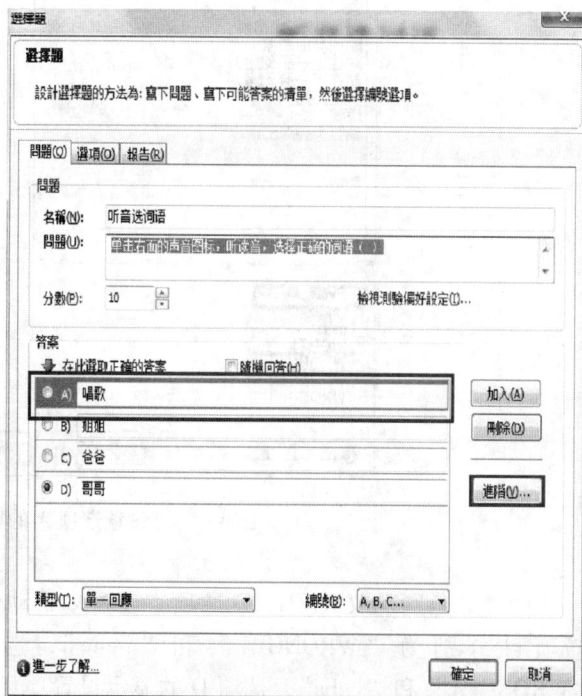

图 4 - 96　选取选项 A 及"进阶"按钮

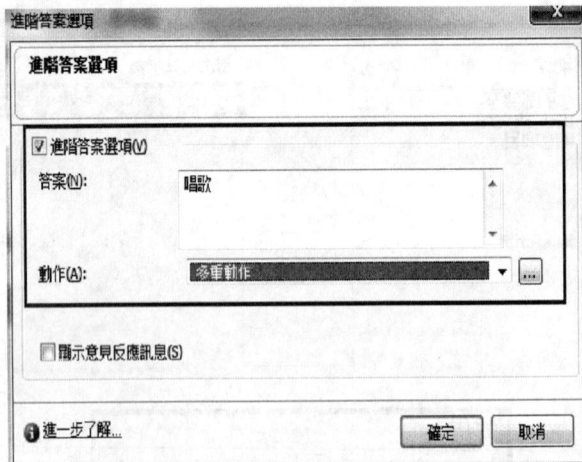

图4-97 "进阶答案选项"对话框的设置

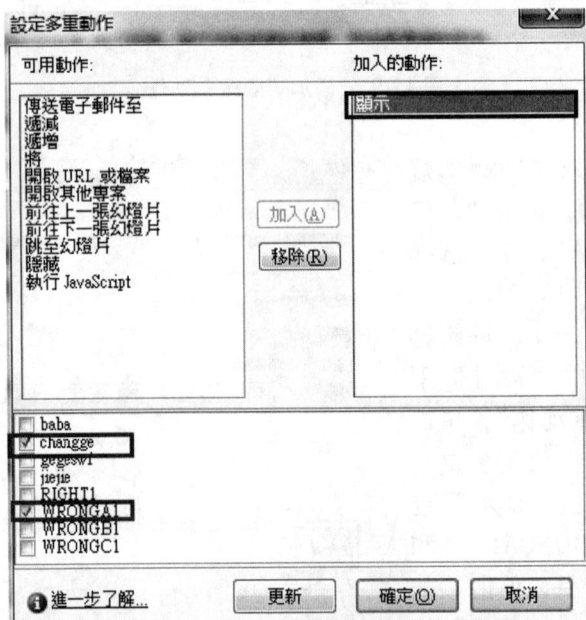

图4-98 设置选项A的显示项目

同样，分别选取B、C、D选项，设置多重动作中显示的项目。选项B的显示设置项目分别为"WRONGB1"和"jiejie"，选项C的显示设置项目分别为"WRONGC1"和"baba"，选项D的显示设置项目分别为"RIGHT1"和"gegeswf"。

【步骤9】进入"问题幻灯片"的幻灯片界面，调整时间轴。在幻灯片播放的同时播放动画"哥哥.swf",在幻灯片播放开始1.5秒后设置图片反馈信息开始播放,在图片播放结束后,设置文字字幕反馈信息以及"哥哥.swf"音频动画的开始时间,如图4-99所示。如果认为反馈信息显示时间过短,可以将反馈信息的结束时间延长。

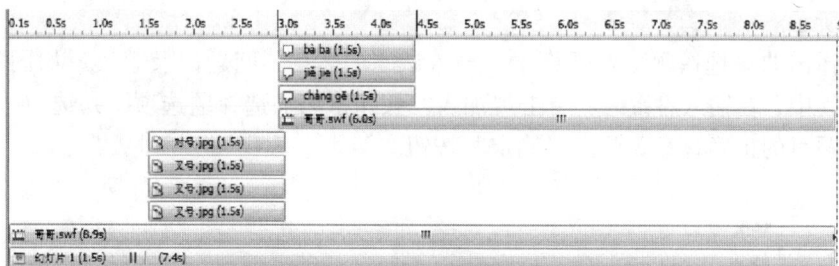

图4-99　时间轴的调整

【步骤10】发布:见上文。

②"听音选图片"制作步骤。

【步骤1】素材准备。

表4-24　"听音选图片"词语练习制作素材准备表

分类	内容	媒体形式	媒体文件
提问部分	听读音,选择正确的图片(　　)	文本、动画	水果.swf
作答部分	A. B. C. D.	图片	面包.jpg 牛奶.jpg 玩具.jpg 水果.jpg
反馈部分	正确:显示正确的符号标记"√",并出现"水果"的音频加以强化 错误:显示错误的符号标记"×",并出现相应词语的拼音文本给予提示	图片、文本、动画	√.jpg ×.jpg 水果.swf

【步骤2】打开 Adobe Captivate 软件，新建"空白项目"，选取合适的分辨率，单击确定，如上文所示。

【步骤3】单击菜单栏的"插入"选项，然后选取"幻灯片"▶"问题幻灯片"，在弹出的"问题类型"对话框中选择"选择"选项。单击"分级问题"进行下一步，如上文所示。

在弹出的"选择题"对话框中，输入试题的名称、问题以及答案，如图 4 - 100 所示。其中，在输入答案时，单击"加入"按钮来添加选择题选项，并选中"D"选项作为题目的正确答案。单击"确定"按钮。

图 4 - 100　试题的编辑设置

【步骤4】为选项添加图片。选取"插入"菜单，单击"图像"菜单选项，在弹出的对话框中，选取"面包.jpg"图片选项。双击图片，在弹出的"图像"对话框中单击"选项"按钮，设置图片的显示目标为"特定时间"，时间为"10 秒"，如图 4 - 101 所示。

同样，插入"牛奶.jpg"、"水果.jpg"和"玩具.jpg"三张图片，对其进行相同的时间设置。调整选项以及图片的大小和位置，如图 4 - 102 所示。

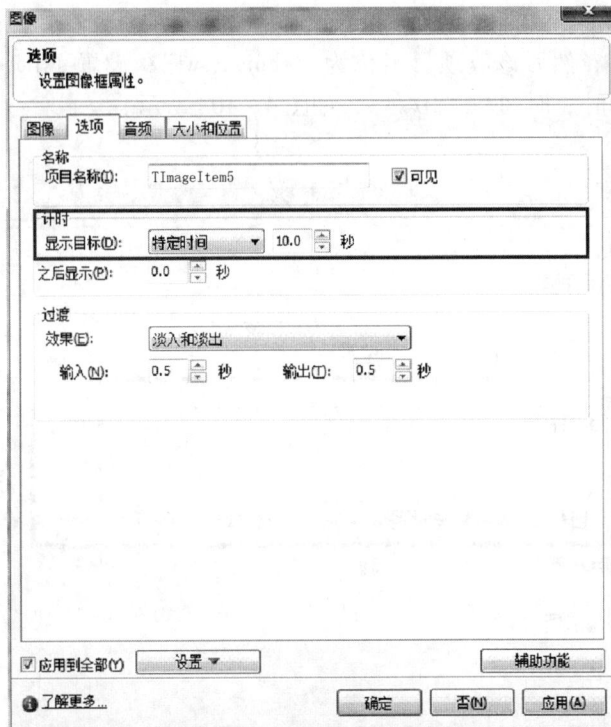

图 4 - 101 图像的时间设置

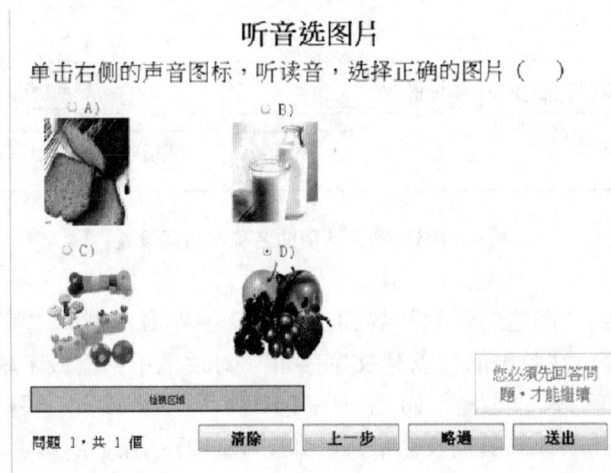

图 4 - 102 调整选项及图片后的效果

【步骤 5】进入"问题幻灯片"的幻灯片界面。单击"插入"▶"动画"菜单选项，在弹出的对话框中，选取要插入的动画"水果.swf"，作为题目读音的发音音频。同样，再次插入动画"水果.swf"，双击"水果.swf"项目，在弹出的"动画"对话框中选择"选项"，然后修改项目名称为"shuiguoswf"；设置 swf 动画"显示目标"属性为"特定时间"，时间为"10 秒"，如图 4-103 所示。

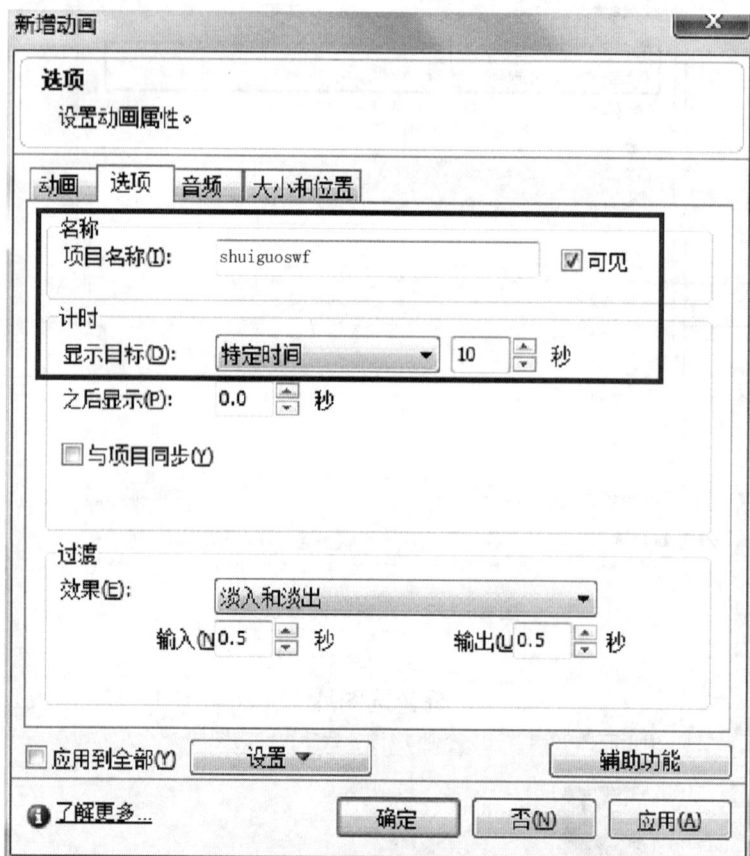

图 4-103　动画选项的名称和时间设置

【步骤 6】回到"问题幻灯片"界面。单击软件界面左侧的"字幕"快捷方式，为幻灯片添加字幕。在弹出的"新建文字字幕"对话框中，输入字幕以及对其类型、字体、大小、颜色进行设置，如图 4-104 所示。设置此字幕项目的名称为"mianbao"，作为选项 A 作答的反馈信息，如图 4-105 所示。

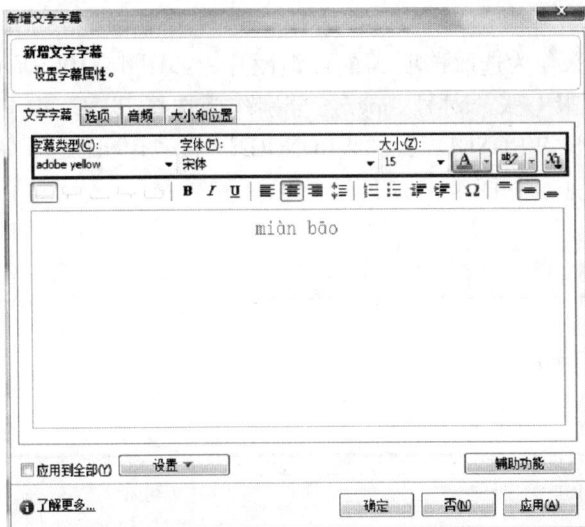

图 4 – 104　字幕的建立和设置

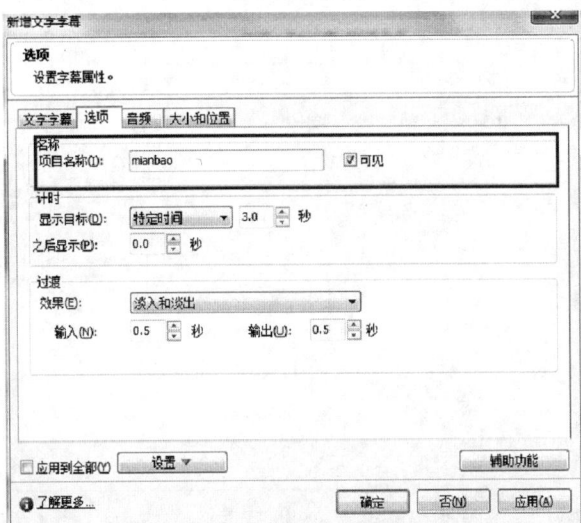

图 4 – 105　文字字幕项目名称的修改

　　同样，分别新建内容为"niú nǎi"和"wán jù"的文字字幕，并将其项目名称分别改为"niunai"和"wanju"。字幕"niú nǎi"作为选项 B 作答的反馈信息，字幕"wán jù"作为选项 C 作答的反馈信息。

　　【步骤 7】回到"问题幻灯片"的幻灯片界面。单击"插入"▶"图像"菜单选项，在弹出的对话框中，选取要插入的图片"叉号 . jpg"。双击插入幻灯片中的叉号图片，在弹出的"图像"对话框中选择"选项"按钮，然后修改项目名称为"WRONGA2"，用来作为选取选项 A 的反馈图片，如图 4 – 106 所示。同样，插入两张"叉号.jpg"以及一张"对号.jpg"，分别作为选择 B、C、D 选项答题的反馈图片，并分别命名为"WRONGB2"、"WRONGC2"和"RIGHT2"。调整图片、动画以及字幕的位置和大小，如图 4 – 107 所示。

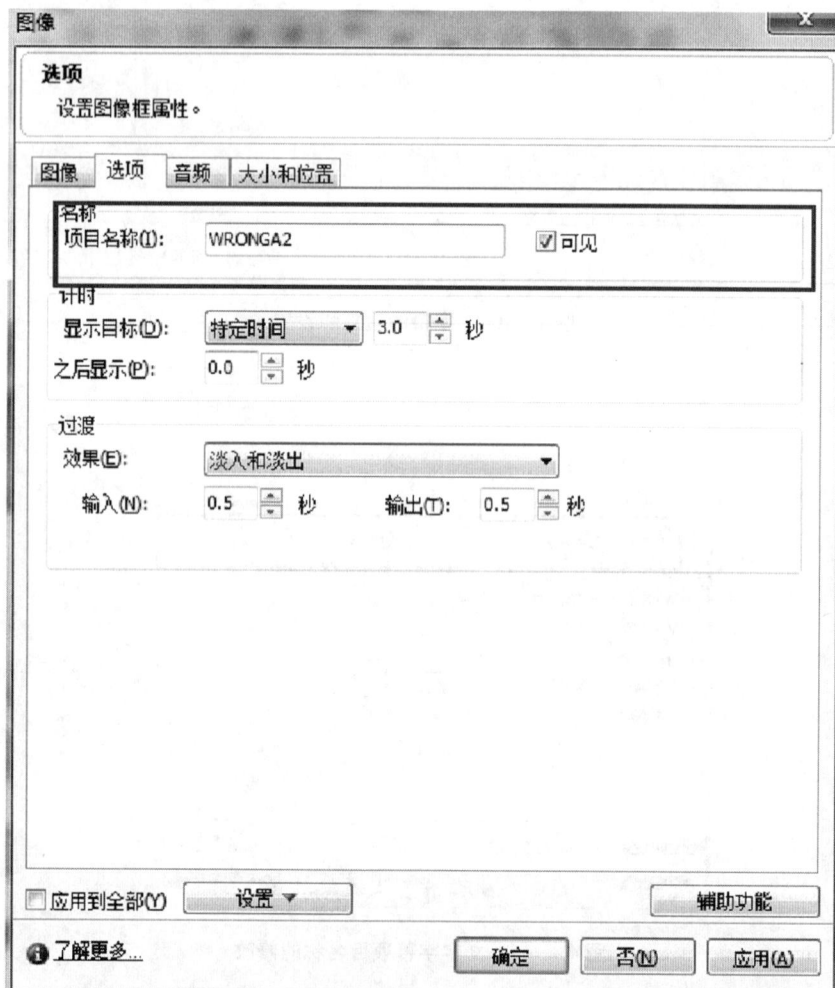

图 4 – 106　修改图像的项目名称

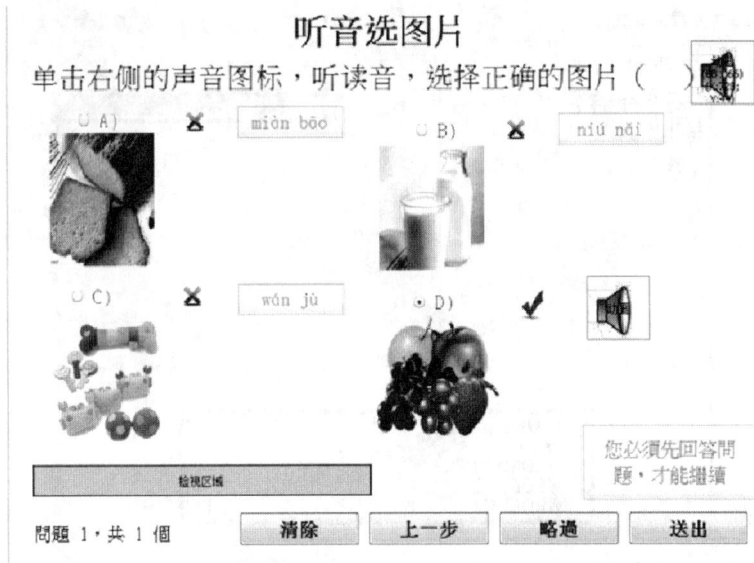

图 4 - 107　各项目在幻灯片中的位置

【步骤 8】进入"问题幻灯片"的幻灯片界面，单击鼠标右键，选择"属性"，进入"幻灯片属性"对话框，如图 4 - 108 所示。在"导航"的"幻灯片进入时"下拉列表中选择"多重动作"，单击"…"按钮，进入"设置多重动作"对话框，单击选取"隐藏"选项。接下来，选中下面文本框中的"WRONGA2"、"WRONGB2"、"WRONGC2"、"RIGHT2"、"shuiguoswf"、"mianbao"、"wanju"和"niunai" 8 个项目，单击"添加"按钮。添加后的效果如图 4 - 109 所示。

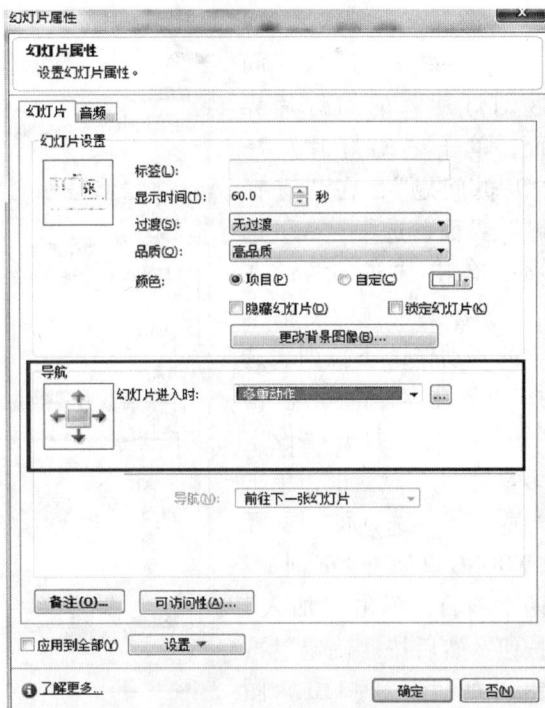

图 4 - 108　幻灯片属性对话框

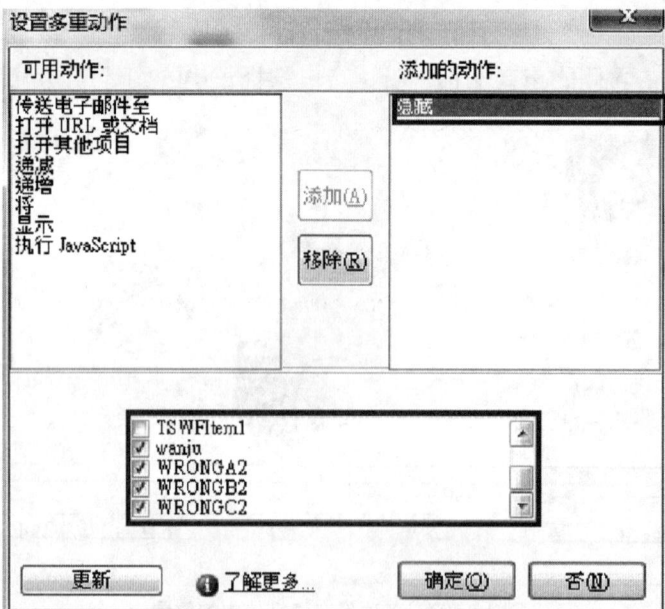

图 4 - 109　添加"隐藏"动作

【步骤 9】进入"问题幻灯片"的幻灯片界面，单击"幻灯片" ▶ "编辑问题"，在"选择题"界面，选中"A"选项；单击"进阶"，在"进阶答案选项"对话框中的"动作"下拉列表选择"多重动作"；单击"…"按钮，打开"设定多重动作"对话框，单击"显示"选项，选择"WRONGA2"和"mianbao"两个项目，单击"加入"按钮，然后按"确定"按钮。如图 4 - 110、图 4 - 111、图 4 - 112 所示。

图 4 - 110　选取选项 A 及"进阶"按钮

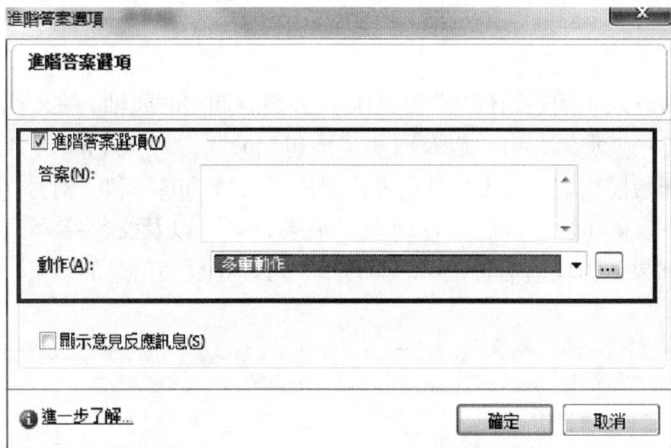

图 4 - 111   "进阶答案选项"对话框的设置

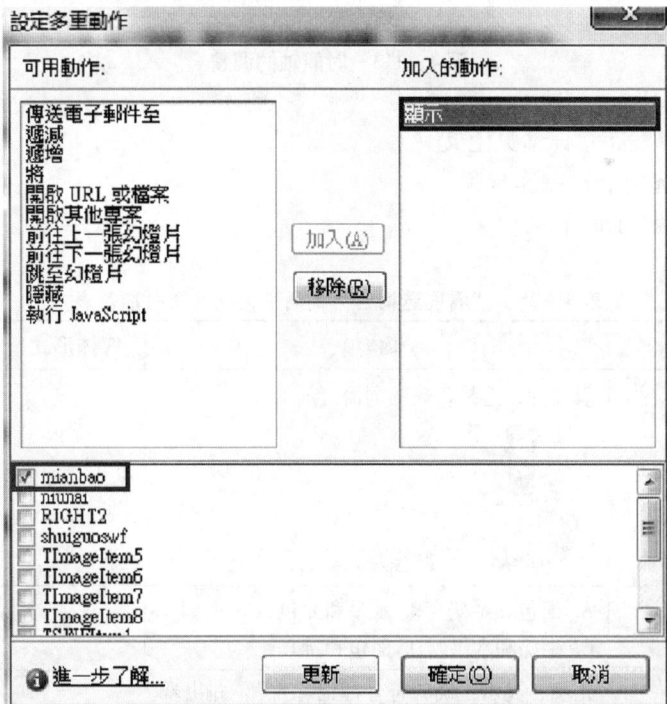

图 4 - 112   设置选项 A 的显示项目

同样，分别选取 B、C、D 选项，设置多重动作中显示的项目。选项 B 的显示设置项目分别为"WRONGB2"和"niunai"，选项 C 的显示设置项目分别为

"WRONGC2"和"wanju"，选项 D 的显示设置项目分别为"RIGHT2"和
"shuiguoswf"。

【步骤 10】进入"问题幻灯片"的幻灯片界面，调整时间轴。在幻灯片播放的同时
开始播放动画文件"水果.swf"以及图片"面包.jpg"、"牛奶.jpg"、"水果.jpg"和
"玩具.jpg"，开始播放幻灯片 1.5 秒后设置图片"叉号.jpg"和"对号.jpg"的开始时
间，在图片反馈信息开始 2 秒后设置动画"水果.swf"以及文字字幕开始播放，如图
4–113 所示。如果认为反馈信息显示时间过短，可以将反馈信息的结束时间延长。

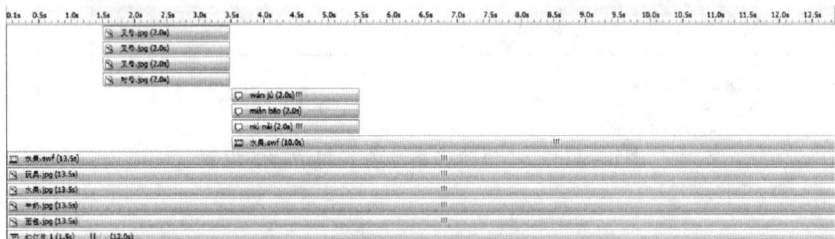

图 4–113　时间轴的调整

【步骤 11】发布：详情见上文。
③"看图选词语"制作步骤。
【步骤 1】素材准备。

表 4–25　"看图选词语"词语练习制作素材准备表

分类	内容	媒体形式	媒体文件
提问部分	看图片，选择正确的词语（　） 爸爸买了（　）	文本、图像	面包牛奶.jpg
作答部分	A. 面包和牛奶　B. 水果和面包 C. 牛奶和水果　D. 面包和玩具	文本	无
反馈部分	正确：显示正确的符号标记"√"，并出现"爸爸买了面包和牛奶"的音频录音加以强化 错误：显示错误的符号标记"×"，并出现相应词语的拼音文本给予提示	图片、文本、动画	√.jpg ×.jpg 面包牛奶.swf

【步骤2】打开 Adobe Captivate 软件，新建"空白项目"，选取合适的分辨率，单击确定，如上文所示。

【步骤3】单击菜单栏的"插入"选项，然后选取"幻灯片"▶"问题幻灯片"，在弹出的"问题类型"对话框中，选择"选择"选项。单击"分级问题"进行下一步，如上文所示。然后在弹出的"选择题"对话框中，输入试题的名称、问题以及答案，如图4-114所示。其中，在输入答案时，单击"加入"按钮来添加选择题选项，并选中"A）面包和牛奶"选项作为题目的正确答案。单击"确定"按钮。

图 4 - 114　试题编辑对话框

【步骤4】为选项添加图片。选取"插入"菜单，单击"图像"菜单选项，在弹出的对话框中，选取"面包牛奶.jpg"图片选项。双击图片，在弹出的"图像"对话框中，单击"选项"按钮，设置图片的显示目标为"特定时间"，时间为"13秒"，如图4-115所示。调整图片的位置，如图4-116所示。

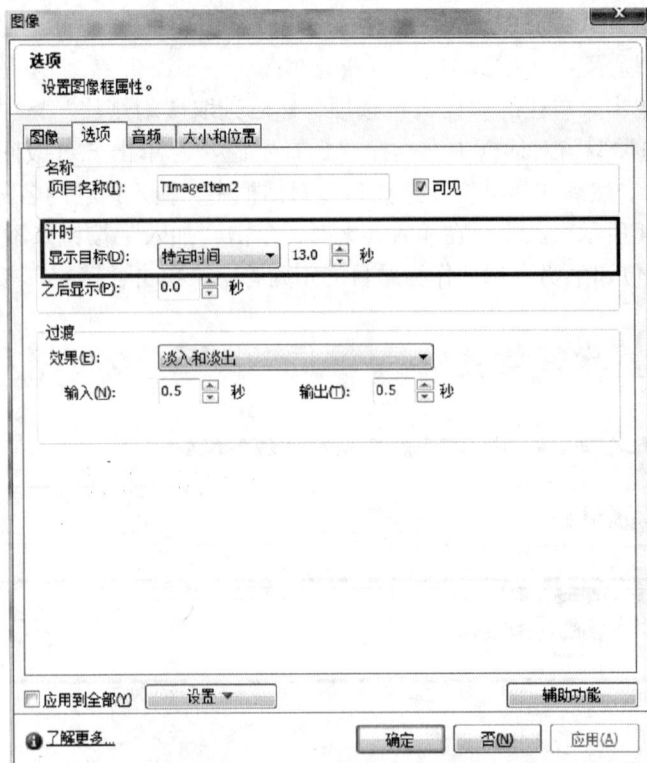

图 4 - 115　图像的时间设置

看图选词语

看图片，选择正确的词语（　　）

- ⊙ A）面包和牛奶
- ○ B）水果和面包
- ○ C）牛奶和水果
- ○ D）面包和玩具

显示区域
(362 x 49)
(X:25; Y:462)

您必须先回答问题，才能继续

问题 1，共 1 个　　　清除　　上一步　　略过　　送出

图 4 - 116　题目和图片项目在幻灯片的位置

【步骤5】进入"问题幻灯片"的幻灯片界面。单击"插入"▶"动画"菜单选项，在弹出的对话框中，选取要插入的动画"面包牛奶.swf"，双击插入的动画项目，在弹出的"动画"对话框中选择"选项"，然后修改项目名称为"mianbaoswf"；设置swf动画的"显示目标"属性为"特定时间"，时间为"10秒"，如图4-117所示。

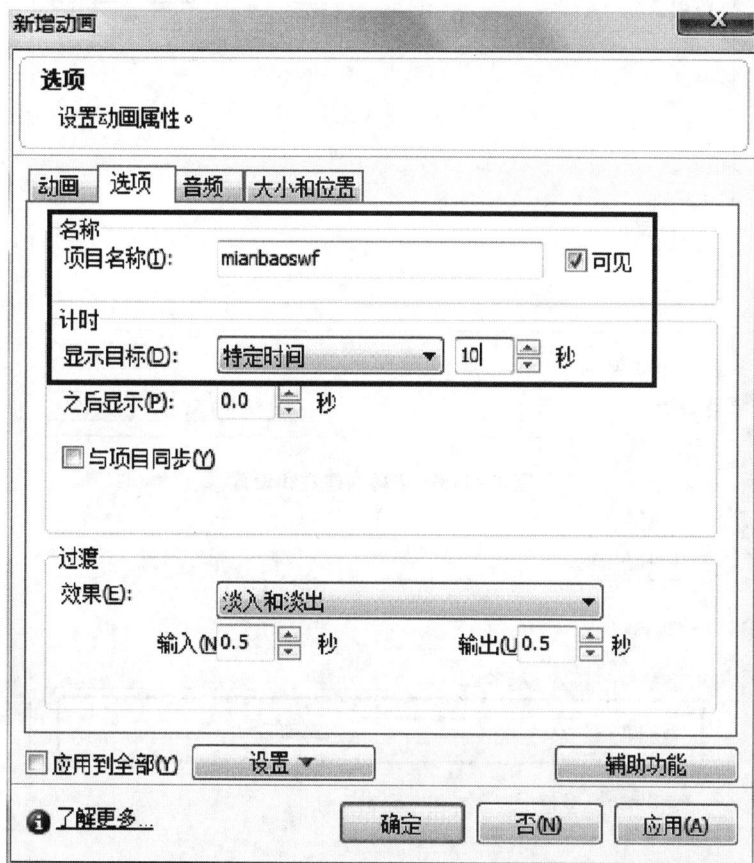

图4-117　动画项目的名称和时间设置

【步骤6】回到"问题幻灯片"界面。单击软件界面左侧的"字幕"快捷方式，为幻灯片添加字幕。在弹出的"新建文字字幕"对话框中，输入字幕以及对其类型、字体、大小、颜色进行设置，如图4-118所示。设置此字幕项目的名称为"shuiguo-mianbao"，作为选项B作答的反馈信息，如图4-119所示。使用同样方法，分别新建选项C和D作答的反馈信息。

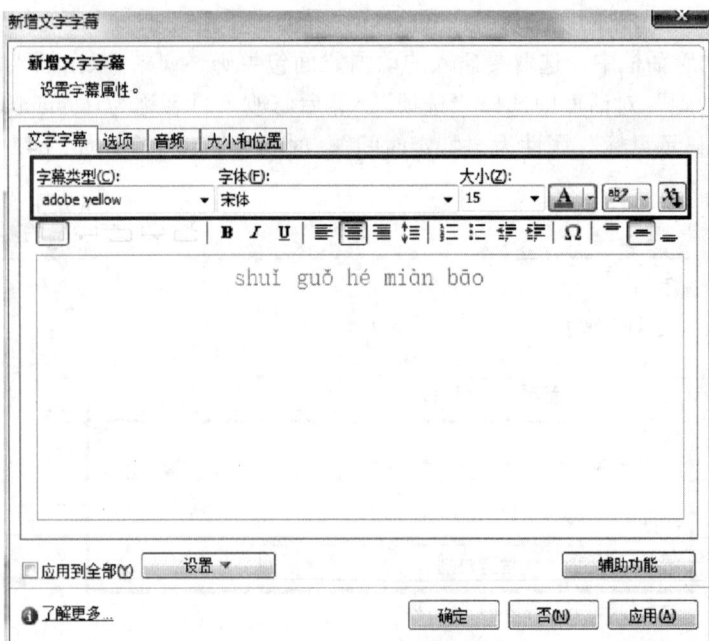

图 4 – 118　字幕的建立和设置

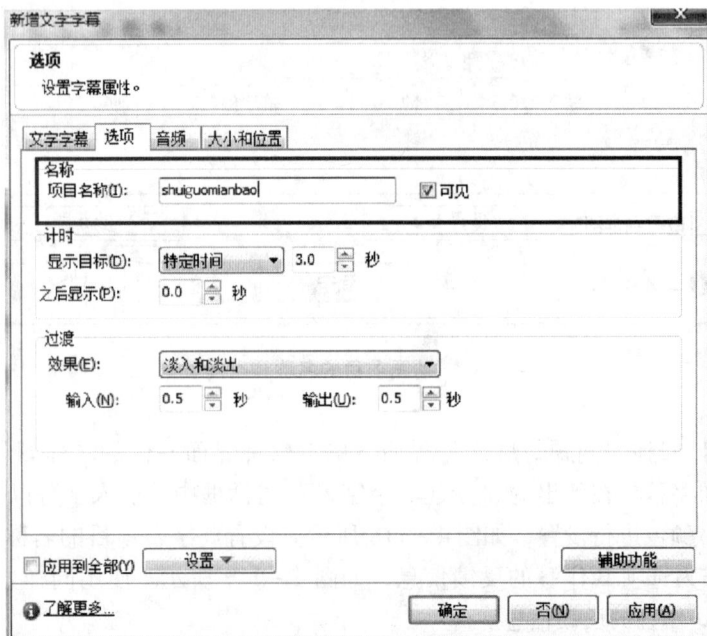

图 4 – 119　修改字幕的项目名称

【步骤7】回到"问题幻灯片"的幻灯片界面。单击"插入"▶"图像"菜单选项，在弹出的对话框中，选取要插入的图片"叉号.jpg"。双击插入幻灯片中的叉号图片，在弹出的"图像"对话框中选择"选项"按钮，然后修改项目名称为"WRONGB3"，用来作为选取选项 B 的反馈图片，如图 4－120 所示。同样，插入两张图片"叉号.jpg"以及一张图片"对号.jpg"，分别作为选择 C、D、A 选项答题的反馈图片，并分别命名为"WRONGC3"、"WRONGD3"和"RIGHT3"。调整图片、动画以及字幕的位置和大小，如图 4－121 所示。

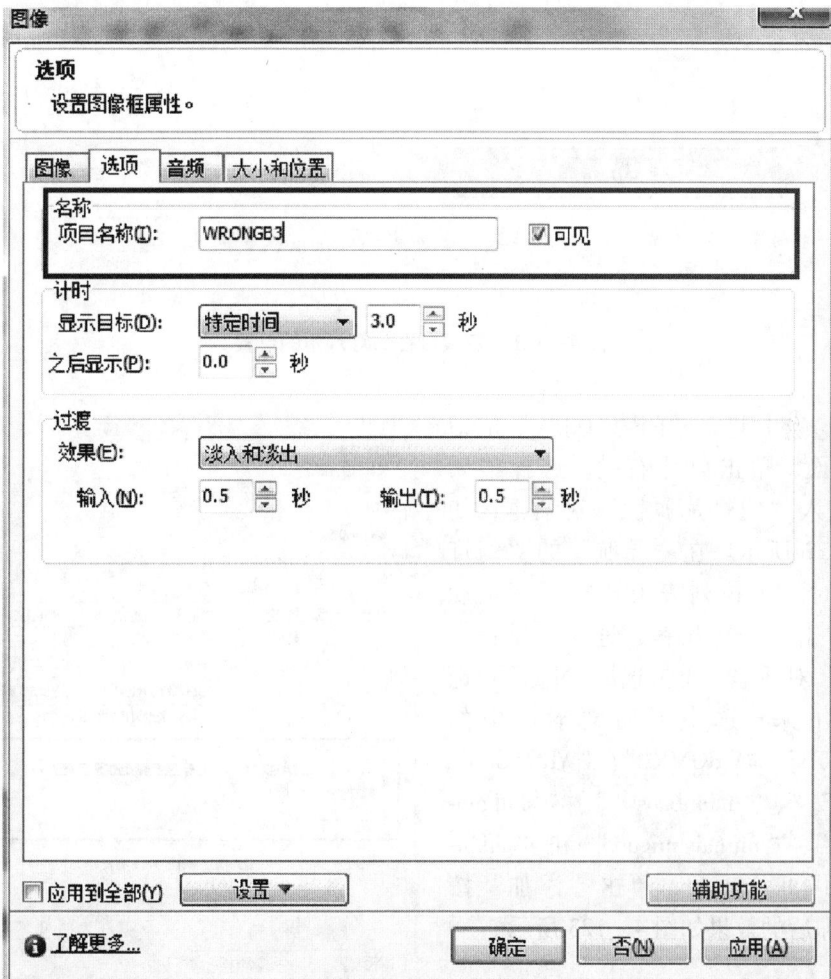

图 4－120　修改图像的项目名称

看图选词语

看图片，选择正确的词语（   ）

- ⊙ A) 面包和牛奶　　✔
- ○ B) 水果和面包　　✘　shuǐ guǒ hé miàn bāo
- ○ C) 牛奶和水果　　✘　niú nǎi hé shuǐ guǒ
- ○ D) 面包和玩具　　✘　miàn bāo hé wán jù

检视区域
(362 x 49)
(X:25, Y:462)

您必须先回答问题，才能继续

问题 1，共 1 个　　　清除　　上一步　　略过　　送出

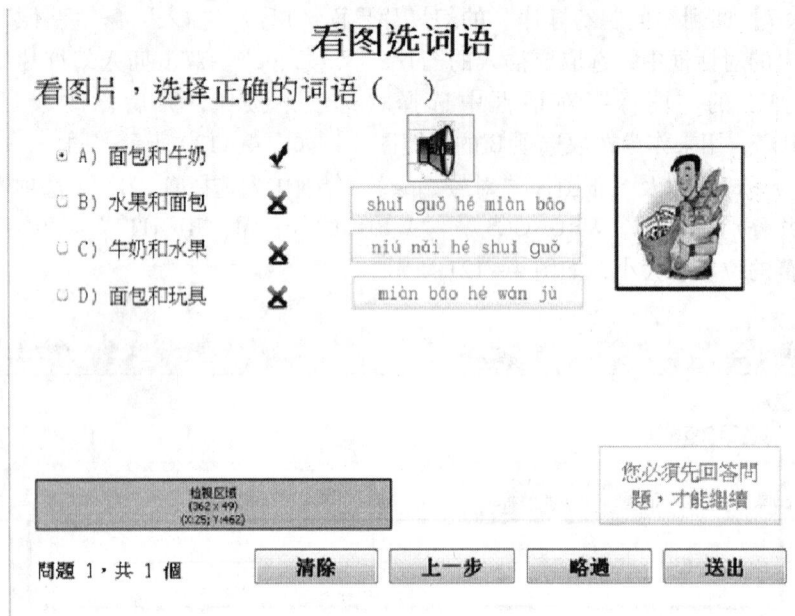

图 4 – 121　各项目在幻灯片中的位置

【步骤 8】进入"问题幻灯片"的幻灯片界面，单击鼠标右键，选择"属性"，进入"幻灯片属性"对话框，如图 4 – 122 所示。在"导航"的"幻灯片进入时"下拉列表中选择"多重动作"，单击"…"按钮，进入"设置多重动作"对话框，单击选取"隐藏"选项。接下来，选中下面文本框中的"WRONGB3"、"WRONGC3"、"WRONGD3"、"RIGHT3"、"mianbaoswf"、"shuiguomianbao"、"niunaishuiguo"和"mianbaowanju"8 个项目，单击"添加"按钮。添加后的效果如图 4 – 123 所示。

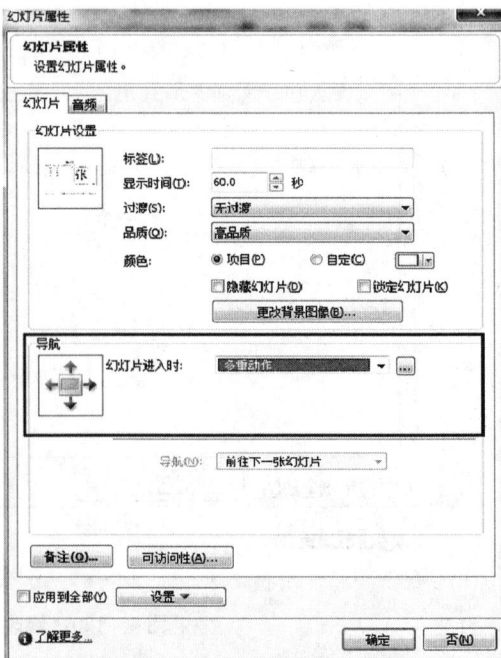

幻灯片属性

幻灯片属性
设置幻灯片属性。

幻灯片 | 音频

幻灯片设置

标签(L)：
显示时间(T)：60.0 秒
过渡(S)：无过渡
品质(Q)：高品质
颜色：⊙项目(P)　○自定(C)
□隐藏幻灯片(H)　□锁定幻灯片(K)
更改背景图像(B)...

导航

幻灯片进入时：多重动作

导航(N)：前往下一张幻灯片

备注(Q)...　可访问性(A)...

□应用到全部(V)　设置▼

①了解更多...　　确定　否(N)

图 4 – 122　幻灯片属性对话框

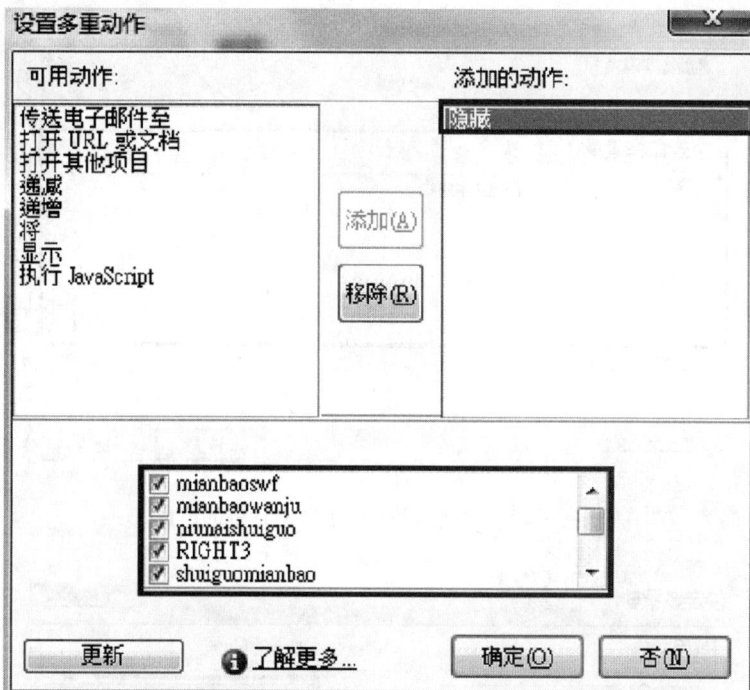

图 4 – 123 添加"隐藏"动作

【步骤 9】进入"问题幻灯片"的幻灯片界面，单击"幻灯片" ► "编辑问题"，在"选择题"界面，选中"A）面包和牛奶"选项；单击"进阶"，在"进阶答案选项"对话框中的"动作"下拉列表选择"多重动作"；单击"…"按钮，打开"设定多重动作"对话框，单击"显示"选项，选择"RIGHT3"和"miaobaoswf"两个项目，单击"加入"按钮，然后单击"确定"按钮。如图 4 –124、图 4 –125、图 4 –126 所示。

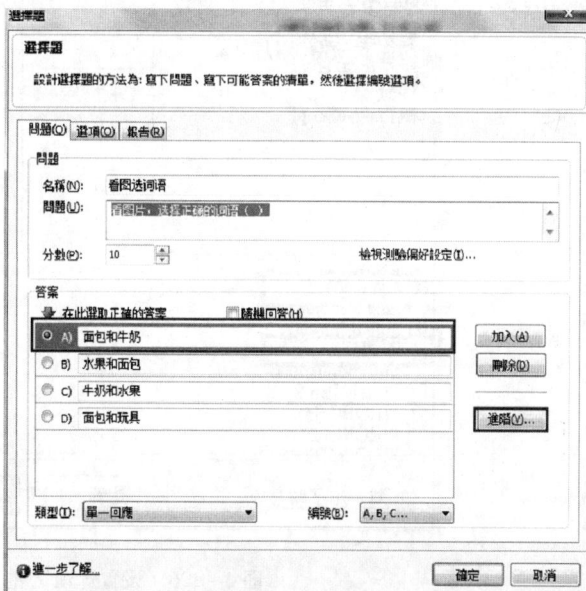

图 4 –124 选取选项 A 及"进阶"按钮

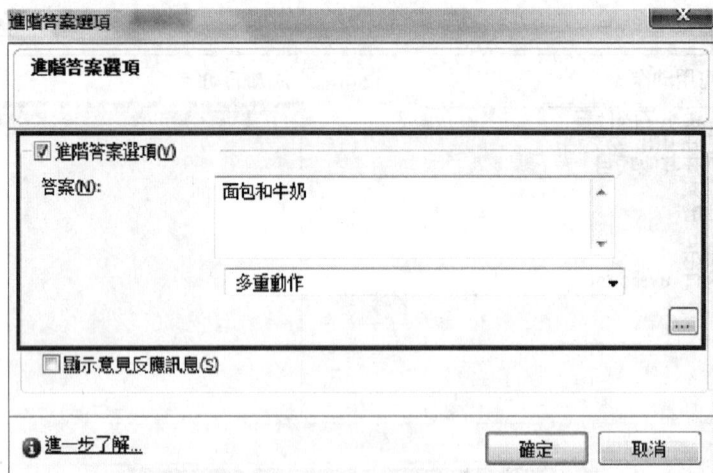

图 4 – 125　"进阶答案选项"对话框的设置

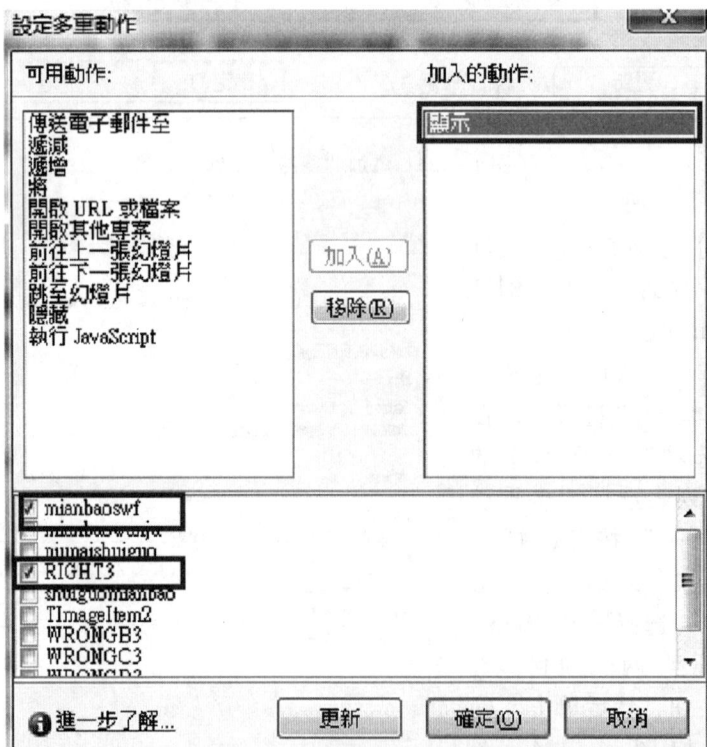

图 4 – 126　设置选项 A 的显示项目

同样，分别选取 B、C、D 选项，设置多重动作中显示的项目。选项 B 的显示设置项目分别为"WRONGB3"和"shuiguomianbao"，选项 C 的显示设置项目分别为"WRONGC3"和"niunaishuiguo"，选项 D 的显示设置项目分别为"WRONGD3"和"mianbaowanju"。

【步骤 10】进入"问题幻灯片"的幻灯片界面，调整时间轴。在幻灯片播放的同时开始播放图片"面包牛奶.jpg"，开始播放幻灯片 1.5 秒后设置图片"叉号.jpg"和"对号.jpg"开始播放。在图片播放完毕后，动画和文本反馈信息开始播放，如图 4 – 127 所示。如果认为反馈信息显示时间过短，可以将反馈信息的结束时间延长。

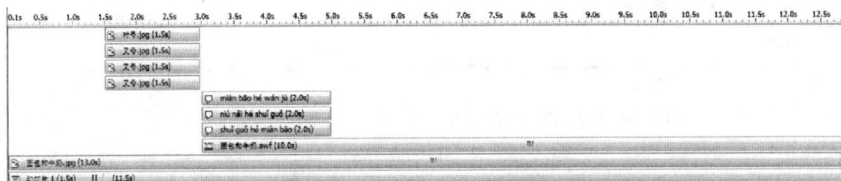

图 4 – 127　时间轴的调整

【步骤 11】发布：详情见上文。

④"选词填空"制作步骤。

【步骤 1】素材准备。

表 4 – 26　"选词填空"词语练习制作素材准备表

分类	内容	媒体形式	媒体文件
提问部分	在下列词语中选择同一种类的词语（　　）	文本	无
作答部分	A. 唱歌　B. 姐姐　C. 爸爸　D. 哥哥	文本	无
反馈部分	正确：显示正确的符号标记"√"，出现音频录音"姐姐"、"爸爸"、"哥哥"加以强化 其他答案：显示错误的符号标记"×"	图片、文本、动画	√.jpg ×.jpg 录音.swf

【步骤 2】打开 Adobe Captivate 软件，新建"空白项目"，选取合适的分辨率，单击确定，如上文所示。

【步骤 3】单击菜单栏的"插入"选项，然后选取"幻灯片"▶"问题幻灯片"，在弹出的"问题类型"对话框中选择"选择"选项。单击"分级问题"进行下一步，如上文所示。

　　然后在弹出的"选择题"对话框中，输入试题的名称、问题以及答案，如图 4－128 所示。其中，在输入答案时，单击"加入"按钮来添加选择题选项。单击"类型"下拉列表选取"多重回应"选项，设置题目为多项选择题。选中 B、C、D 选项作为题目的正确答案，单击"确定"按钮。

图 4－128　试题的编辑对话框

　　【步骤4】进入"问题幻灯片"的幻灯片界面。单击"插入"▶"动画"菜单选项，在弹出的对话框中，选取要插入的动画"录音.swf"，双击插入的动画项目，在弹出的"动画"对话框中选择"选项"，然后修改项目名称为"luyinswf"；设置 swf 动画"显示目标"属性为"特定时间"，时间为"15 秒"，如图 4－129 所示。

图 4 – 129 动画项目的名称和时间设置

【步骤 5】回到"问题幻灯片"的幻灯片界面。单击"插入"▶"图像"菜单选项，在弹出的对话框中，选取要插入的图片"叉号.jpg"。双击插入幻灯片中的叉号图片，在弹出的"图像"对话框中选择"选项"按钮，然后修改项目名称为"WRONG4"，用来作为答题错误的反馈图片，如图 4 – 130 所示。同样，插入一张图片"对号.jpg"，作为答题正确的反馈图片，命名为"RIGHT4"。调整图片、动画的位置和大小，如图 4 – 131 所示。

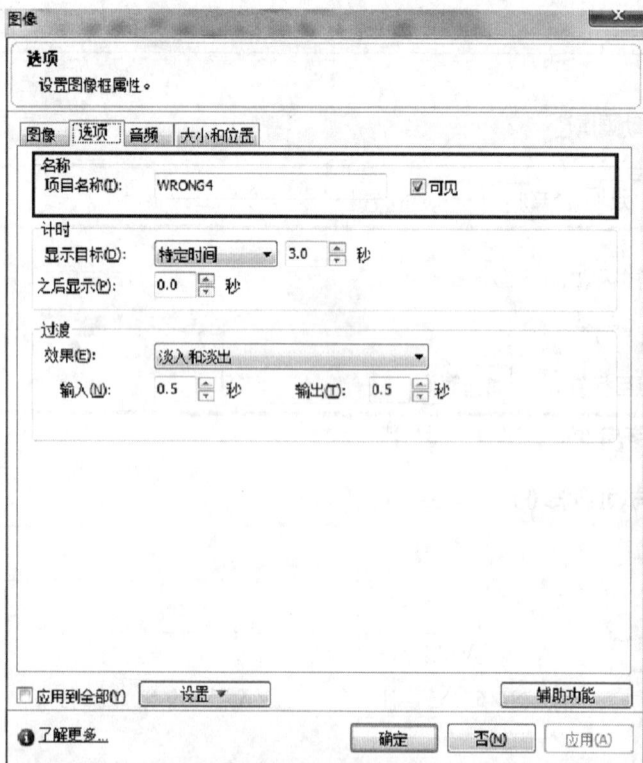

图 4-130　图像的项目名称

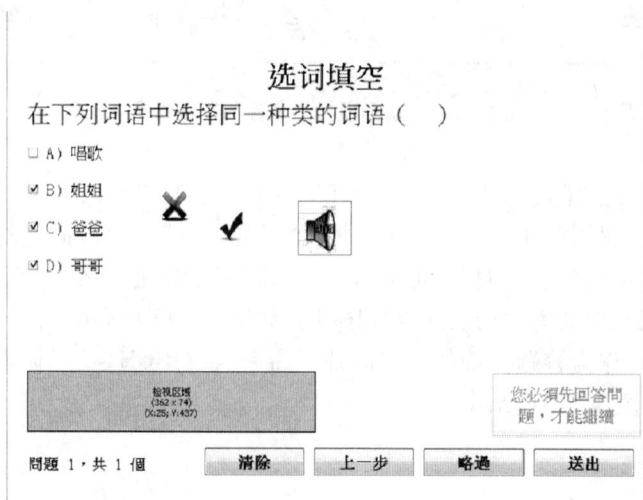

图 4-131　各项目在幻灯片中的位置

【步骤6】进入"问题幻灯片"的幻灯片界面，单击鼠标右键，选择"属性"，进入"幻灯片属性"对话框，如图4–132所示。

在"导航"的"幻灯片进入时"下拉列表中选择"多重动作"，单击"…"按钮，进入"设置多重动作"对话框，单击选取"隐藏"选项。接下来，选中下面文本框中的"WRONG4"、"RIGHT4"和"luyinswf"三个项目，单击"添加"按钮。添加后的效果如图4–133所示。

图4–132 幻灯片属性对话框

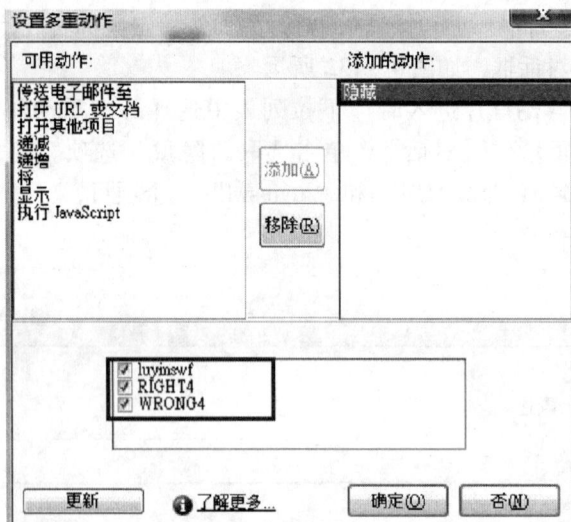

图 4 – 133　添加"隐藏"动作

【步骤 7】进入"问题幻灯片"的幻灯片界面，单击"幻灯片"▶"编辑问题"，在"选择题"界面，单击"选项"按钮，单击"如果答案正确"的"动作"下拉列表，选择"多重动作"选项，如图 4 – 134 所示。

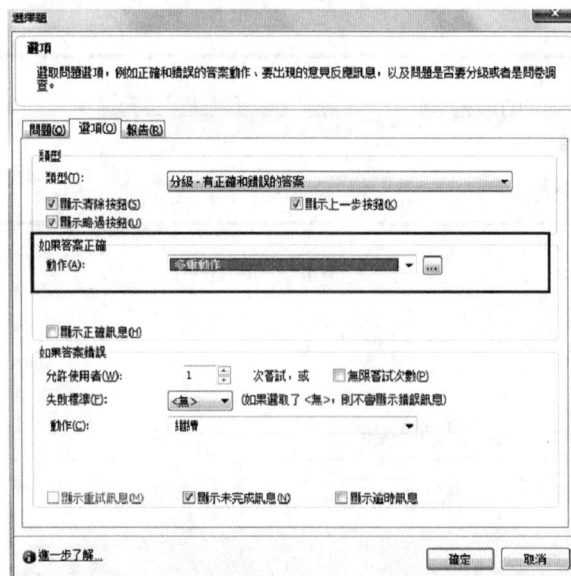

图 4 – 134　"如果答案正确"的动作设置

单击"…"按钮，打开"设定多重动作"对话框，单击"显示"选项，选择"RIGHT4"以及"luyinswf"两个项目，单击"加入"按钮，然后确定，如图 4 – 135 所示。

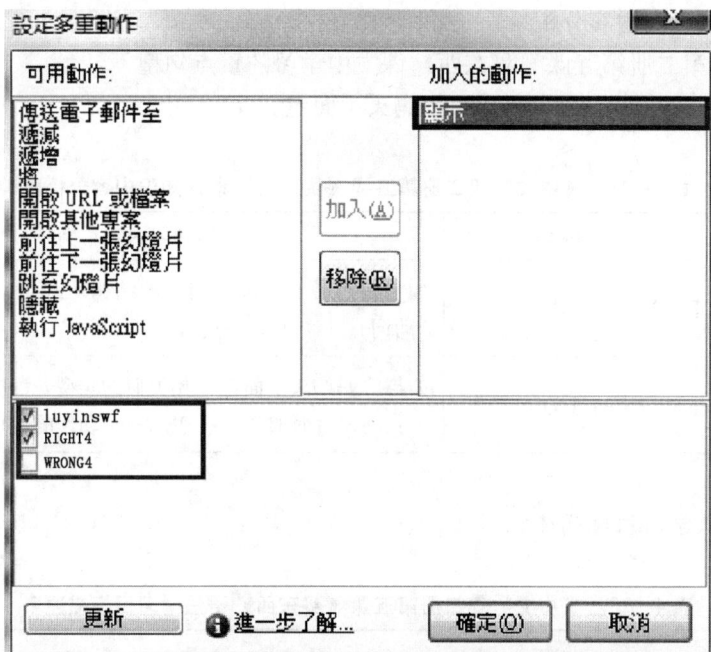

图 4 – 135　设置答案正确的显示项目

同样，在"如果答案错误"的"动作"下拉列表，选择"多重动作"选项，设置显示项目的内容，其显示项目为"WRONG4"。

【步骤8】进入"问题幻灯片"的幻灯片界面，调整时间轴。在开始播放幻灯片 1.5 秒后设置图片"叉号.jpg"和"对号.jpg"开始播放。在图片播放完毕后，设置动画开始播放，如图 4 – 136 所示。如果认为反馈信息显示时间过短，可以将反馈信息的结束时间延长。

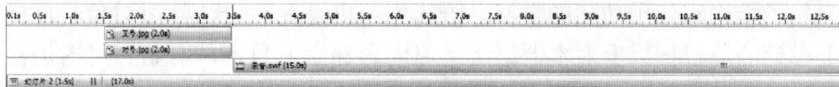

图 4 – 136　时间轴的设置

【步骤9】发布：详情见上文。

三、语法学习模块教学设计与制作

1．教学设计

（1）语法学习内容分析。

《中文》第二册第五课《买东西》课文中学习的重点句型：

妈妈买了面包。

表4–27　《中文》第二册第五课《买东西》语法知识内容分析表

知识点	学习内容	具体学习内容举例
句子结构	重点句型的结构构成	如"妈妈买了面包"句子的结构形式是：主语＋谓语（动词）＋"了"＋宾语
句子功能	重点句型的意义	如与"妈妈买了面包"相类似的句型表示的句子意义在于：动词后面加"了"表示一个动作的实现或完成

（2）语法学习目标描述。

表4–28　《中文》第二册第五课《买东西》语法学习目标描述表

内容 / 水平	句子
识记	记住重点句型（"妈妈买了面包"）的句子结构和句子功能，记住句型的使用条件
领会/理解	根据例句（"妈妈买了面包"）分辨出对应的句型意义
应用	根据例句（"妈妈买了面包"）进行词语的扩展和替换；在给定的语境中，根据指定的词汇使用指定的句法形式造句

（3）语法学习对象粒度的分析。

《买东西》一课中的语法学习内容主要在于对句子的学习，而句子的学习可以具体细化为句子结构和句子功能的学习。语法练习也是在对语法学习对象粒度的分析的基础之上设计的。根据以上对本课语法学习内容和学习目标的分析，可对语法学习对象的粒度作如下划分：

①语法主题概念及层次的划分。

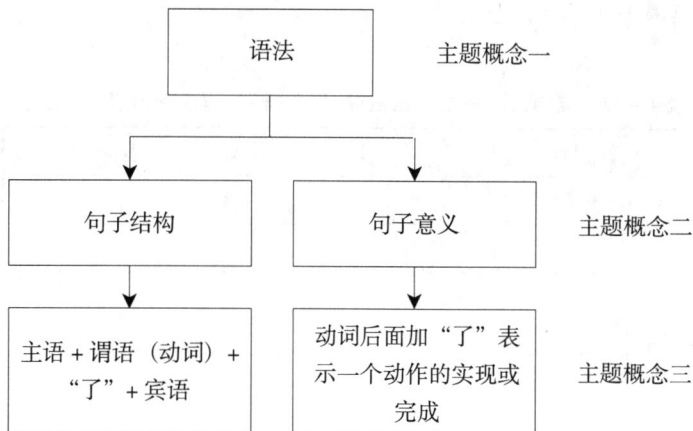

图 4 - 137 语法的主题概念及层次关系图

②重难点分析。

确立语法主题概念后，还要继续对这些知识点进行重难点分析，这样在教师教学和学生学习过程中才能更好地把握。在以上对语法学习目标的描述中可以对语法知识内容的重难点作如下分析，如图 4 - 138。

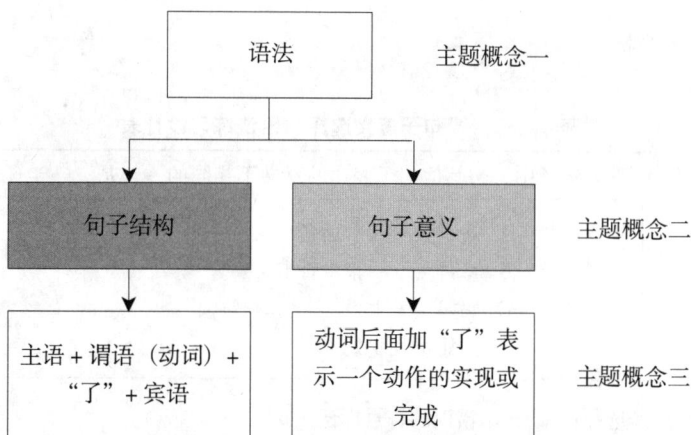

图 4 - 138 带有重难点标记的语法主题概念图
（"句子意义"为重点；"句子结构"为难点）

（4）语法学习媒体选择。

表 4-29　《中文》第二册第五课《买东西》语法学习媒体选择表

知识点	文本	音频
句子结构	√	√
句子功能	√	

（5）语法形成性练习设计。
①连词成句。

表 4-30　"连词成句"语法练习设计表

提问（情境创设）	将下列词语连成句子：本子、买了、哥哥、三个
作答（人机交互）	将排列好的句子填写到答题处
反馈（评价设计）	填写正确时，显示正确的符号标记"√"，并出现句子"哥哥买了三个本子"的音频加以强化 填写错误时，显示错误的符号标记"×"

②句子意义选择。

表 4-31　"句子意义选择"语法练习设计表

提问（情境创设）	下列句子中，与其他句子表达的意义不相同的一句是（　）
作答（人机交互）	答案设置：A. 爸爸买了四个面包 　　　　　　B. 哥哥买了一张生日卡 　　　　　　C. 妈妈买了水果 　　　　　　D. 姐姐给我牛奶
反馈（评价设计）	选择：A. 显示错误的符号标记"×" 　　　　B. 显示错误的符号标记"×" 　　　　C. 显示错误的符号标记"×" 　　　　D. 显示正确的符号标记"√"，出现文本"注意动词后面加'了'的句型结构表示一个动作的实现或完成"

2．课件制作方法及案例

（1）演示型课件制作。

【步骤1】素材准备。

表4-32　《中文》第二册第五课《买东西》语法课件制作素材准备表

语法内容	媒体形式	媒体文件
句子	文本、音频	妈妈买了面包．wav

【步骤2】新建一个PowerPoint文档，命名为"中文第二册第五课语法PPT制作步骤"。双击打开PPT文档，在"单击此处添加第一张幻灯片"处，单击鼠标左键，即新建了一张幻灯片。

【步骤3】幻灯片模板设计。选取"视图"选项，然后单击"幻灯片母版"按钮。选中第2张幻灯片，在幻灯片中选取"插入"菜单，单击"形状"下拉按钮，选取"矩形"选项。在幻灯片中拖动鼠标，画出矩形。选取"格式"菜单，通过选取"形状填充"和"形状轮廓"的颜色，设置成如图4-139所示的效果。

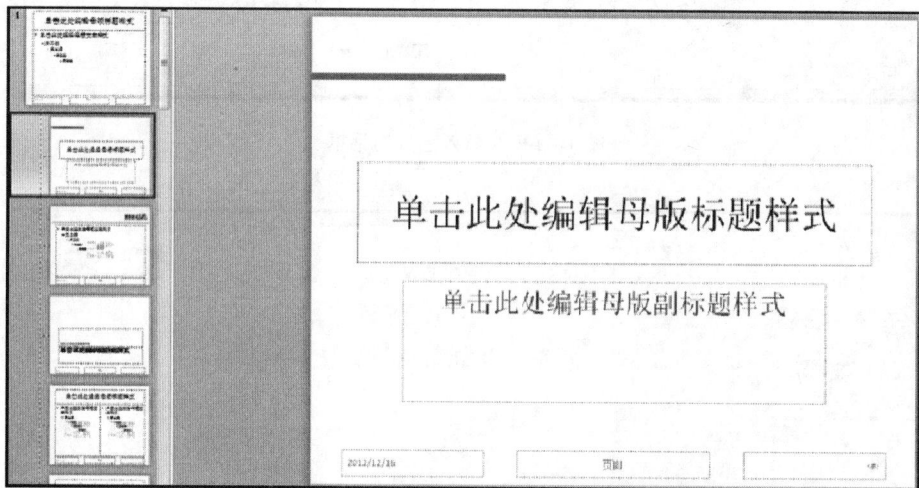

图4-139　第2张幻灯片母版设计

选中第3张幻灯片，如上所述插入一个矩形，并进行格式设置。选取"插入"菜单，单击"图片"按钮，在弹出的对话框中选取要插入的图片"封面图．jpg"，如图4-140所示。

选取"插入"菜单，单击"文本框"按钮，在幻灯片中单击鼠标，在文本框中输入"第五课买东西"。设置"买东西"字体颜色为"红色"。同样，新建文本框，输入内容为：句子（SENTENCE）；文本格式为：华文中宋，24 号。如图 4 – 141 所示。选取"幻灯片母版"菜单，单击"关闭母版视图"按钮，返回到幻灯片视图。

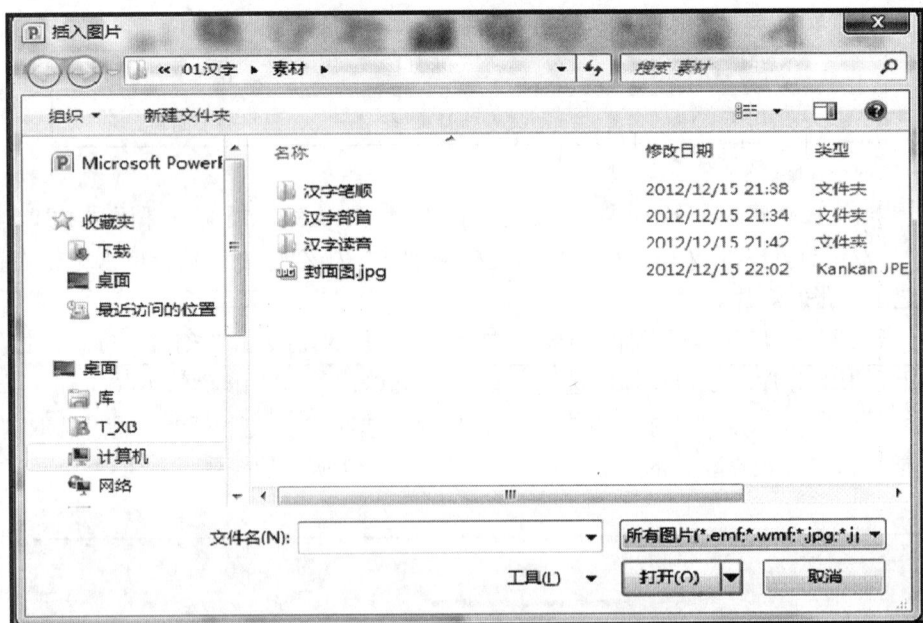

图 4 – 140　插入图片对话框

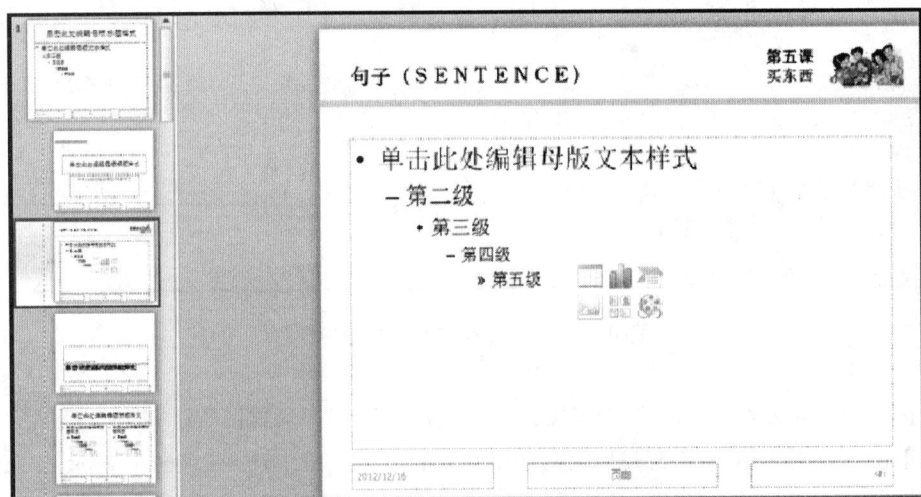

图 4 – 141　第 3 张幻灯片母版设计

【步骤4】第1张幻灯片设计。选取"插入"菜单，单击"文本框"按钮，在幻灯片中插入一个文本框，输入文本内容"句子课件"。选中文本"句子课件"，在工具栏中设置字体格式为：华文中宋，32号，加粗，阴影，蓝色字体效果。

　　同样，再插入一个文本框。文本内容为"《中文》第二册第五课《买东西》"，字体设置格式为：华文中宋，36号。调整文本框的位置，如图4-142所示。

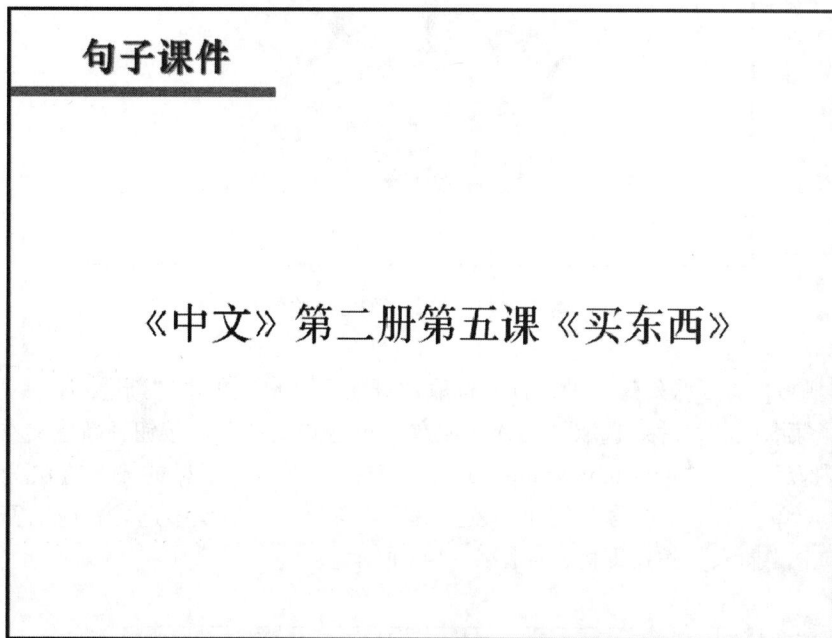

句子课件

《中文》第二册第五课《买东西》

图4-142　第1张幻灯片效果

【步骤5】第2张幻灯片设计。选取"开始"菜单，单击"新建幻灯片"按钮，

即新建了第2张幻灯片。在幻灯片中插入一个文本框，文本为"买东西"，文本格式为：华文中宋，32号，加粗。选取"插入"菜单，单击"图片"按钮，在弹出的对话框中选取插入的图片。设置文本框与图片的大小和位置，如图4-143所示。

图 4 – 143　第 2 张幻灯片效果

【步骤 6】第 3 张幻灯片的设计。选取"开始"菜单，单击"新建幻灯片"按钮，即新建了第 3 张幻灯片。选取"插入"菜单，单击"文本框"按钮，新建文本框，文本框的内容为："Māmā mǎile miànbāo"。其中，带声调的字母的输入方法为：选取"插入"菜单，单击"符号"按钮。在弹出的"符号"对话框中选取相应的符号，如"à"，单击"插入"按钮即可，如图 4 – 144 所示。

图 4 – 144　带声调符号的插入

设置文本格式为：华文细黑，24 号，黑色。同样，新建内容分别为"妈妈买了面包"、"买"、"买了"、"买了面包"、"妈妈买了面包"的文本框。设置文本内容字体为楷体_GB2312，大小为 36 号，加粗。其中，每个文本框中的"买"字和"了"字的字体颜色为"红色"。选取"插入"菜单，单击"音频"按钮，选取"文件中的音频"，在弹出的"插入音频"对话框中，找到并选中"妈妈买了面包.wav"文件，单击"插入"按钮。调整文本框以及音频图标的位置，如图 4-145 所示。

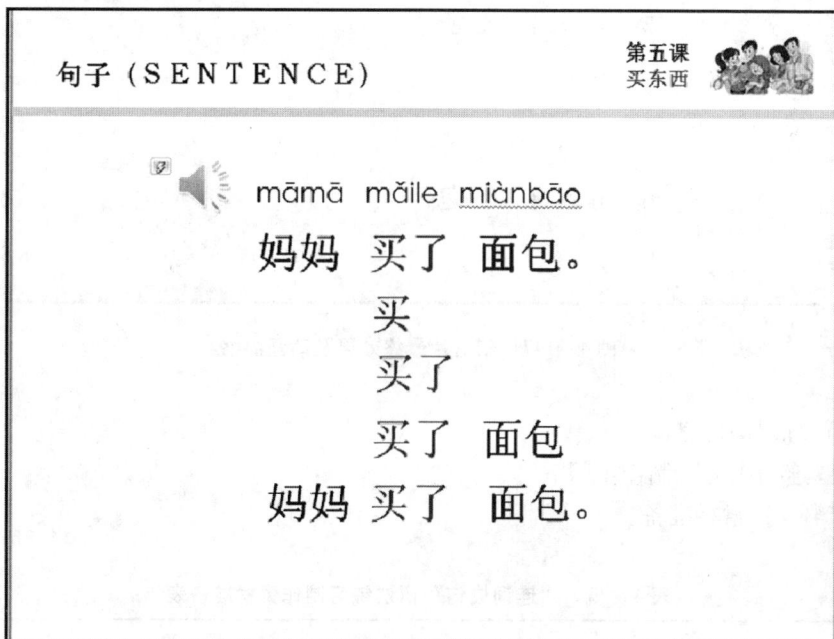

图 4-145　第 3 张幻灯片的效果

【步骤 7】动画设置。选中"买"文本框，选取"动画"菜单，在选项中选取"出现"动画效果，如图 4-146 所示。

图 4-146　动画效果设置

同样，分别为文本框"买了"、"买了面包"和"妈妈买了面包"设置相同的动画效果。设置后的文本框及动画窗格效果如图4-147所示。

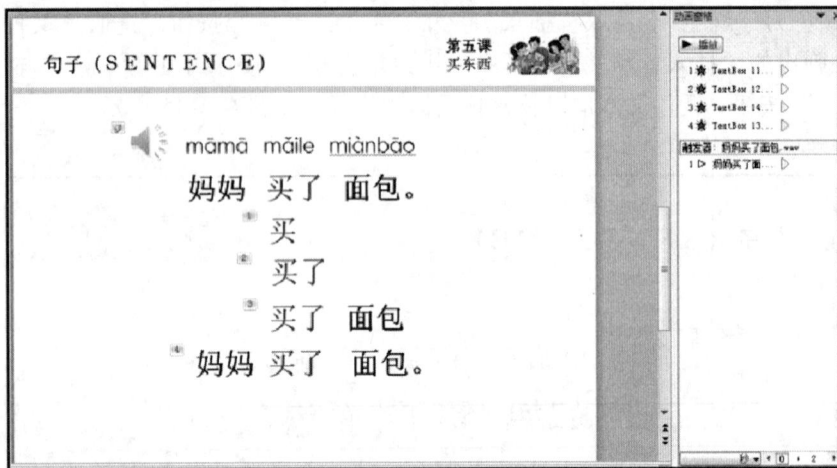

图4-147　幻灯片最终效果及动画窗格

（2）练习课件制作。

①"连词成句"制作步骤。

【步骤1】素材准备。

表4-33　"连词成句"语法练习制作素材准备表

分类	内容	媒体形式	媒体文件
提问部分	将下列词语连成句子：本子、买了、哥哥、三个	文本	无
作答部分	在文本框中输入答案	文本	无
反馈部分	填写正确时，显示正确的符号标记"√"，并出现句子"哥哥买了三个本子"的音频加以强化 填写错误时，显示错误的符号标记"×"	图片、动画	√.jpg ×.jpg 哥哥买本子.swf

【步骤2】打开Adobe Captivate软件，新建"空白项目"，选取合适的分辨率，单击确定，如上文所示。

【步骤3】单击菜单栏的"插入"选项，然后选取"幻灯片"▶"问题幻灯片"，在弹出的"问题类型"对话框中，选择"填空"选项。单击"分级问题"进行下一步，如图4-148所示。

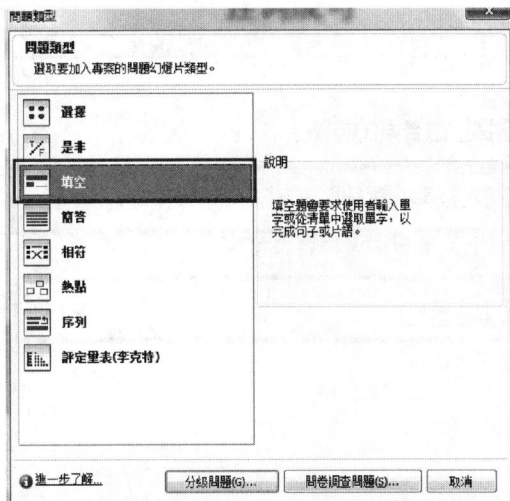

图 4-148　"问题类型"对话框

【步骤4】在弹出的"填空"对话框中，输入试题的名称、说明以及片语，如图 4-149 所示。单击"加入空白"按钮，在弹出的"空白答案"对话框中，选择"由使用者输入答案，然后与下列清单进行比较"选项。然后单击"加入"按钮，在文本框中输入正确答案，如图 4-150 所示。单击"确定"按钮，调整题目以及文本框的大小和位置，如图 4-151 所示。

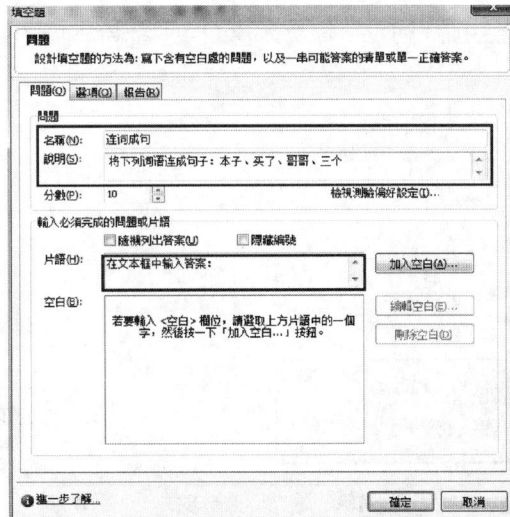

图 4-149　试题的编辑设置

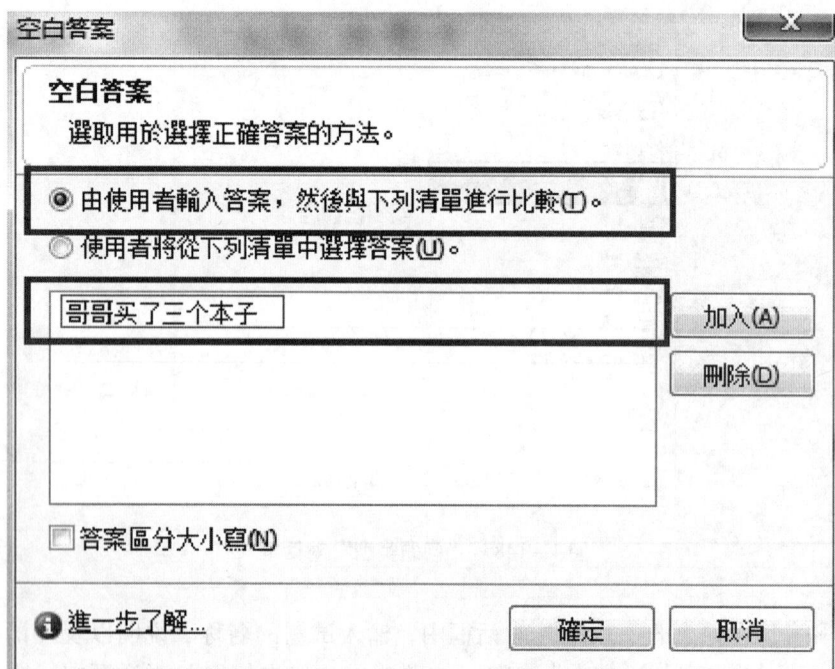

图 4 – 150　填空答案的编辑对话框

连词成句

将下列词语连成句子：本子、买了、哥哥、三个

在文本框中输入答案：

图 4 – 151　试题在幻灯片中的大小和位置

【步骤5】反馈设计。此题目中反馈的设计与上文中"选词填空"一题的步骤类似，详情参考上文"选词填空"的步骤。

其中，正确答案的反馈显示的是项目名称为"RIGHT5"的"对号.jpg"图片和项目名称为"gegemaibenzi"的"哥哥买本子.swf"动画文件，错误答案的反馈显示的项目是名称为"WRONG5"的"叉号.jpg"图片。设计后的效果如图4－152所示。

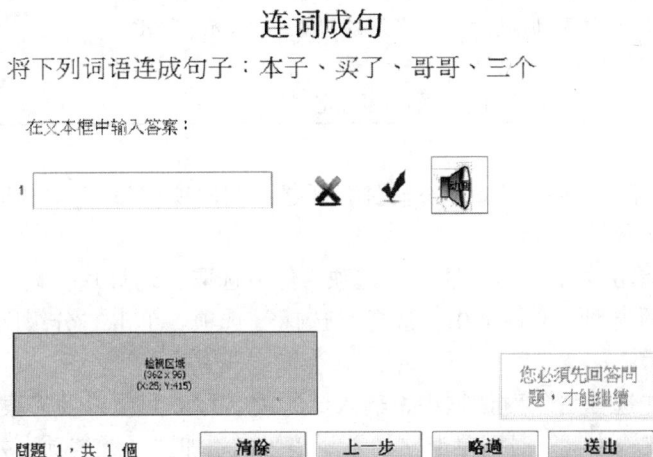

图4－152　各项目在幻灯片中的位置

【步骤6】时间轴的设置。进入"问题幻灯片"的幻灯片界面，调整时间轴。在开始播放幻灯片1.5秒后设置图片"叉号.jpg"和"对号.jpg"开始播放。在图片播放完毕后，设置动画开始播放，如图4－153所示。如果认为反馈信息显示时间过短，可以将反馈信息的结束时间延长。

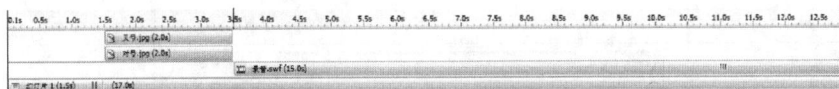

图4－153　时间轴的调整

【步骤7】发布：详情见上文。

②"句子意义选择"制作步骤。

【步骤1】素材准备。

表4－34　"句子意义选择"语法练习制作素材准备表

分类	内容	媒体形式	媒体文件
提问部分	下列句子中，与其他句子表达的意义不相同的一句是（　）	文本	无
作答部分	A. 爸爸买了四个面包　　B. 哥哥买了一张生日卡 C. 妈妈买了水果　　　　D. 姐姐给我牛奶	文本	无
反馈部分	选择正确时，显示正确的符号标记"√"，出现文本："注意动词后面加'了'的句型结构表示一个动作的实现或完成" 选择错误时，显示错误的符号标记"×"	图片、文本	√.jpg ×.jpg

【步骤2】打开 Adobe Captivate 软件，新建"空白项目"，选取合适的分辨率，单击确定，如上文所示。

【步骤3】单击菜单栏的"插入"选项，然后选取"幻灯片"▶"问题幻灯片"，在弹出的"问题类型"对话框中，选择"选择"选项。单击"分级问题"进行下一步，如上文所示。

在弹出的"选择题"对话框中，输入试题的名称、问题以及答案，如图4－154所示。其中，在输入答案时，单击"加入"按钮来添加选择题选项，并选中"D"选项作为题目的正确答案。单击"确定"按钮。

图4－154　试题编辑对话框

【步骤4】进入"问题幻灯片"界面。单击软件界面左侧的"字幕"快捷方式，为幻灯片添加字幕。在弹出的"新增文字字幕"对话框中，输入字幕及对其类型、字体、大小、颜色进行设置，如图4－155所示。设置此字幕项目的名称为"tishi"，作为选项D作答的反馈信息，如图4－156所示。

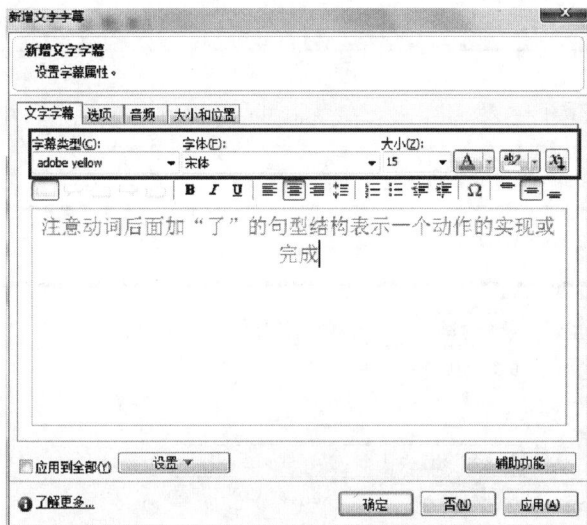

图4－155　字幕的建立和设置

图4－156　文字字幕项目名称的修改

【步骤5】回到"问题幻灯片"的幻灯片界面。单击"插入"▶"图像"菜单选项，在弹出的对话框中，选取要插入的图片"叉号.jpg"。双击插入幻灯片中的叉号图片，在弹出的"图像"对话框中选择"选项"按钮，然后修改项目名称为"WRONGA6"，用来作为选取选项A的反馈图片，如图4-157所示。

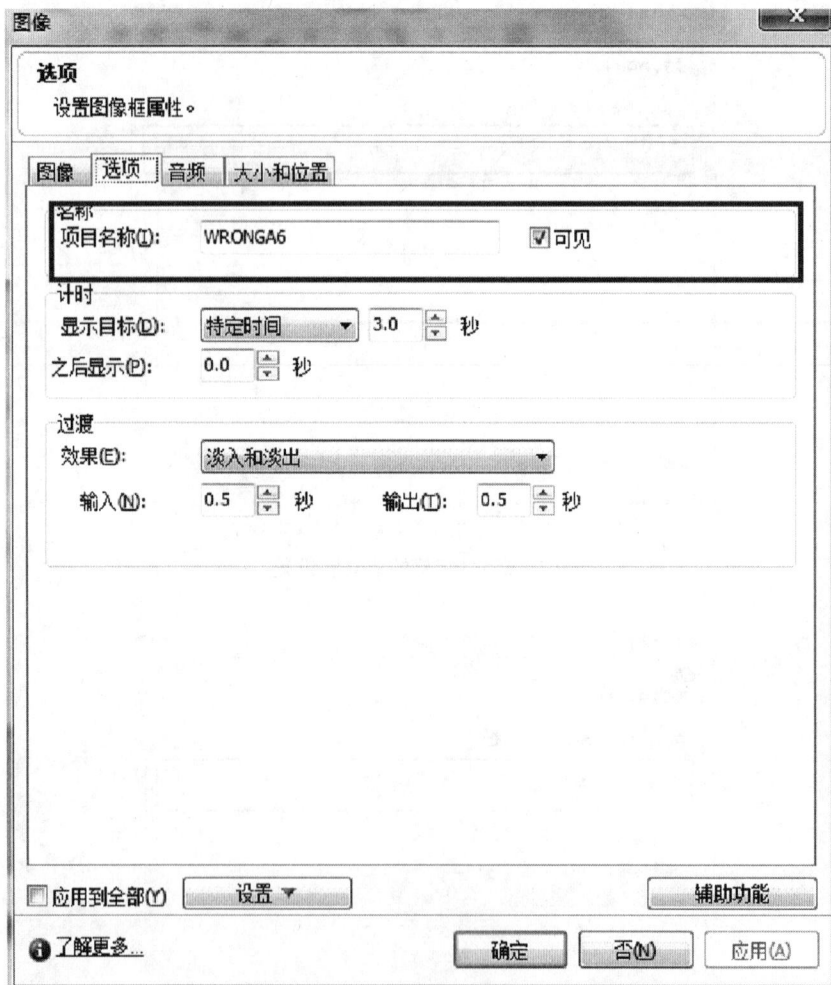

图4-157　图像项目名称的修改

同样，插入两张"叉号.jpg"图片以及一张"对号.jpg"图片，分别作为选择B、C、D选项答题的反馈图片，并分别命名为"WRONGB6"、"WRONGC6"和"RIGHT6"。调整图片、动画以及字幕的位置和大小，如图4-158所示。

图4-158　各项目在幻灯片中的位置

【步骤6】进入"问题幻灯片"的幻灯片界面，单击鼠标右键，选择"属性"，进入"幻灯片属性"对话框，如图4-159所示。

在"导航"的"幻灯片进入时"下拉列表中选择"多重动作"，单击"…"按钮，进入"设置多重动作"对话框，单击选取"隐藏"选项。接下来，选中下面文本框中的"WRONGA6"、"WRONGB6"、"WRONGC6"、"RIGHT6"和"tishi"5个项目，单击"添加"按钮。添加后的效果如图4-160所示。

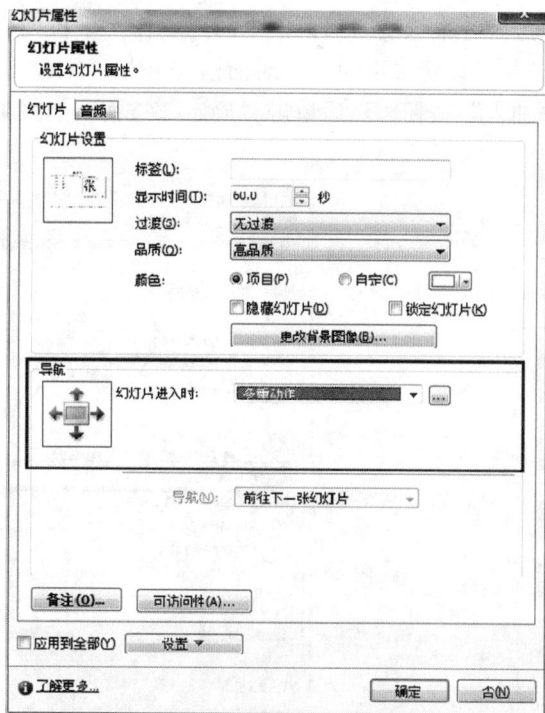

图4-159　幻灯片属性对话框

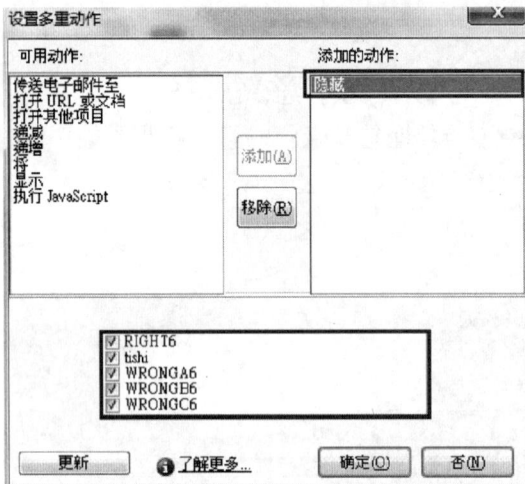

图 4-160 添加"隐藏"动作

【步骤 7】进入"问题幻灯片"的幻灯片界面，单击"幻灯片" ▶ "编辑问题"，在"选择题"界面，选中"A）A. 爸爸买了四个面包"选项；单击"进阶"，在"进阶答案选项"对话框中的"动作"下拉列表选择"多重动作"；单击"…"按钮，打开"设定多重动作"对话框，单击"显示"选项，选择"WRONGA6"项目，单击"加入"按钮，然后单击"确定"按钮。如图 4-161、图 4-162、图 4-163 所示。

图 4-161 选取选项 A 及"进阶"按钮

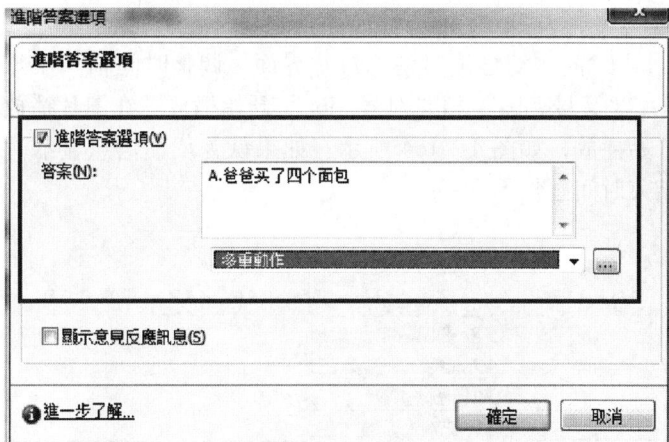

图 4 - 162 "进阶答案选项"对话框的设置

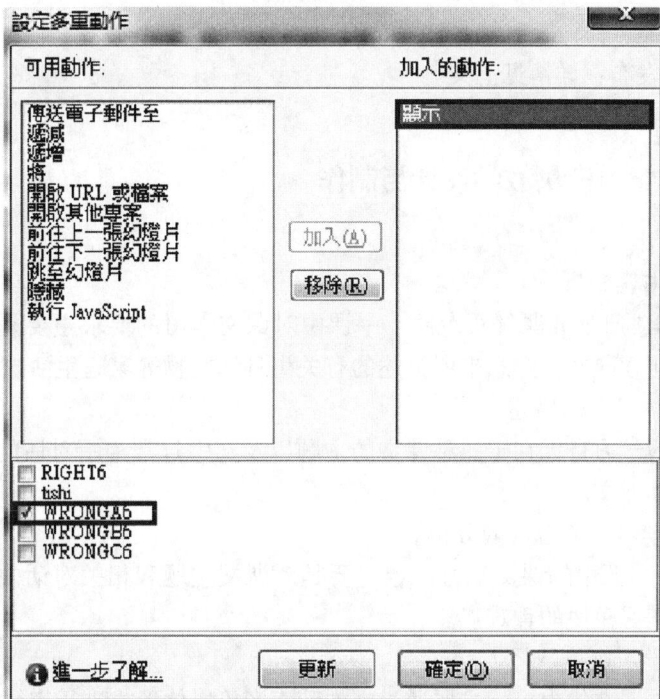

图 4 - 163 设置选项 A 的显示项目

同样，分别选取 B、C、D 选项，设置多重动作中显示的项目。选项 B 的显示设置项目为"WRONGB6"，选项 C 的显示设置项目为"WRONGC6"，选项 D 的显示设置项目为"RIGHT6"图片和"tishi"文字字幕项目。

【步骤8】进入"问题幻灯片"的幻灯片界面,调整时间轴。在开始播放幻灯片1.5秒后设置图片"叉号.jpg"和"对号.jpg"开始播放。在图片播放完毕后,设置文本反馈信息开始播放,如图4-164所示。如果认为反馈信息显示时间过短,可以将反馈信息的结束时间延长。

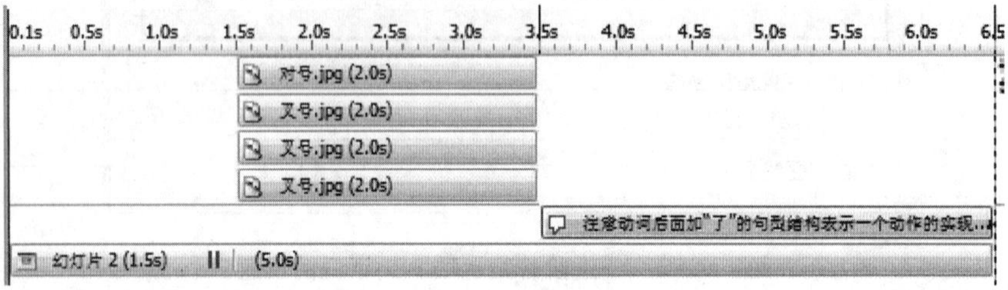

图4-164　时间轴的调整

【步骤9】发布:详情见上文。

四、课文学习模块教学设计与制作

1. 教学设计

(1)课文内容分析。

《中文》第二册第五课《买东西》一课中对课文学习的要求主要是掌握相关的字词句,流利地朗读课文;熟悉本课描述的有关生日和礼物等家庭生活内容的主题。

(2)课文学习目标描述。

本课课文的学习目标在于熟悉课文的主题以及文中日常常用对话的内容,并能够较为流利地朗读课文。

(3)课文学习对象粒度的分析。

《买东西》一课中的课文学习内容主要是对课文主题和相关对话内容的熟悉,这也是本课课文学习模块的重难点。

(4)课文学习媒体选择。

本文中有关课文的内容,主要通过文本和声音等媒体形式进行表征。

(5)课文形成性练习设计。

表 4 - 35　《中文》第二册第五课《买东西》课文练习设计表

提问（情境创设）	给以下这一小段话排序： A. 今年我六岁了 B. 这一天，我真高兴 C. 妈妈买了蛋糕、面包、牛奶和水果 D. 昨天是我的生日，我们一家去买东西 E. 我们一家人一起唱生日歌
作答（人机交互）	答案设置：将正确的排列顺序填写在答题处
反馈（评价设计）	填写正确时，显示正确的符号标记"√"，并播放这段课文的录音 填写错误时，显示错误的符号标记"×"

2. 课件制作方法及案例

（1）演示型课件制作。

【步骤1】素材准备。

表 4 - 36　《中文》第二册第五课《买东西》课文课件制作素材准备表

课文内容	媒体形式	媒体文件
课文中句子	文本、音频	课文 001. wav、课文 002. wav、课文 003. wav、课文 004. wav
词语	文本、图片、音频	面包. jpg、面包. wav

【步骤2】新建一个 PowerPoint 文档，命名为"中文第二册第五课课文 PPT 制作步骤"。双击打开 PPT 文档，在"单击此处添加第一张幻灯片"处，单击鼠标左键，即新建了一张幻灯片。

【步骤3】幻灯片模板设计。选取"视图"选项，然后单击"幻灯片母版"按钮。选中第 2 张幻灯片，在幻灯片中选取"插入"菜单，单击"形状"下拉按钮，选取"矩形"选项。在幻灯片中拖动鼠标，画出矩形。选取"格式"菜单，通过选取"形状填充"和"形状轮廓"的颜色，设置成如图 4 - 165 所示的效果。

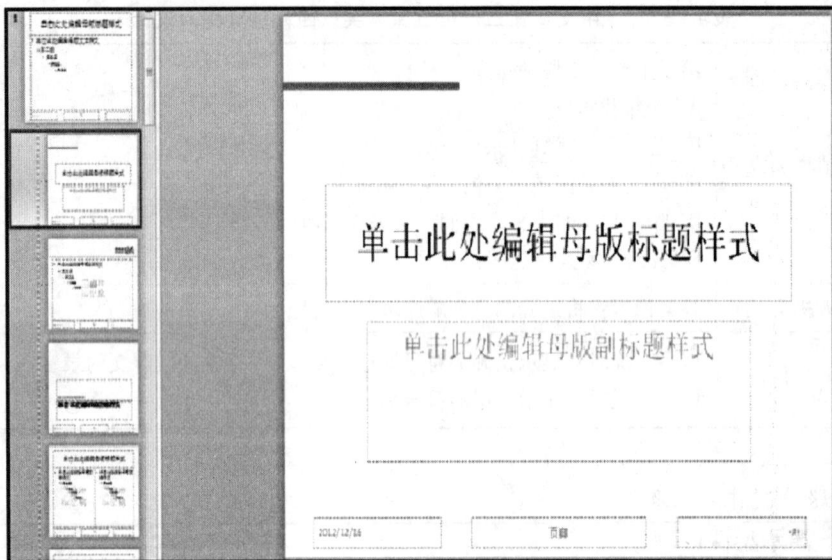

图 4-165　第 2 张幻灯片母版设计

选中第 3 张幻灯片，如上所述插入一个矩形，并进行格式设置。选取"插入"菜单，单击"图片"按钮，在弹出的对话框中选取要插入的图片"封面图·jpg"，如图 4-166 所示。

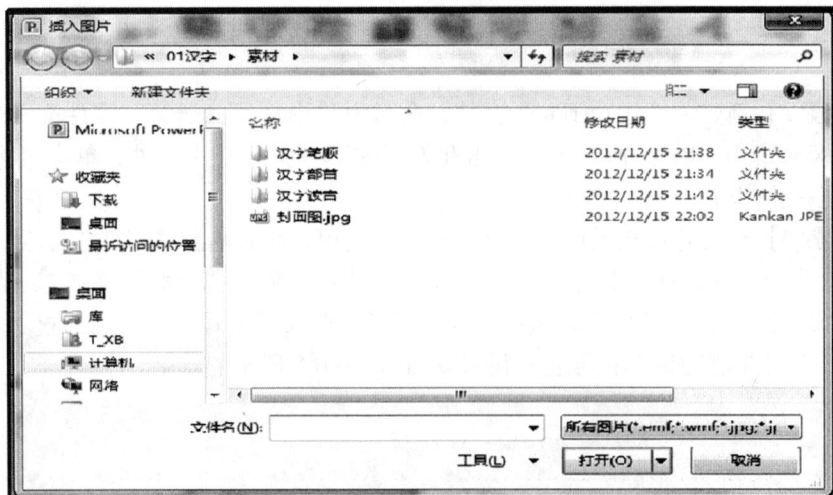

图 4-166　插入图片对话框

　　选取"插入"菜单，单击"文本框"按钮，在幻灯片中单击鼠标，在文本框中输入"第五课买东西"。设置"买东西"字体颜色为"红色"。同样，新建文本框，输入"kèwén 课文"，字体设置为：华文中宋，32 号，加粗，其中拼音为红色，汉字为黑色。"è"的输入：选取"插入"菜单，单击"符号"按钮，在弹出的对话框中选择"è"，单击"插入"按钮，如图 4－167 所示。

　　调整文本框的位置，如图 4－168 所示。选取"幻灯片母版"菜单，单击"关闭母版视图"按钮，返回到幻灯片视图。

图 4－167　符号对话框

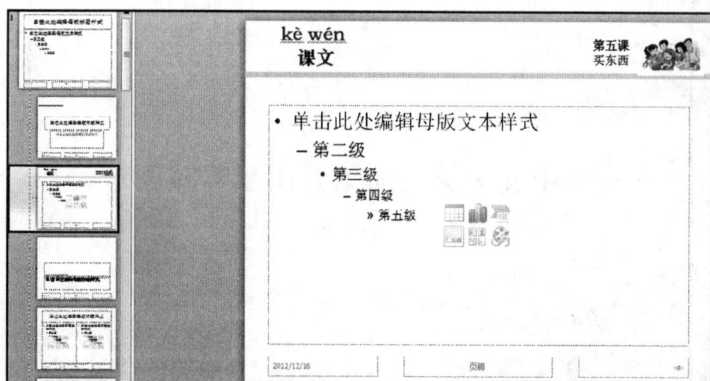

图 4－168　第 3 张幻灯片母版设计

【步骤4】第1张幻灯片设计。选取"插入"菜单，单击"文本框"按钮，在幻灯片中插入一个文本框，输入文本内容"课文课件"。选中文本"课文课件"，在工具栏中设置字体格式为：华文中宋，32号，加粗，阴影，蓝色字体效果。如图4-169所示。

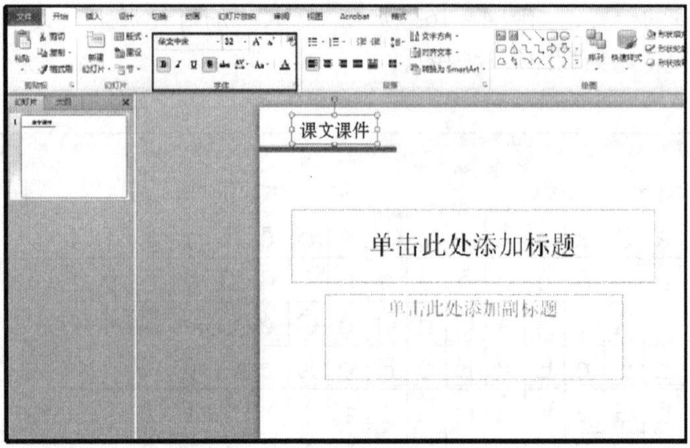

图4-169　文本"课文课件"设置

同样，再插入一个文本框。文本内容为"《中文》第二册第五课《买东西》"，字体设置格式为：华文中宋，36号。调整文本框的位置，如图4-170所示。

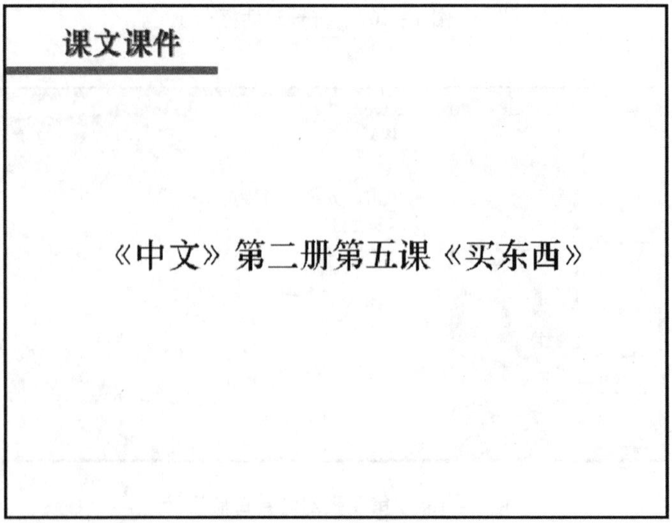

图4-170　第1张幻灯片效果

【步骤5】第2张幻灯片设计。选取"开始"菜单，单击"新建幻灯片"按钮，即新建了第2张幻灯片。在幻灯片中插入一个文本框，文本为"买东西"，文本格式为：华文中宋，32号，加粗。选取"插入"菜单，单击"图片"按钮，在弹出的对话框中选取插入的图片。设置文本框与图片的大小和位置，如图4-171所示。

图4-171　第2张幻灯片效果

【步骤6】第3张幻灯片的设计。选取"开始"菜单，单击"新建幻灯片"按钮，即新建了第3张幻灯片。选取"插入"选项，单击"文本框"按钮，输入文本内容"今年我六岁了，昨天是我的生日，jīnnián wǒ liùsuì le, zuótiān shì wǒ de shēngrì"。其中，拼音的输入可以通过"插入"▶"符号"来输入，具体见第3步的步骤。汉字字体的设置为：宋体，28号，加粗，黑色；拼音的字体设置为：华文新细，28号，加粗，水绿色。同样，添加另外三个文本框。文本框内容及其位置的设置，如图4-172所示。

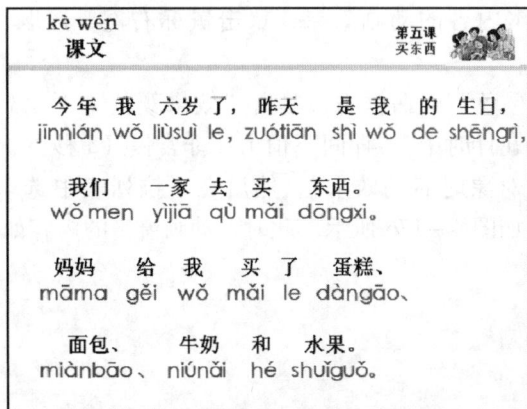

图4-172　文本内容及其位置

选取"插入"选项，单击"音频"按钮，选取"文件中的音频"。在弹出的"插入音频"对话框中，修改路径，选择要插入的音频文件"001. wav"。同样，将"002. wav"、"003. wav"和"004. wav"插入到幻灯片中。调整音频图标的位置，从上至下依次是"001. wav"、"002. wav"、"003. wav"和"004. wav"，如图 4 – 173 所示。

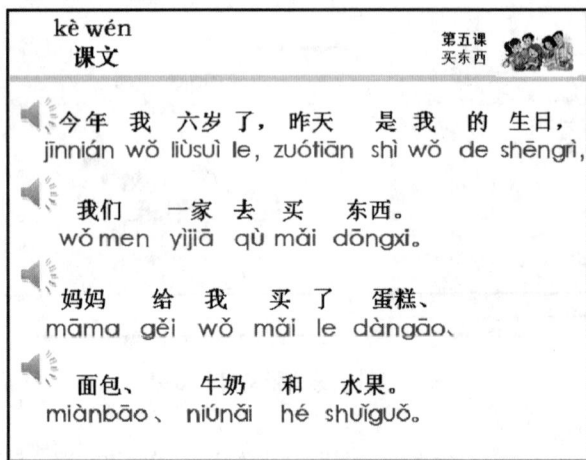

图 4 – 173　音频图标在幻灯片中的位置

【步骤7】第3张幻灯片播放效果设计。设置声画同步效果。拖动鼠标，选中文本"今年我六岁了，昨天是我的生日"，选取"动画"菜单，单击"添加动画"下拉按钮，在下拉列表中选取"画笔颜色"选项，如图 4 – 174 所示。

选中和文本相对应的第一个音频图标，设置动画效果为"播放"。单击鼠标选中"动画窗格"里的文本内容的动画效果，单击鼠标右键，选取"效果选项"，如图 4 – 175 所示。

在弹出的"画笔颜色"对话框中，单击"效果颜色"下拉列表，选取"红色"。选取"计时"选项，在计时中，"期间"值为"非常慢（5 秒）"。单击"触发器"按钮，选取"单击下列对象时启动效果"，然后在下拉列表中选取"001. wav"选项。单击"确定"按钮，如图 4 – 176 所示。此时，动画窗格的内容如图 4 – 177 所示。

图 4 – 174　文本动画效果

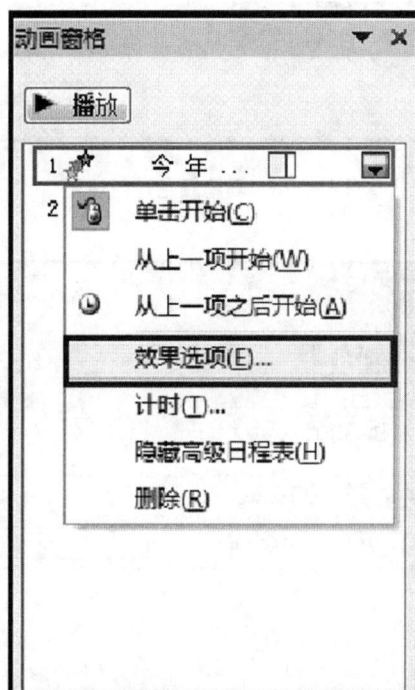

图 4 – 175　效果选项

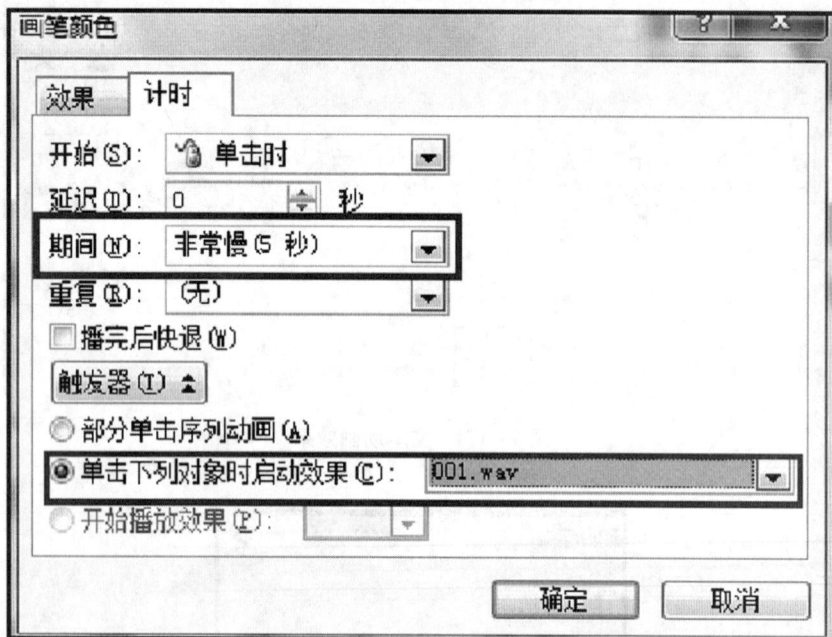

图 4 –176　画笔颜色计时设置

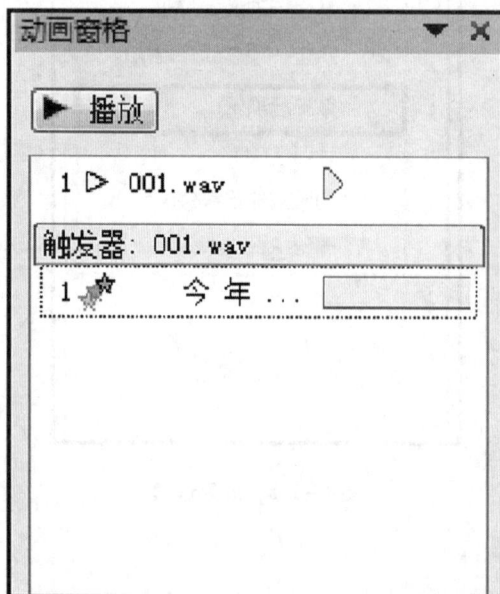

图 4 –177　动画窗格的内容及顺序

在动画窗格中选中"001.wav"的动画，按住鼠标左键，向下拖动，放置在"触发器：001.wav"下面，如图 4 – 178 所示。选中文本的动画效果"2"，单击鼠标右键，选取"从上一项开始"选项。设置后的动画窗格如图 4 – 179 所示。

图 4 – 178　变动后的动画窗格

图 4 – 179　整个动画设置后动画窗格的效果

同样，对剩下的三个文本框和音频进行相同的设置。每一个文本框动画的触发器设置都是其左边的音频。设置好动画效果后的幻灯片及动画窗格界面，如图 4 – 180 所示。

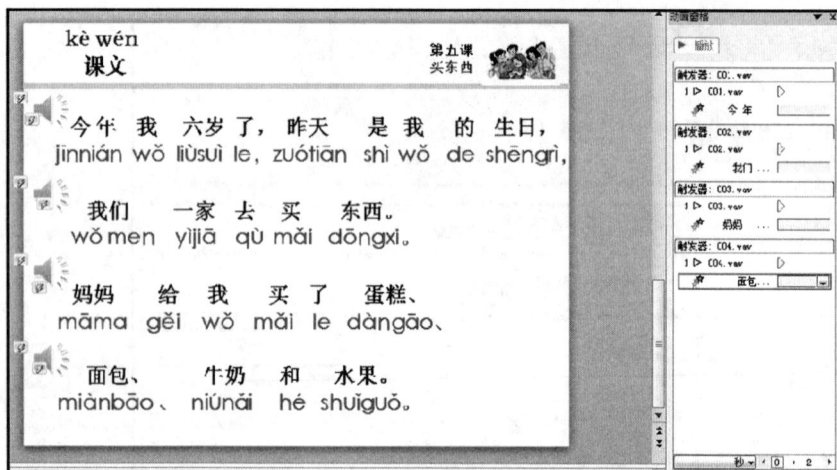

图 4 – 180　动画设置后的效果

【步骤 8】第 4 张幻灯片的设计。选取"开始"菜单，单击"新建幻灯片"按钮，即新建了第 4 张幻灯片。选取"插入"菜单，单击"图片"按钮，在弹出的对话框中选取插入的图片"面包 .jpg"，调整图片的大小和位置。选取"插入"菜单，单击"音频"按钮，在弹出的对话框中选取插入的音频"面包 .wav"。

选取"插入"菜单，单击"文本框"按钮，输入文本内容："面包"，文本格式为：华文中宋，36 号，黑色，加粗。选中文本框，设置文本框的"形状轮廓"为"红色"。同样，新建文本框，文本内容为："miànbāo"，文本格式为：华文细黑，36 号，加粗，蓝色。选取"插入"菜单，单击"形状"下拉按钮，在下拉项中选取"箭头"选项。在幻灯片中拖动，画出箭头，设置箭头的"形状轮廓"为"红色"。调整文本框以及音频图标、箭头的位置，如图 4 – 181 所示。课文中其他词语的幻灯片制作步骤与此步骤类同，此处不再赘述。

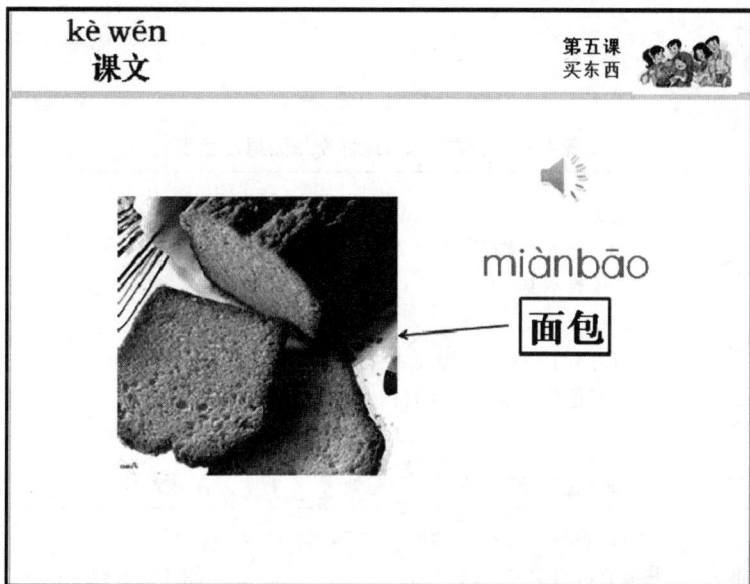

图 4 – 181　第 4 张幻灯片的效果

【步骤 9】超链接的设置。选中第 3 张幻灯片，选中文本"面包"，单击鼠标右键，选取"超链接"选项。在弹出的"插入超链接"对话框中，选取"本文档中的位置"，在"请选择文档中的位置"中选择"4. 幻灯片 4"选项，单击"确定"按钮，如图 4 – 182 所示。对于词语"妈妈"、"牛奶"和"水果"的超链接制作步骤同上，此处不再赘述。

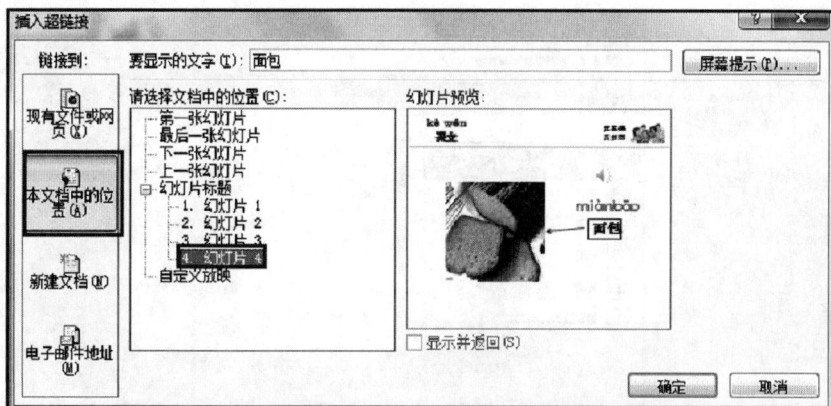

图 4 – 182　超链接的设置

（2）练习课件制作。

【步骤1】素材准备。

表4-37　课文练习课件制作素材准备表

分类	内容	媒体形式	媒体文件
提问部分	给以下这一小段话排序： A. 今年我六岁了 B. 这一天，我真高兴 C. 妈妈买了蛋糕、面包、牛奶和水果 D. 昨天是我的生日，我们一家去买东西 E. 我们一家人一起唱生日歌	文本	无
作答部分	将正确的排列顺序填写在答题处	文本	无
反馈部分	填写正确时，显示正确的符号标记"√"，并播放这段课文的录音 填写错误时，显示错误的符号标记"×"	图片、音频	√.jpg ×.jpg 课文.swf

【步骤2】打开 Adobe Captivate 软件，新建"空白项目"，选取合适的分辨率，单击确定，如上文所示。

【步骤3】单击菜单栏的"插入"选项，然后选取"幻灯片"▶"问题幻灯片"，在弹出的"问题类型"对话框中选择"填空"选项。单击"分级问题"进行下一步，如图4-183所示。

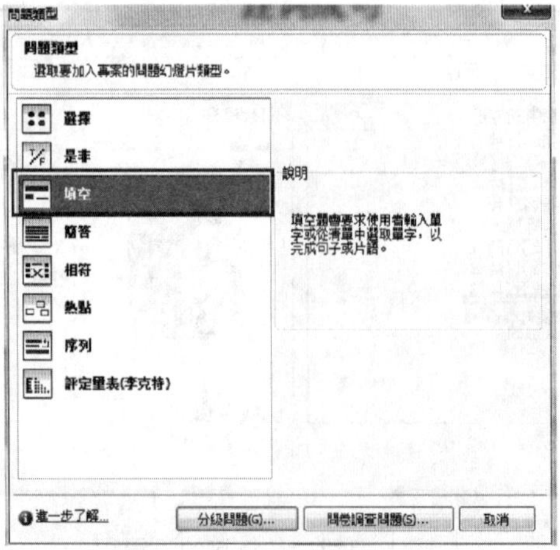

图4-183　"问题类型"对话框

【步骤4】在弹出的"填空"对话框中，输入试题的名称、说明以及片语，如图4-184所示。单击"加入空白"按钮，在弹出的"空白答案"对话框中，选择"由使用者输入答案，然后与下列清单进行比较"选项。然后单击"加入"按钮，在文本框中输入正确答案，如图4-185所示。单击"确定"按钮，调整题目以及文本框的大小和位置，如图4-186所示。

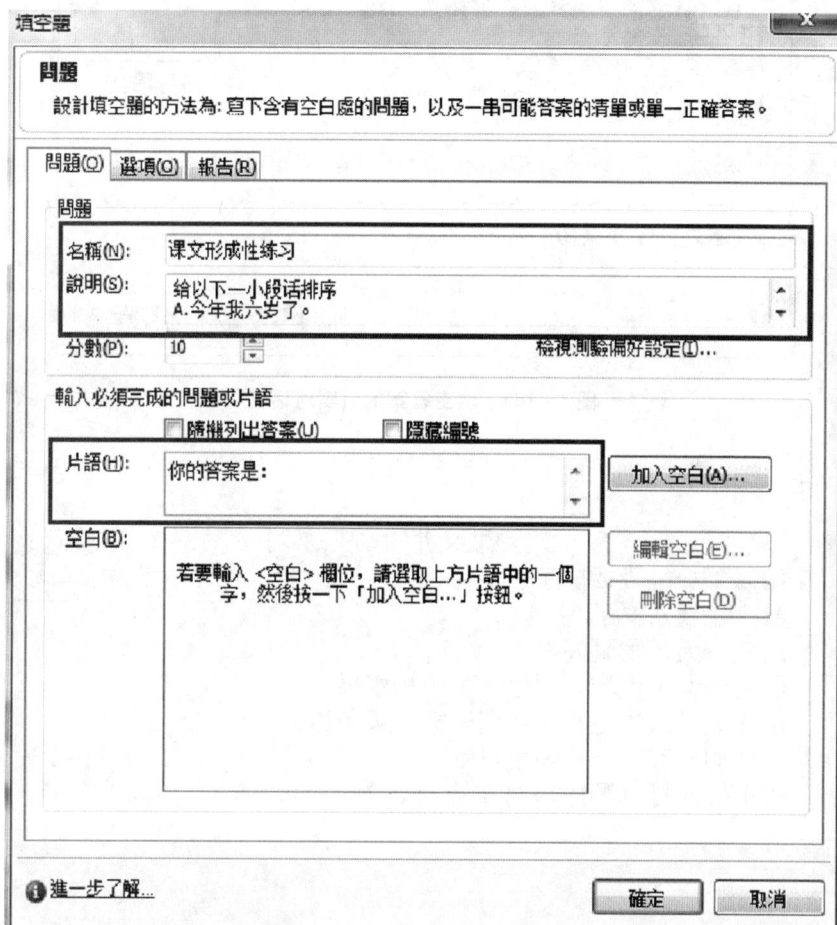

图4-184 试题的编辑设置

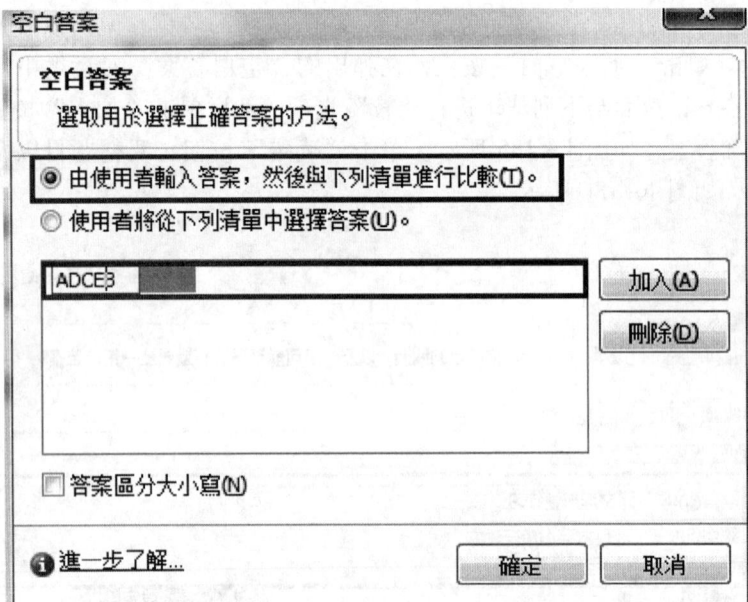

图 4 – 185 填空答案的编辑对话框

课文形成性练习

给以下一小段话排序

A.今年我六岁了。

B.这一天,我真高兴。

C.妈妈买了蛋糕、面包、牛奶和水果。

D.昨天是我的生日,我们一家去买东西。

E.我们一家人一起唱生日歌。

将正确的排列顺序填写在答题处

你的答案是: 1 [   ]

您必須先回答問
題,才能繼續

检视圖楼

問題 1,共 1 個   清除   上一步   略過   送出

图 4 – 186 试题在幻灯片中的大小和位置

【步骤5】反馈设计。此题目中反馈的设计与"选词填空"一题中该部分的步骤

类似，详情请参考"选词填空"的具体步骤。

其中，正确答案的反馈显示的是项目名称为"RIGHT7"的"对号.jpg"图片和项目名称为"kewen"的"课文.swf"动画文件，错误答案的反馈显示的是项目名称为"WRONG7"的"叉号.jpg"图片。设计后的效果如图4-187所示。

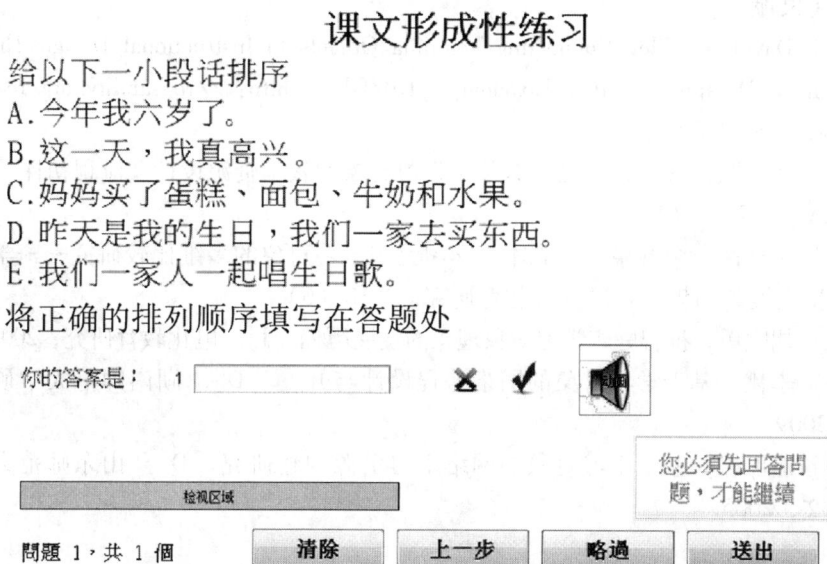

图4-187　各项目在幻灯片中的位置

【步骤6】时间轴的设置。进入"问题幻灯片"的幻灯片界面，调整时间轴。在开始播放幻灯片1.5秒后设置图片"叉号.jpg"和"对号.jpg"开始播放，在图片播放完毕后，设置动画开始播放。如图4-188所示。如果认为反馈信息显示时间过短，可以将反馈信息的结束时间延长。

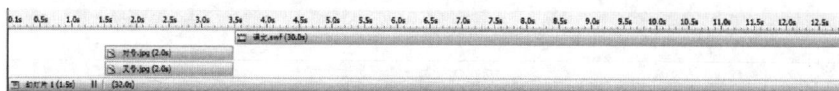

图4-188　时间轴的调整

【步骤7】发布：详情见上文。

学习活动建议

1. 结合本章学习内容，针对对象化华文教学资源的设计流程，选取《中文》教材第二册中的任意一课，对其各个模块的对象化华文教学资源进行流程设计。

2. 结合本章学习内容，选取《中文》教材第二册中的任意一课，进行汉字学习模块和词语教学模块的教学与习题课件的制作。

参考文献

［1］ David A. Wiley. Connecting Learning Objects to Instructional Design Theory：A Definition，a Metaphor，and a Taxonomy ［DB/OL］. http：//reusability. org/read/chapters/wiley. doc，2000.

［2］李玉顺，武林，顾忆岚. 基于学习对象的教学资源设计及流程初探［J］. 中国电化教育，2012（1）.

［3］杨现民，余胜泉，王志军. 学习元与学习对象的多维比较研究——学习资源聚合模型发展新趋势［J］. 开放教育研究，2010（6）.

［4］胡晓勇，祝智庭. 学习对象理念的发展历程［J］. 电化教育研究，2002（9）.

［5］李桃. 基于学习对象的网络课程设计与开发［D］. 湖南师范大学硕士学位论文，2009.

［6］唐丽娜. 基于学习对象的网络学习资源构建研究［D］. 山东师范大学硕士学位论文，2005.

第五章　计算机辅助华文测评

内容提要

　　测评是华文教学的一个重要环节，现代教育理论越来越重视测评。通过测评可以掌握学生的学习情况，从而展开针对性的个性化教学。随着信息技术的发展，计算机辅助华文测评成为华文教育研究的热点。本章首先从计算机辅助测评的发展阶段、优势以及相关理论详细介绍计算机辅助测评的基本情况，然后从技术和应用两个层面讲解计算机辅助华文测评的概况，最后简单介绍计算机辅助华文测评的一般方法。通过本章的学习，学生可以对计算机辅助华文测评有一个整体性的把握，了解计算机辅助华文测评的理论和应用现状以及制作测评任务的一般方法，从而对华文教学产生一定的指导作用。

内容框架

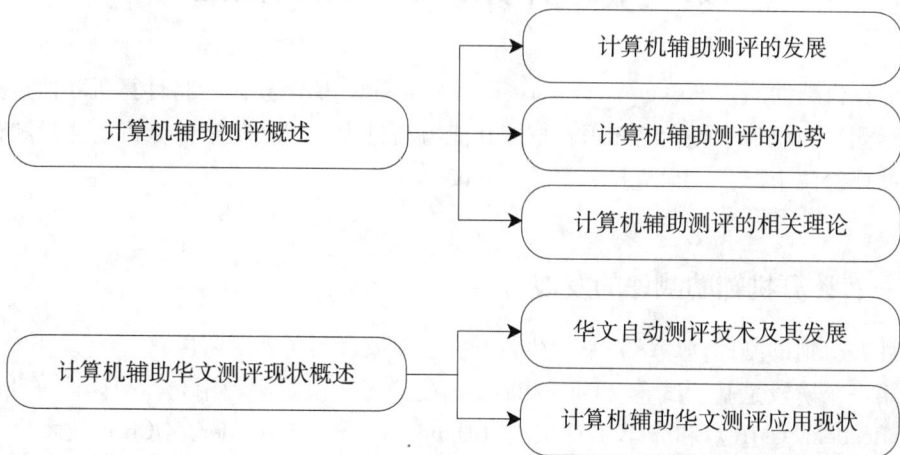

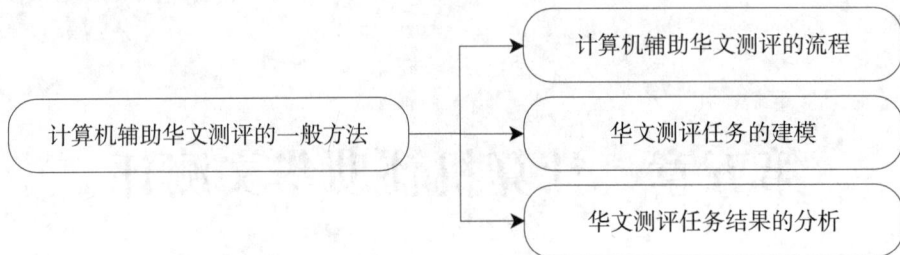

```
                                            ┌──→  计算机辅助华文测评的流程
                                            │
计算机辅助华文测评的一般方法  ──────→  华文测评任务的建模
                                            │
                                            └──→  华文测评任务结果的分析
```

学习目标

学习内容	学习目标
1. 计算机辅助测评（CAA）	①识记计算机辅助测评的概念 ②了解计算机辅助测评的发展阶段 ③了解计算机辅助测评的优势 ④了解计算机辅助测评的相关理论
2. 计算机辅助华文测评的概况	①了解计算机辅助华文测评的相关技术及其发展 ②掌握计算机辅助华文测评的应用情况
3. 计算机辅助华文测评的一般方法	①了解计算机辅助华文测评的基本流程 ②掌握华文测评任务的建模步骤

第一节　计算机辅助测评概述

计算机辅助测评（Computer Assisted Assessment，CAA）是指将计算机和信息技术应用于测量和评价学习者的知识、技能和能力的过程，包括基于计算机的测量和计算机辅助评价两个部分（何克抗、许骏，2005）。

一、计算机辅助测评的发展

计算机辅助测评（CAA）从产生到现在，主要经历了四个阶段：

第一个阶段是基于试卷（Paper-Based）的测评。该阶段利用光标阅读器（Optical Mark Reader，OMR）和光学字符识别（Optical Character Reader，OCR）技术来辅助阅卷工作，这两项技术能识别字符，然后交由阅读器改卷，自动生成统计报告，大大减轻了阅卷的工作量。

第二个阶段是基于计算机（Computer-Based）的测评，人机互动是这个阶段的突出特点。自然语言处理技术和多媒体技术的发展带来了测评环境的构建和人机交互的长足发展，试题的呈现变得丰富多彩，测评更符合学习者的心理；但在这个阶段，计算机与计算机之间基本处于孤立状态，信息和数据传输较为不便，适合一次性的终结性评价，题库需要经常更新，不大适合应试人范围广、数量大的测评。

第三个阶段是基于网络（Web-Based）的在线测评。在线测评具有基于计算机测评的优点，而且其测评的数据和信息通过 Internet 或 LAN 进行传输，突破了空间和时间的限制，能适应学习者的各种需求。测评的规模大、范围广是其主要的特征，再加上信息技术和多媒体技术的发展，可以实现内容及呈现方式的多样化和反馈的即时化，使多元、有效的测评成为可能。但是，在线测评存在网络安全问题，而且对应试者身份的确认也存在困难。

计算机辅助测评（CAA）的最新发展趋势是基于移动终端的测评。随着网络技术、移动通信技术和移动终端技术的成熟和移动终端的大规模应用，移动学习在国内外引起了极大的关注，成为数字化学习的一个重要发展方向。而移动测评作为移动学习的重要组成部分，也日益成为人们研究的焦点。

二、计算机辅助测评的优势

计算机辅助测评与传统的测评相比，具有以下优点：

在测评的组织管理上，计算机辅助测评不受时间、空间的限制，而且通过电子传输测试材料，使大范围的群体测评更加节省材料。并且组织工作相对简单，测试后对试卷的分析、查卷和保留都十分便捷、高效。另外，通过计算机建立大型的、有序的题库，比人工组卷要更加便捷、更加科学。

在结果的批改和统计上，传统测评的批阅需要耗费教师大量的精力和时间，而计算机自动阅卷则快而准确，同时又避免了人工阅卷因人为因素而出现的误差，节省了大量的人力、物力。

在测评的评价反馈上，计算机辅助测评可以做到即时反馈，学习者在进行练习或测试时，只要输入数据即能获得系统的反馈，及时知道正误和掌握情况，方便学习者随时了解自己的学习进度。在形成性评价上计算机辅助测评有很大的优势，迅速、即时获取全面的个性化反馈是其优点之一。另外，传统测评的反馈质量依赖于教师的水平，而计算机辅助汉语测评内置反馈系统，每个学习者都能获得同样标准的反馈。

最后，人们意识到测评过程中的非项目因素也会影响测评结果，计算机可以很好地跟踪整个测评过程，收集测评数据，如应试者测试的时间、做题的顺序和次数等，将这些因素纳入评价的依据，可以提高测评的效度。综上所述，计算机辅助测评相对于传统测评有着巨大的优势，是测评未来的发展方向，也是华文测评研究领域重点关注的课题。

三、计算机辅助测评的相关理论

当今心理测量有三大理论派别：经典测量理论（Classical Test Theory，CTT）、概化理论（Generalizability Theory，GT）和项目反应理论（Item Response Theory，IRT）。近年来，认知诊断理论（Cognitively Diagnostic Theory）成为国内外心理测量界的研究热点，被视为新一代测量理论的核心（刘声涛等，2006）。

1. 经典测量理论

经典测量理论（CTT）是心理测量的经典理论，其核心是线性的定性数学模型。它把测试结果看作是真分数与误差分数的线性组合，其关系可以用以下数学模型表示：$X = T + E$，X 是测试的结果，T 是真分数，E 是误差分。传统的项目先分指标，平均分、标准差、区分度、难度、信度和效度均建立在此模型之上。经典测量理论使用历史悠久，但其在使用过程中也存在许多缺点：一是经典测量严重依赖被测样本，其区分度受被测者的异质性的限制，其难度受被测者水平的限制，因此，经典测量理论适用于常模参照测试，而对于标准参照测试则不大适用；二是其信度依赖于复本测量，简单来说，其测试需要用同一套题目，否则很难确定项目的信度；三是经典测量理论的考试注重中等水平的学生，对处于两端的学生缺乏精确的估计；四是该理论认为被测者总分一致，其能力也一致，但事实并不如此；五是该理论假定的测量误差对于所有的被试者而言都是一样的，但是每个被试者的心理特质不一样，存在的误差也有差别（桂诗春，1989）。不过，经典测量理论因为基于简单的数学模型，易于理解和运用，发展了一系列具体的统计分析方法，形成了完善的理论体系，所以被广泛应用于测评的各个领域。

2. 概化理论

概化理论（GT）是克伦巴赫（Cronbach）等人在 20 世纪六七十年代初针对经典测量理论（CTT）存在的信度问题而提出的，是经典测量理论和方差分析相结合的产物。概化理论认为测量产生误差的原因是多方面的，而 CTT 只用"E"概括所有的误差，无法分析总误差中各种具体误差的差别和影响，其信度存在问题。概化理论最显著的特点在于强调测量的特定情境，提出应该在具体的测量情境中进行测量，并设计了多种与 CTT 不同的信度系数和研究误差方差来源的方法。在 GT 理论中，测量的情境关系由测量目标和测量侧面构成。测量目标是指要测试的内容，包括心理特质、能力等；测量侧面是指影响测量目标的条件或因素，如试题、评分者因素等。测量侧面是产生误差的重要原因，对测量的信度有着很大的影响。

概化理论的优势在于对误差的考虑和测量，对提高测量信度很大的帮助；其缺点是计算十分烦琐，在理论和实践应用上的成果相对较少（刘远我、张厚粲，1998）。

3. 项目反应理论

项目反应理论（IRT），基于非线性的概率模型，认为被试者对题目的反应受某种心理特质（不能直接测量）控制，测试结果与这种心理特质的关系可以用项目反应模型曲线来描述，因此，该理论又被称为潜在特质理论。项目反应理论有三个基本假设：一是某个测试的所有项目只针对某一个心理特指，而忽略其他因素的影响；二是被试者对不同项目的反应是相对独立的；三是被测者对项目所作出的反应可以用特定的项目反应模型来表示（薛荣，2007）。与经典测量理论相比，项目反应理论的项目参数（难度、区分度、猜测指数等）的估算不受样本限制，被试者的能力估算也不受测试限制。但是项目反应理论基于复杂的数学模型，推广性较低。而且假设的限制，必须有大量的、高质量的试题配合，否则精确度不高。项目反应理论现有单参数模型、双参数模型和三参数模型。

4. 认知诊断理论

经典测量理论和项目反应理论更加关注测试的结果，而忽略测试的过程，将心理特质视作纯统计结构，忽视人的心理特征，而且这两种理论注重区分、鉴别，缺乏详细描述和诊断反馈信息，有一定的局限性（辛涛等，2006）。认知诊断理论是结合了认知心理学和心理测量学的新的评价理论，其最主要的特点是能够提供丰富的诊断反馈信息，注重被试能力的多维性。目前，对语言进行诊断评价主要采取的是规则空间模型、统一模型和融合模型。认知诊断理论有广阔的发展前景，但是由于数学模型十分复杂，普及推广使用存在困难；认知诊断评价需要编制特别的诊断试题，这对于专门的学科、学科心理学和实际教学人员都有较高的要求；另外，开发实用、合适的统计模型也存在一定困难（辛涛等，2006）。

第二节　计算机辅助华文测评现状概述

人们对测评在教学中的地位和作用的认识是不断深入的。早期的行为主义心理学主要是从行为产生的角度研究测评在学习领域中的重要意义，认知心理学则论证了测评在信息加工过程中的必要性，语言学习理论强调测评在知识向技能转变中的途径作用。

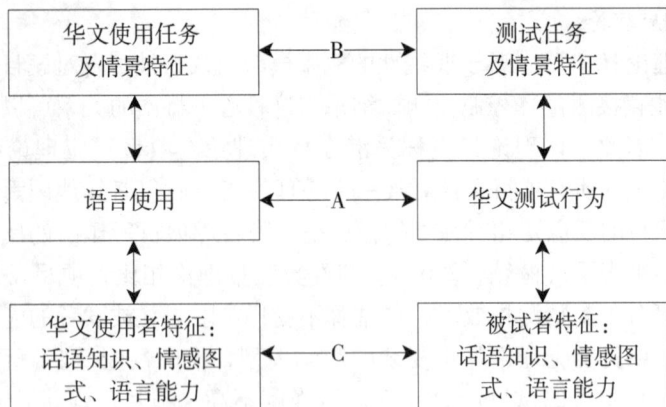

图 5 - 1　语言使用与语言测试行为的一致关系

华文测评的关键在于设计测评者要清楚认识到测评的目的、测评的方法以及这两者的关系。Bachman 认为，交际语言能力就是把语言知识和语言使用的场景特征结合起来。借鉴 Bachman 的说法，华文使用能力是指使用者结合华文使用的情景特征和表达意义，应用其华文知识的能力。

在对华文使用能力进行测评时，首先考虑到的是华文使用任务及情景特征和华文使用者特征（话语知识、情感图式和语言能力）。为了确保测试任务与语言交际任务相一致和考虑到华文使用者特征在语言使用中的影响程度，在设定华文测评的框架时，我们需要考虑"测试任务及情景特征"和"被试者特征"这两大影响因素。任务特征与确定所做推断的范围有关，而个人特征与对语言能力作出推断的效度相关。它们之间存在着一致的关系，即华文测试行为与真实语境下的华文使用是相一致的（横线 A），华文使用任务及情景特征和测试任务及情景特征相一致（横线 B），华文使用者的特征和被试者的特征相一致（横线 C）。Bachman 的语言测评模型，突出了华文测评情景的真实性，同时强调了由知识测试转向技能测试。

因此，华文测评可以准确反映学生的语言能力和学生对知识的掌握情况。近年来，随着华文测评理论的发展、计算机辅助测评技术和中文信息处理技术的成熟，信息技术为创设华文任务情景、华文测评的自动评价和即时反馈等方面提供了有力的技术支持。

一、华文自动测评技术及其发展

测评技术是一项涉及认知科学、计算机科学、语言学、数学、心理学和教育学等诸多学科的交叉研究成果的应用。汉语测评在内容上涉及词汇、句法、语义、语音等，而测评技能还包含了听、说、读、写。针对语言测评的需求，不仅测评资源具有多媒体的特性，而且还要应用自然语言处理领域的成果，包括语音识别与语音合成、机器翻译与机器辅助翻译、信息检索与信息提取、专业术语提取与术语定义自动生成、文本分类与聚类、自动文摘与文献述评、词典计算机辅助编纂等（柏晓静等，2010）。该技术可以对学生以文字、语音、图像等形式表达的结果进行自动分析与处理。

华文测评的内容不仅涉及汉字、词语、语法、语音等华文知识，还包括了听力、口语、阅读和写作等华文技能方面的测试。随着计算机辅助测评技术和中文信息处理技术的发展，近年来，华文自动测评技术取得了长足的发展。除了大量应用客观题自动评价技术之外，华文测评技术的发展主要体现在以下几个方面：

1. 汉字识别技术

识别和理解人类的语言和文字是计算机"智能"性的体现，因此文字识别和语音识别一直是计算机人工智能研究中的两大重要领域。汉字的识别是中文信息处理和汉语人机交互的基础，也是数字化汉字测评的基础。实现汉字测评的自动化必须实现对汉字的准确识别。

汉字识别可分为印刷体汉字识别和手写体汉字识别，汉字手写体识别又可分为联机手写体识别和脱机手写体识别。联机手写体识别指的是用户在数字化输入装置书写的同时，计算机即时处理笔顺、笔画信息判断用户输入的汉字；而脱机手写体识别是指识别已经书写好、成型的手写汉字。20 世纪 90 年代以来，印刷体汉字识别的研究已经进入了应用阶段，市场上已经有许多实用度高、成熟的产品，如汉王笔、蒙恬第一笔和巨人中文手写系统等产品。但对于数字化汉字测评领域来说，手写体汉字识别的研究更为重要。

手写体汉字识别分为联机和脱机汉字识别。就目前的研究来说，脱机手写体汉字识别（包括规范和不规范的汉字）的不同方法在试验中可达到 95% 的识别率，但真正的手写文档情况复杂多样，脱机手写体汉字识别技术仍处在实验时期，成熟的商业产品仍未推出市场（赵继印等，2010）。而联机手写体汉字识别因为能获取书写时的笔顺、笔向、点的坐标和书写压力等动态信息，识别率要远高于脱机手写体汉字识别。目前联机手写体汉字识别的识别率已经达到 98%，内地与台湾先后推出了多款产品，包括内地的"汉王笔"、"手写之星"，台湾的"蒙恬中国笔"等。联机手写体识别技术应用范围十分广泛，除了传统的手写笔之外，在移动终端（包括智能手机、平板电脑、学习机等）上有着良好的发展前景。在流行的汉字输入法和社交聊天软件（如 QQ、微信）中，均内置了手写输入模块。

可以说，联机手写体汉字识别技术和自然手写输入已经进入了成熟阶段，为计算机辅助汉字测评提供了技术上的支持。

2. 口语测评技术

口语测试是语言测试的一个重要组成部分，用来测试学习者应用语言进行口头交际的能力。计算机辅助华文口语测评方面，主要是应用了语音识别技术。

语音识别的方法主要有三种：基于声道模型和语音知识的方法、模板匹配的方法以及利用人工神经网络的方法。其中模板匹配的方法发展比较成熟，采用模板匹配方法的步骤是：特征提取、模板训练、模板分类和判决。常用的技术方法有隐马尔可夫法（HMM）、有限状态矢量量化法（VQ）和动态时间规整法（DTW）。目前流行的语音识别技术都是建立在隐马尔可夫模型（HMM）上的，HMM 通过模仿人的言语过程，很好地描述了语音信号的整体非平稳性和局部平稳性，从而建立起语音信号的时间序列结构。

现在掌握全球先进华文语音识别技术的公司有 Nuance Communications（NC）和中国的科大讯飞等，目前常用的语音控制软件和语音识别软件均基于上述两家公司的识别技术，如 iPhone 手机的 Siri 系统就是基于 NC 公司的语音识别技术。

在口语测评中，针对华文发音质量评价已经有不少的研究成果，市面上也有成熟的系统。如计算机辅助普通话水平测试系统，已经能够替代人工进行普通话测试的前三项测试任务（读单音节词、读多音节词和朗读短文），该系统已经在全国推广使用，有着良好的效果。但是由于信息技术的发展程度尚未能完全理解自然语言，现阶段无法对华文口语的测试内容进行评价。

3. 短文自动评价

短文自动评价是指利用计算机技术实现对作文的自动评价，并给出相应的等级。一篇作文的评阅，评阅范围包括主题、内容、结构、语法和用词等。

在英语短文和简短回答的自动评阅方面，近年来取得了一些新的进展，国外已经开发出几套成熟的自动作文评分系统，有基于浅层语言学特征分析的 PEG（Project Essay Grade）、基于潜在语义分析的 IEA（Intelligent Essay Assessor）、兼 PEG 和 IEA 两者之长的 E-rater（Electronic Essay Rater）、第一套基于人工智能（AI）的作文评分系统 IntelliMetricTM、基于文本分类技术的 BETSY（Bayesian Essay Test Scoring System）等。这些短文自动评分系统，其评分结果与人工评分存在较高的相关性。因此，该项技术越来越多地被应用到对学生写作能力的测评中，以实现对写作任务的自动化评阅。

在 TCSL（Teaching Chinese as a Second Language）领域中，国内的研究不多。李亚男（2005）以少数民族华文水平考试三级作文为研究样本，以评分要素作为自变量，以已经评阅好的作文分数作为因变量，利用逐步回归和强迫输入回归两种提取变量的方法，进行多元线性回归分析，并应用随机样本进行交叉验证。不过他提取的依然是浅层特征，浅层特征不仅不稳定而且相关度不高。蔡黎、彭星源和赵军（2011）也对少数民族汉语考试的作文辅助评分系统进行了研究。但类似的研究尚不能投入大规模的应用。

二、计算机辅助华文测评应用现状

在多媒体时代，计算机辅助华文测评对华文测评方法的革新主要体现在测评方法多媒体化、试题库与自助组卷、评分自动化三个方面。

在传统的华文测评中，文字和声音（指语言测试中使用录音机等声音设备）形式是最主要的呈现形式；但是数字化技术赋予了华文测评新的多媒体呈现形式，利用文字、声音、图像、动画和视频等多媒体构建符合学习者心理需求、便于学习者作答的呈现形式，创造与真实语言交际情境更加接近的测试环境。

传统的华文测评出卷大多是凭教师经验，费时费力；而通过计算机技术可以构建结构化、参数清晰的华文试题库，通过题库可以按要求自动生成不同难度和区分度、包含不同题型的试卷，避免了重复劳动，节省时间，同时试卷的可靠性、科学性和有效性得到了保证。

计算机辅助华文测评的另一大作用在于自动评阅，目前，强制选择类试题（也称客观题）已经实现了自动评分，学习者能够得到即时的反馈。标准化考试如新 HSK 考试已经实现计算机阅读，其中听力、阅读部分为计算机自动评分，大大节省了阅卷时间。

第三节　计算机辅助华文测评的一般方法

一、计算机辅助华文测评的流程

计算机辅助华文测评是指将计算机辅助测评（CAA）技术应用于华文测评中，利用计算机、信息技术和多媒体技术测量与评价学习者的华文知识、技能及水平，并提供相应的反馈信息。计算机辅助华文测评的流程如下图所示：

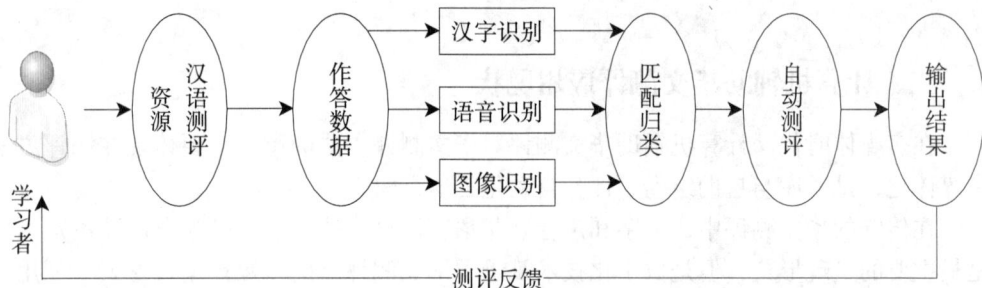

图 5 - 2　计算机辅助华文测评流程

计算机辅助华文测评的流程可分为以下几个部分：

（1）华文测评资源的构建。利用文字、声音、图表、图像、视频和动画等多媒体技术来构建华文测评资源，以一种更加人性化、贴近学习者生理和心理需求的方式呈现给接受测评者，为学习者构建一个良好的、贴近真实语言交际情境的测评环境。

（2）作答数据的识别。通过自然语言处理技术，包括汉字、语音识别等数据处理技术，对学习者所输入的数据进行识别，转换成计算机可以理解的形式。

（3）自动化测评。自动化测评也叫计算机自动评分（Computer Automated Scoring, CAS），是指计算机模拟人工评分的过程，对题目（包括客观题和开放性题目）和技能、操作、表现性活动等进行评分以及反馈。

（4）输出结果的呈现。通过多媒体技术对测评结果进行处理，以多种有针对性的形式将测评结果呈现给使用者。

（5）反馈内容的建设。反馈内容可以指导学生学习，帮助教师改进教学和调整教学目标，反馈内容的设计与建设是计算机辅助华文测评的研究重点。

二、华文测评任务的建模

华文测评的主要目的是对华文学习者的真实语言能力进行评价，并依据评价结果提供信息反馈。构建华文 CAA 测评任务，包括测试目标、知识、技能范围和结构、任务呈现方式、题型和多维度反馈信息。如图 5 - 3 所示：

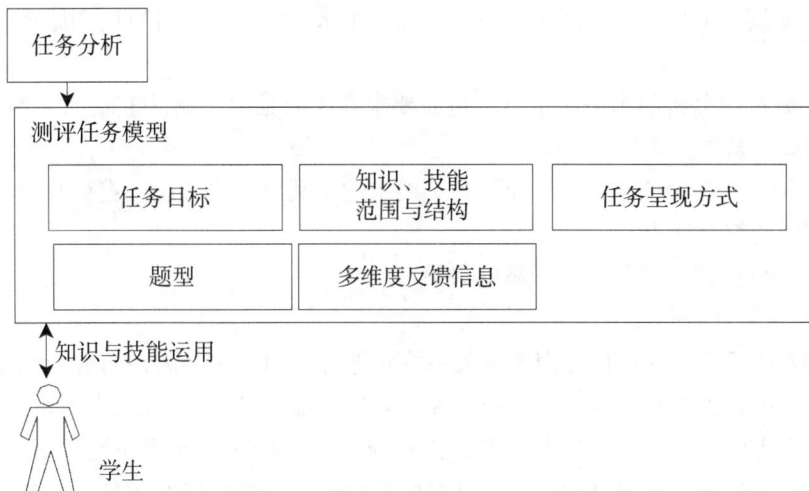

图 5 - 3　华文测评中的测评任务设计

（1）任务目标。明确测评任务的目标并进行具体描述。

（2）知识、技能范围与结构。确定达到目标的应用知识和技能的范围和层次、测评任务与知识点之间的强弱关系以及任务的明确结果。

（3）任务呈现方式。多媒体技术能够完成项目呈现方式的多样性，针对不同 CAA 任务的需要帮助构建真实的 CAA 环境，如在语言听力技能测试中，应用音频呈现听力任务，应用图像呈现写作任务等。

（4）题型。确定达到测评目标的项目类型。目前 CAA 技术可以对客观题进行自动评价，客观题题型包括单选题、多选题、匹配题和填空题；针对主观题的自动评判技术也在不断完善，包括对简答题、论述题、作文等进行评价。不同题型对任务目标的反应功能有所不同。

（5）多维度反馈信息。根据测评结果，输出学生的知识状态和学习路径反馈信息。

1. 任务目的设定

按照布鲁姆对认知领域的教育目标的分类，可以把认知目标分为知识、理解、应用、综合、评价和应用，不同的认知水平需要通过不同的测评任务来完成，如表 5 - 3 所示。因此，我们可以将测评任务目标与布鲁姆的分类方法关联起来制订任务目标，并对目标进行描述。

布鲁姆将认知层次分为：

（1）知识：知识的水平是学生最低的类别。知识目标只要求学生能通过机械记忆回答问题。

（2）理解：理解的水平居于第二位。

（3）应用：应用的水平居于第三位。在这个水平上，学生可以应用原理或概念解决问题。

（4）分析：分析的水平居于第四位。要求学生将信息分解为它的若干组成部分，并找出假设、辨析、因果的关系。

（5）综合：综合的水平居于第五位。要求学生利用提出假设、进行写作等不同形式显示他们的综合能力。

（6）评价：评价被认为是最高的水平。

2. 知识和技能范围结构

测试要有任务，这些任务用于对某一特质进行系列观察。测评内容的维度不仅可以是知识维度，也包括技能考核，即实现测评从一维（知识）到二维（知识、技能）的拓展，学生要求通过对项目和任务作出反应，从中推断出所测属性的情况。可见，测试任务或项目往往是通过测试内容反映出来的。测试内容能够测量学生是否达到学习目标、完成任务情况如何、还存在什么问题等。

设定任务内容（Task Content）：Task Content = $\{\sum K, \sum S\}$，测试内容维度可以用二维（知识、技能）来表示，其中 $\sum K = \{Ki\}$，表示由若干个知识点构成，如在汉语测评中，每个任务可能涉及语音、汉字、词汇和语法等知识点。$\sum S = \{Si\}$ 则由若干个技能项构成，如汉语测评中的听、说、读、写技能。

3. 测评任务呈现方式

华文的测评任务包括语言知识和语言技能，对语言知识的考察需要借助对华文显性技能（听说读写）的判断。测评任务可以分为：听力、口语、阅读和写作。不同的测评任务，可以利用不同的多媒体资源进行呈现，如表 5 - 1 所示。我们可以通过声音、动画和视频内容对听力技能进行测评。多媒体在创设测评任务中具有较大的优势，在客观题的选项设计中也具有同样优势，如初级华文词语测试，由于受学生华文水平的影响，可以用图像表示词义。

表 5 - 1　华文技能任务呈现方式

测评任务	多媒体资源				
	文本 Text	图像 Image	音频 Sound	动画 Flash	视频 Video
听力			√	√	√
口语	√	√	√	√	√
阅读	√	√			
写作	√	√			

4. 测评题型

针对华文测评的题型有很多，但众多的测评方法所测试的语言内容主要有两项：语言要素和语言技能。基于结构主义语言理论的华文测评，更加强调对语言要素，包括华语语音、词汇、汉字、语法等要素的考察；而基于交际语言能力理论的测评，则更倾向于测试语言技能和完成交际任务的能力。在华文测评当中，根据测评目的、测评内容、测评对象的不同，命题者会综合运用各种题型以达到其测评目的，改进教学效果。

华文知识要素指的是华文的语音、汉字、词汇、语法和中华文化。华文知识要素测评指的是针对语音、汉字、词汇、语法和文化等要素所设计和进行的测试。目前，在交际语言观的影响下，语言是交际工具的观点深入人心，以在交际中能完成的交际任务作为华文能力的评判标准，因此在华文标准化考试（如新 HSK）中逐渐弱化华文知识要素测评，但是在成绩测评、课堂练习和其他针对性测评中，华文知识测评依然占据着重要的地位。

华文知识测评主要使用的题型如表 5-2 所示：

表 5-2　华文知识测评题型

		强制选择类	构建答案类
华文知识要素	语音	匹配题、多项选择题	听写（写声母、韵母、声调和音节），注音（词语、句子），用拼音完成对话
	汉字	多项选择题、完形填空、匹配题	辨字组词，使用汉字填空，听写（写词语、句子），根据拼音写汉字
	词汇	是非判断题、多项选择题、完形填空、匹配题	词语搭配、词语填空、词语归类、词语翻译和词语释义
	语法	是非判断题、多项选择题、完形填空、匹配题	排序、改写句子、完成句子、回答问题、造句、改错
	文化	是非判断题、多项选择题	问答

人们通常根据输入和输出将汉语技能细分为听、说、读、写四种技能。听与读是输入性技能，说和写是产出性技能。华文技能测评是针对学习者听、说、读、写四个方面的能力所进行的测试，目前技能测评比较受华文测评界的关注，华文技能测评常用的测评题型如表 5-3 所示：

表5-3 华文技能测评方法

		强制选择类	构建答案类
技能	听	多项选择题、连线、判断	画图、填空、听写
	说	较少使用	朗读、复述、问答、角色扮演、看图说话、口头演讲、小组讨论、口译
	读	多项选择题、正误判断	简短回答
	写	较少使用	非命题写作测试：填表、模仿写句、模范写语段、改错、简单、听后写、看图写作、扩写、缩写、改写、续写 命题写作测试：应用文、议论文、记叙文①

针对不同的测评任务，可以选取不同的题型进行测评任务的构建。

5. 多元的测评反馈

反馈是测评的重要组成部分，是系统将阶段性学习成果推送给学习者，使其进行知识积累和错误修正。反馈包括反馈内容、反馈形式、反馈方式和反馈时机四个维度，这四个维度是决定反馈如何呈现的重要影响因素。在华文评价反馈中，华文反馈内容包括华文知识（语音知识、汉字知识、词汇知识和语法知识）和华文技能（听说读写）；反馈形式既可以是语言形式——包括中介语和目的语形式，也可以是图表和多媒体的形式；反馈方式包括提供新的语言任务和纠错反馈；在反馈时机上可以是即时反馈，即时给被试者输送反馈信息，也可以选择反馈，即等待适当的时间呈现反馈信息。华文技能任务与反馈维度的对应关系如表5-4所示：

表5-4 华文测评多元反馈

反馈维度										
反馈内容			反馈形式				反馈方式			反馈时机	
知识点状态	知识水平	学习路径	多媒体方式				新的学习任务	重复学过的知识点	不同水平的测评任务	及时反馈	延时反馈
			文本		图像	图表					
			目的语	中介语							

---

① 陈田顺. 对外汉语教学中高级阶段课程规范. 北京：语言大学出版社，1999.

三、华文测评任务结果的分析

学生完成华文测评任务后，系统会自动获取学生的测试结果数据。测试的结果都是一组测评结果与任务所包含的知识点相结合的二维矩阵数据，数据能反映出学生对测评任务相关知识点的掌握状态，并推理出学生知识点的学习路径，构建具有知识状态、学习路径和媒体偏好特征信息的可视化华文学习者模型。

学习活动建议

1. 根据所参加的考试，概括、总结计算机技术在语言测评中可以发挥哪些优势。

2. 搜集华文考试或其他类型考试应用计算机技术的例子，总结一下其中应用了计算机辅助测评的哪些技术。

3. 结合前几章介绍的多媒体制作技术，尝试自己制作具有交互性的华文练习题目。

4. 小组讨论：计算机辅助华文测评目前存在的不足以及其未来的发展趋势。

参考文献

［1］许骏，柳泉波. IT 技能测评自动化——理论·技术·应用［M］. 北京：科学出版社，2005.

［2］刘声涛，戴海崎，周骏. 新一代测验理论——认知诊断理论的缘起与特征［J］. 心理学探新，2006，26（4）.

［3］桂诗春. 语言测试：新技术与新理论［J］. 外语教学与研究，1989（3）.

［4］刘远我，张厚粲. 概化理论在作文评分中的应用研究［J］. 心理学报，1998，30（2）.

［5］薛荣. 从经典测试理论到项目反应理论：谈语言测试的两种数学模型［J］. 外语研究，2007（4）.

［6］韩宝成. 语言测试：理论、实践与发展［J］. 外语教学与研究，2000（1）.

［7］胡壮麟. Lyle F. Bachman 谈语言测试的设计和开发［J］. 外语与外语教学，1996（3）.

［8］柏晓静，俞士汶，朱学峰. 自然语言处理中的技术评测及关于英语专业考试的思考［J］. 外语电化教学，2010（1）.

［9］赵继印，郑蕊蕊，吴宝春，李敏. 脱机手写体汉字识别综述［J］. 电子学报，2010（2）.

［10］郭巧，陆际联. 计算机辅助汉语教学系统中语音评价体系初探［J］. 中文信息学报，1999（3）.

［11］董滨，赵庆卫，颜永红. 发音质量自动评估的现有算法分析［A］. 第八届全国人机语音通讯学术会议论文集［C］. 上海：声学技术杂志社，2005.

［12］魏思，刘庆升，胡郁，王仁华. 普通话水平测试电子化系统［J］. 中文信息学报，2005，20（6）.

［13］李亚男. 汉语作为第二语言测试的作文自动评分研究［D］. 北京语言大学硕士论文，2003.

［14］蔡黎，彭星源，赵军. 少数民族汉语考试的作文辅助评分系统研究［J］. 中文信息学报，2011，25（5）.

［15］Bloom，Benjamin S. The Search for Methods of Group Instruction as Effective as One－to－One Tutoring［J］. *Educational Leadership*，1984，41（8）.